一般社団法人 日本演出者協会 企画
日本演出者協会関西ブロック 編集

関西戦後新劇史

一九四五年～一九六九年

――大海の中を笹舟に乗ったような状態を乗りこえて、新劇の職業化に向けて闘い続けてきた関西の新劇は、終戦（一九四五年）から一九六〇年代末までにどのような姿を見せたのか――

晩成書房

関西戦後新劇史──一九四五年～一九六九年■目次

はじめに

戦前というのか戦中というのか、戦後を迎える前の関西新劇はどのような状況にあったのであろうか。大岡欽治に戦前の『関西新劇史』という大書がある。それによると、一九三五（昭和10）年十月に「新人劇場・親響劇場・劇団自由舞台」の三つの合同によって「大阪協同劇団」が創立したことが伝えられている。その当時のビラには「〈ゴリキーの近作本邦初演大阪協同劇団の旗揚公演〉大阪における唯一の新劇団である〈大阪協同劇団〉が来る二十七、二十八両日文楽座に於ける第一回公演をもつことは既報の通りであるが、此の劇団は過去の大阪新劇団〈異端座〉〈戦旗座〉〈構成劇場〉〈自由舞台〉〈無名座〉〈新人劇場〉〈親響劇場〉〈芙蓉座〉の中枢分子が悉く顔を揃え、この二・三年間気勢の上がらなかった大阪新劇運動も漸く勃興の気運に赴き再出発の感がある。……（略）」と述べられていた。〈演出部〉には、豊岡佐一郎（リーダー）、大岡欽治、渡辺三郎、土田知博など、〈演技〉に岩田直二、多田俊平、木下ゆづ子、海老江寛など、〈スタッフ〉には、吉田太郎、山崎徹、小林孝一、赤松弘義など、〈文芸〉には、岩田直二、太田正一、香村菊雄など。

大阪協同劇団は一九三六年一月に第一回公演『エゴール・ブルイチョフとその他の人々』（ゴリキー作）で出発したが、一九四〇年五月の第十四回公演『救われた道路』（三壽満作）が最後の公演となったようだ。そして、一九四〇年、東京では「新協劇団」「新築地劇団」が強制解散させられたが、同じ年に、大阪協同劇団、劇団ドオゲキ、大阪人形座が八月に（強制）解散させられた。演劇人個人も検挙され、留置所に入れられた者もいた。その半年前、大阪協同劇団の方針を不満として決別し「制作派」として独立する派が誕生しているが、この集団もこのとき解散させられたようだ。結局は、全ての演劇人がバラバラにされた

ということであったろう。（なお、「制作派」は、後の道井直次中心の「制作劇場」とは、関係ない）

その後、（強制）解散させられた劇団（員）を統合して「新国民演劇協会」が創立され、監視付の「新国民演劇協会」の名で大阪協同劇団のメンバーは、試演会をなし、この「新国民演劇協会」の活動を通じて、一九四一年「国民芸術座」の結成となり、一九四二年四月の第五回試演で幕を閉じたようだ。以後、少しの活動を残して戦後へ飛越えていく。大戦直前に政府は、何故、新劇団を強制解散させたのか。倒れかけている演劇人を恐れたのか。新劇界は砂漠のような状態で戦後を迎えることになる。

一九四〇年八月、東京も大阪も劇団が、自発的に解散した（実際は強制解散させられた）。戦前、戦中の新劇弾圧、さらには、若い人々も含めて戦争にとられて行った空白は、戦後直ちには復興とはならなかった。戦争末期に「新国民演劇協会」が国策的につくられたが、集団的動きはなく、バラバラになったらしい。関西の戦後演劇を体験した人たち、例えば、「関西芸術座」の人々の回想によれば、「関西では、東京のように敗戦時、『桜の園』で新劇合同公演をして、戦後の再出発を誓ったようなことはなかった。今まで青春を抑圧され、軍国思想を強制させられた学生層の自由への渇望が噴出したかのように、文化運動として、関西の新劇を芽生えさせた。その意味では、純粋なるアマチュアからの出発だった」（『関西芸術座三十年のあゆみ』から）のように映っていたようだ。学生たちが、積極的に動き、学生で組織された文化団体もあり、その中から、将来の演劇人（新劇人）も育成されていった。戦前演劇人と戦後の若い演劇人が入り混じった演劇行動は、合同しては分裂し、また合同するという繰り返しであったようだ。しかも、戦後すぐに、学生たちが、文化団体を造っていたのは、驚きであるが、朝日会館が後援してつくられた「関西学生演劇連盟」が発足して、最初の合同公演が、長田秀雄作『大仏開眼』と決まり、その稽古中に、関西大学の演劇部の人達が入って来て、それまで連盟のイニシアティブをとって来た関西学院大学のメンバーに〈主役と演出を寄越せ〉といった要求を出し、メンバーが皆で相談して、その申し出を蹴ったという経緯もあり、勢力争い、離合集散が避けられない状態であっただろう。当時の関学のメンバーは、内田（後の芸名・日高久）、河邉、鬼内（後に朝日放送のディレクター）、竹内などで、他に大阪医大の湖崎克、都島工専の金田竜之介、浪速高校の東浦などが参加していた。

第一部では、戦後から一九五七年に「関西芸術座」に結集するまでの劇団（演劇人）の姿を追ってみる。

＊注　溝田繁（民衆劇場、関西芸術座）、西山辰夫（制作劇場、大阪放送劇団）、藤沢薫（喜劇座、劇団京芸）、河東けい（民衆劇場、関西芸術座）、藤本栄治（劇団潮流）、板坂晋治（舞台美術家）、湖崎克（青猫座、明日）、早川洋一（制作座、明日）、大西衛一（劇団けす、四紀会）、矢野美彦氏（演劇サークル「瞬」）、西園寺章雄氏（元関西芸術座）、諸氏へのインタビューとお話が聴けた。そして道井直次の個人誌「道」の〈戦後関西新劇私史〉などを参考にして書きすすめてみる。道井直次は、戦前の『関西新劇史』（東方出版）を書いた大岡欽治から、〈戦後篇は道井君に任せるよ〉と言われ〈ペンを走らせよう〉と思い、〈戦後関西新劇私史〉として十回まで書かれたが、志半ばにして逝去されてしまった。

第一部　関西新劇を視野に、戦後の十年程

一九四五（昭和20）～一九五七（昭和32）

第一章　戦後出発はアマチュア学生演劇人から

一九四五（昭和20）年の敗戦後、東京では、戦前の新劇人が、チェーホフの『桜の園』（青山杉作・演出）を合同で戦後新劇のスタートをきった。だが、関西では、戦前新劇人の東京でのような動きはなく、戦後を出発した。わずかに、一九四六年二月十四日から四日間、大阪朝日会館で「大阪で生まれた終戦後最初の新劇」というタイトルでヴィルドラック作、北村喜八演出『商船テナシティ』の上演があったが、主体の「文化小劇場」なるもののプロモーターの実体がよく判らなかったようだ。だから、学生たちが、積極的に動き、学生で組織された文化団体メンバーの活躍が主なものとなる。戦後の関西新劇として意識されているのは、「炉辺クラブ」と、続いての学生三劇団である。

一九四五年　「炉辺クラブ」が生まれる。関西の大学、高専の学生有志で。
一九四六年　「知性座」京都大学、大阪外語の学生有志で。
「学友座」大阪大学附属医専、大阪府立女専の学生有志で。
「前衛座」関西学院系の学生有志で。

「炉辺クラブ」は、約半年で崩壊。「知性座」「学友座」「前衛座」三劇団の時代となる。
「知性座」は、アカデミズム。「学友座」は、社会主義的レアリズム。「前衛座」は、芸術至上主義、を主に標榜したとみられていた。

■**「炉辺クラブ」**は、一九四六年一月、京都新聞会館、二月、大阪国民会館でマイヤー・ヘルテル作、立原隆夫演出『アルト・ハイデルベルヒ』を上演した。

＊道井直次の感想——作品は、皇太子と町娘の恋物語で、結末は悲劇で終わるが、天皇や皇太子は〈神〉ではなく〈人間〉であることに、わたしたち学生は感激し、二人の仲を裂く封建主義に怒りをおぼえた。二日間超満員の予想以上の盛況で、一挙に噴出したという熱っぽさだった。皇太子と村娘は、約一分間、我を忘れて本当に接吻をした。あまりにも長い接吻にどよめいた、それでも観客は食い入るように見入った。

（道井直次「道」４）

第２回公演、一九四六年五月四・五日、京都新聞会館で、『青春』（マックス・ハルベ作、立原隆夫演出）と、『結婚申込』（チェーホフ作、道井直次演出）があった。道井は婿役で、入会三カ月で、主役と演出を兼ねた。親父役は、北村英三で演じられた。「炉辺クラブ」の稽古場（事務所）は、百万遍近くのアパートにあり、京大生で占められ、演劇、美術、音楽、文学の各部の学生によって構成された文化団体が、敗戦後まもなくなのに組織された。そして、関西新劇の礎を築く学生演劇人の輩出があった。ただ「炉辺クラブ」は、約半年で崩壊した。「炉辺クラブ」の道井直次は「知性座」をつくった。北村英三は、毛利菊枝のところ（のちの「くるみ座」）へ行く。

＊学生演劇人＝**同志社**→豊田忠之、若谷哲夫、中川左京、大川達雄。**関西学院**→横須賀聖美、日高久、浜畑幸雄、鴨田増人。**阪大医専**→望月信雄、笹川好二、手塚治虫（のち、漫画家）、山下三郎、石沢命徳、橋本正澄、中尾孝。**大阪府立女専**→後藤田由子、松下美智子。**京大医専**→山根昇、**京都府立医大**→森島隆夫、井上彬。**関西大学**（**学園座**）→中農昌三、栗駒正和、**関西大学２部**（**学窓座**）→楠本進、鈴木俊郎、菅原賢。

＊学生演劇公演＝京都帝大『最後の一葉』『カーディフに向かって東へ』、京大医専『商船テナシティ』『修善寺物語』、阪大医専『実験室』『俊寛』、京都府立医大『勝利者と敗北者』『商船テナシティ』、三高『クノック』、同志社『桜の園』

『どん底』、同志社経専『父帰る』『にんじん』、関西学院『故郷』『アンナ・カレーニナ』、少し後になるが、ウイリアム・サロイアン『君が人生の時』、神戸工専『嬰児殺し』、関大専門部『どん底』、関大二部学窓座『入れ札』『湖の娘』など。

（道井直次「道」5）

■**「知性座」**は、「炉辺クラブ」崩壊後、道井と立原隆夫が中心となって、「新劇文化研究会」を中之島中央公会堂小会議室で「朗読文芸の会」を開いたとき、一九四六年六月に「知性座」という劇団をつくる。平均年齢二〇歳。道井（二十一歳）は、大阪外国語大学のあと、京都大学イタリア文学へ。

***知性座綱領**＝私たちは新劇の興業的性格に反抗し、理論と実践の平行的研究を以って、演劇の本質を地道に探究し、演劇的友愛と人間向上の喜びを生きながら、知識人にとって真の〈こころの糧〉となるべき演劇を創造しよう。

***連名の主な者には**＝赤木正樹、石塚幸雄、牧野宗也、道井直次、佐間芳郎、立原隆夫、伊藤道子、美山恵美（路井恵美子）、中川マリ、など。**顧問に**＝山本修二、中川竜一、梅本重信。

（道井直次「道」5）

「知性座」第一回勉強会一九四六年九月中之島中央公会堂。『月ひかり』（キンテーロ兄弟作、立原隆夫演出）。『嗅ぎつける人々』（ヴァン・レルベルグ作、道井直次演出）二本立て。第二回公演（勉強会名称変更）一九四七年二月中之島中央公会堂。『アルルの女』（アルフォンヌ・ドーデー作、立原隆夫演出、道井直次改修）。配役・バルタザール（道井直次）、インノサン（美山恵美＝路井）、ミチフィオ（川上辰夫＝西山）、フレデリ（佐間芳郎）。二日間で、一五〇〇人の観客。第三回公演一九四七年七月大阪毎日会館。『家』（ジャック・コポー作、立原隆夫演出）。配役・祖父（道井直次）、父（牧野宗也）、兄（川上辰夫＝西山）、弟（阿部善夫）。

***道井直次の回顧**――この『家』のプログラムに、演出の立原は〈この『家』をジャーナリスティックに所謂問題劇としてとりあげたのではない。又、その様に扱おうとも思っていない〉と言い、わたし（道井）はわたしで、〈私としては、現在のレベルで、派手な仕事をして、関西の新劇に一つのエポックを劃そうなどと、大それた考えは毛頭ない〉と

言い、二人とも社会への働きかけを謙虚に抑制している。そのくせ、芸術創造に関しては、何かと野心めいた言辞が波打っている。つまり、社会と対決しないところで、芸術的実験を試みようとしていたのが、〈知性座〉だったのではなかろうか。アカデミズムであり、ディレッタンチズムであり、ピューリタニズムであったとも言える。だからこそ、そこに青年の純潔さと真摯さがあったのだろう。

（道井直次「道」5）

「演劇講座」が流行した時代であった。戦争中の空白を埋めたいという知識欲があったためであろう。「知性座」も、「新劇講座」を開いている。他に、詩の朗読会も行なっていた。

＊講座名と講師　日本演劇史＝辻久一、矢追季春、中川竜一、西洋近代劇思潮＝山本修二、演劇雑話＝辻久一、演劇と言語＝林和夫、演劇と教育＝畠中敏郎　（実技、実習がないのが時代か）

■「学友座」 は、一九四六年六月、大阪帝国大学附属医専と、大阪府立女専の演劇研究会の在学生、卒業生の有志で設立された学生劇団である。阪大附属医学専門部に入学することになる漫画家の手塚治虫も学友座へ入会している。第一回研究会は、一九四六年一〇月、毎日会館で、『驟雨』（岸田國士作、望月信雄演出）と、『生命の冠』（山本有三作、橋本正澄演出）、手塚治虫が『生命の冠』に杉本得平という老人役で出演。一九四七年四月、大阪毎日会館で、『結婚申込』（チェーホフ作、山下三郎演出）と、『故郷の声』（八木隆一郎作、橋本正澄演出）に続いて、第二回研究発表会一九四七年五月、大阪日会館で、『白衣の人々』（キングズレー作、畑佳成演出）。医学生が中心であったために、将来は医者になるという定められた道筋があった。『白衣の人々』のときは、医者か演劇かの分岐点ともなり、阪大医専と大阪府立女専の演劇研究会の枠は取り除かれた。第三回研究発表会は、一九四七年八月大阪毎日会館で、『初恋』（村山知義作、後藤田由子演出）、第五回研究発表会は、一九四七年十一月大阪毎日会館で、『帆船天佑丸』（ハイエルマンス作、望月信雄演出）。

「学友座」の『初恋』や『帆船天佑丸』は、戦前の新協劇団の作品を踏襲していて、社会主義リアリズムという線に向かったようだ。手塚治虫は、一九四七年の合同公演『罪と罰』のペンキ屋職人の役を最後に演劇活動から退いている。

■**「前衛座」**は、辻正雄が主宰。関西学院大学出身。この人のことを頑固なまでの芸術至上主義者と言った人がいる。第一回公演一九四六年春、大阪毎日会館で、『花婿』（ラヨス・ビロー原作、宇井無愁演出）。『犬』（チェーホフ作、矢追季春演出）、『マントンにて』（長岡輝子作、十朱久雄演出）の三本立。第二回公演一九四七年三月大阪朝日会館で、『春愁記』（三宅由岐子作、玉石藤逸演出）。

一九四七年辻正雄・美智夫妻が脱退、一九四八年七月、「青猫座」を創立する。辻正雄脱退後「前衛座」から「グループ・テアトラール」を石田、宇井、矢追らで設立する。

＊戦後の西山辰夫の思い出――戦争へは志願して行きました。昭和十九年の春で、二十年秋に復員して来ました。加古川で訓練うけて、水戸が本部でした。数え十七歳です。毎夜戦闘です。朝鮮へも行きました。少年航空隊ではないが幹部候補生ですね。復員して何もすることがないので、中之島の図書館へ行って本ばかり読んでいました。帰り川の所で海軍の予科練帰りが、金出せ、言うんです。数カ月前まで死ぬ気でいた人間だから怖くなかった。だけど、自分もあの手になるなと思うと、これは学校へ復学せんとあかんと思った（大阪外大）。何かやらんとあかんと思っているとき、道井直次さんに会った。彼の「知性座」に入って、第二回公演一九四七年二月中央公会堂『アルルの女』が初舞台となった。男の学生しかいなかったので女優がいない。女専の人（美山恵美＝路井恵美子）に加わってもらう。路井さんは一時退いて薬剤師をやっていたが、僕らが道井さんに行け行け言うて、道井直次が妻に迎えて女優を続けた。「学友座」というのがあって、手塚治虫が俳優でいたが、楽屋で漫画を描いてくれた。あの絵を今持ってたら、大変なことやなぁ。

（二〇一五〔平成27〕年六月三日インタビュー、大文連事務所）

＊「学園の演劇熱」という記事が一九四七年の新聞に。

敗戦後ほうはいとして起こってきた学生の演劇熱を結集して、関西学生演劇連盟が生まれてから今月でちょうど一年、この間どんな道を歩んできたか、また今後の学生演劇はどこへゆくのか、比較的学生演劇のさかんな学園を一べつしてみよう。関西学生演劇連盟が生まれたのは昨年五月下旬、その当時は加入校が連携して思想的なつながりもあり、連盟自体が一つの有機体としての働きを持っていたが、その後有力な指導者の不足のため各学校が個々に動いているのみで連盟内でのなんらかの交流もなく、その演劇活動もスランプ状態に陥り、再び同連盟発足当時に逆戻りして暗雲低迷の中で光明を求めて足踏みしているというのがいつわらぬ現状である。【阪大医専】大阪府女座と提携して学友座を組織、積極的な演劇活動に移っているこの学園をのぞけば、学生演劇の目的を人間性のたう治におき現在までに二回の公演を行っているが、公演のうち、極端な自己反省に陥り、その上、一部教授連の〈芝居をやるなどは自然科学者のとる態度ではない〉といった弾圧もあって、現在の演劇研究会は低調を極め、どうにか名目のみ保っているという程度。【京大附属医専】戦争中演劇観賞会を作りカブキ、新劇の観賞批判のみ行っていたのが敗戦後活発化し演劇部に進展、それと共に新劇万能派とカブキ派に分かれ、何れも自己の立場を固く守っているため演劇部の崩壊も伝えられたが、新劇派の「商船テナシチー」「修善寺物語」公演後、カブキ派に脱退者が増え次回の新劇「太陽の子」の公演にカブキ派も協力、一応この問題は落ちついたが、こんどは学生演劇の範ちゅうについて趣味以上であるべきだという説とあくまで趣味にとどめるべきだの二説に分かれ現在この問題で検討中のところ。【大阪高医】連盟内でも最も低調をきわめ、ただ好きだからやる程度のもの、計画的な行事もなくイデオロギーを持っていない。【関西学院】演劇の一生を賭す希望のものばかり集めている関係上、学園内の研究団体であっても学生としての限界に止まらず社会人として演劇活動をつづける方針をとっている。発足当時は近代劇の研究熱が盛んであったが、漸次古典劇の再検討論が高まり、シェイクスピア研究会が誕生〈古典に帰れ〉の呼び声がさかん。【同志社】関学とは対しょう的な立場を取り、学生生活に基盤をおいた演劇の樹立と芸術至上主義否定を叫ぶ同志社は、移動公演を含め現在までに八回の公演を行い、今後の行き方としては大作、名作といえども社会情勢に適応せぬものは取り上げず、あくまで生活を掘り下げたテーマのみ扱い芸術は趣味にあらず〈芸術と生活を直結させよ〉と呼びかける。

全体を通してみると各学園さまざまな歩み方を示しているが、学園演劇に対する情熱が燃焼し切らぬ間に生活不安に圧倒され研究熱は持ちつつも歩むべき方向を見い出し得ないのが現状であろう。だが低調な中にも万策を盡して、学生演劇の健全な発達を願う意欲が強くうかがわれるのは力強い。

（「大阪日日新聞」一九四七年五月二十日）

学生劇団以外にも新劇の劇団が無かったわけではない。「大阪芸術劇場（一九四六年）」は、山根昇が主宰した若い世代の集団。坂本和子（関西芸術座）、金田竜之介（青猫座・新派）、波田久夫（制作座・関西芸術座・未来）などを生んだ。『みごとな女』、『おふくろ』、『マツコとユミ子』などあって多様。

「文化座（一九四六年十月）」は、板垣重信、二本柳寛（映画スター）、二条宮子など。南の精華小学校講堂を大阪市立文化会館として常打ち小屋にしていた。『にんじん』、『早春』、『若い人』など。その後の一九四八年一月には、「テアトル・ソレイユ」が生まれ、シェイクスピア作『じゃじゃ馬ならし』などを上演している。関西芸術座の女優になる広野みどり（松井加容子）も出演している。これが、「春陽座」になっていった。筒井好雄が演出に加わっている。

「めざまし隊（一九四六年十月）」（高橋正夫）。一九四六年十月『起ち上ったをとこたち』（鈴木正男作、多田俊平演出）、『新サルカニ物語』（牧野弘之作、多田俊平演出）、『人民解放の日』（牧野弘之作・演出）三本立てを中央公会堂で。文工隊的存在。村山知義の『暴力団記』も多田俊平の演出で上演している。新屋英子（関西芸術座）がこの舞台に出ている。

＊波田久夫の思い出――下寺町、松屋町筋に面して東側に〈稱念寺〉という古い寺があった。M工業学校の友であったK君に連れられて、狭い本堂を借りて、七・八人の若い男女が芝居の稽古をしているところを見学しにいった。某金属KKに就職したものの、戦時下で充分な専門教育なしでの仕事などどうにも性に合わず、一年足らずで失職していた。小学校の学芸会で〈桃太郎の鬼〉を演ったことがあった私には、はじめて観る大人の芝居の稽古が楽しく、即仲間に入れてもらうことになるのである。昭和二十三年（二十才）夏の終わり「劇団大阪芸術劇場」入団。芝居のイロハもわからぬままの新劇人の誕生であった。初舞台をふんだのは、その秋、演目もその折の『獅子』であった。

（二〇〇五年七月「演劇会議」１１８号）

京都にも、一九四六年頃、幾つかの劇団が結成されているが、昭和成長期や平成に活躍している新劇人は、戦後すぐのスタート時点では、学生だったのである。つまり、若い世代の演劇人によって、戦後の関西新劇界は、スタートしたようである。

＊一九四七年の「関西の新劇運動」（筒井好雄）という記事。

最近新しい演劇運動が活発になってきて、関西でも新劇団体が六つも生まれ、その他に職場演劇や学生演劇も盛んに行われるようになって、新劇運動の隆盛期に入ったかの観がある。しかしこの活発な運動も裏からのぞいてみると、まだ確立の域にはほど遠いところをさまよっているのであって、その経済的基礎も不確実であり、役者や裏方の演劇運動を通じての生活保証も未解決のままになっている。また職場演劇では労働意識を明確に演劇化するところまでまだ進んでおらず、言いかえれば、宣伝劇の製作のみに走っている実状であり、一方学生演劇はというと公演至上主義になってしまって、学生の立場からの演劇文化の研究を忘れている。つまり学校を離れた演劇は今の時代の年齢、性別、職業別それぞれの分野の問題を取り上げるのではなくては意味をなさないのだが、それにもかかわらず、今の新劇団体は前に述べたような昔の失敗を再び繰り返そうとしている悪くいえば自分たちの世界観に入りすぎ、文化的なセクショナリズムに閉じこもってしまっている。甘んじて、生活的にも余裕のある人が集まって芝居をしているような傾向をみせている。そのために肝心の新劇公演をやる劇場の獲得もできず、劇団の芸術面の練磨もできていない。このような技術面芸術面の欠陥は運動の永続性のためには致傷的なことであり、一日も早くこの種の欠陥を克服してゆかねばなるまいと考える。その方法の一つとして、新劇団協議会といったような横の連繋を実現させ、新劇の全線的な活動を展開し、この線を基盤とする指導力を生み出さねば本当の新劇運動の成果は期待できないのではなかろうか。

（「新世界新聞」一九四七年四月十日）

＊新刊の紹介があった。『日本の演劇』山本修二著。平和回復後とみに活発化した日本の演劇運動の現状を示し今後の課題として新劇の在り方、自立演劇の方向などを親切に解説した啓発書。他面日本的特質とか新しい戯曲などの方向からカブキ劇にも触れている。（大阪・堀書店、一四四頁、三五円）

＊新聞記事に紹介された「関西新劇團展望」――関西における新劇團は大阪に文化座、大阪放送劇団、人民座、知性座、前衛座、京都においては、京都演劇集団、神戸では神戸芸術座がその代表的なものである。東京の新劇団の殆んどが伝統を誇り、確実な方向線をたどっているに反し関西の新劇団は終戦以来雨後の筍のように輩出したもので、全般的にみて演劇創造上の基盤の確立が明確でなく実際的な活動期にまで到達していない。次に劇団を概括する。**【文化座】**ホームグランウンド大阪文化会館を持ち同会館で二か月に一回の定期公演を行っている。演じものは「若い人」「綴方教室」などもっぱら若い観客層を狙っているにも拘らず何となく若さに乏しい、それは技術の貧困、統一性の欠除であり、そのことは文化座がプロデューサーシステムで特定人が劇団システムを運行しており演出者の間に日常的な関連をもたないことが大きな原因である。持論としてプロデューサーシステムを破り市の背景から離れ、独立劇団として創造性をもち、もっと苦労することがのぞましい。**【大阪放送劇団】**大阪放送劇団は内部的に放送芸術協会に含まれ、放送局の外郭団体であるが、実体は放送局の制約を多分に受けている。だが最近、同劇団では独立の企画で、局外において上演活動を行おうとする傾向が見られる。ここでは技術者は声優という特異な存在で内部の新鮮味と刺激を保持する建前から周期的に技術者の募集を行っているが華やかさのみ追う若手の応募者は演劇の創造に克苦する人が少ない。最近公演を行った「海彦山彦」「おふくろ」は劇団として〈ソツ〉がなく先ず精一杯のところであろう。**【人民座】**専門的な劇団として今年一月誕生したが、現在の処せいぜい研究劇団としての域を出ない。それに演技も二・三の人以外殆ど若い人たちで関西新協劇団と自負するにも拘らず内容の貧困が目だちいまのところ本格的な公演を行うことは至難である。ここでは、月給制度を確立し一定額の給料を支給しているが自主的経済でない他力本願の月給制度は、幾多の危険性をはらんでいる。**【知性座】**知性座は〈炉辺クラブ〉の公演以来、内部的な混乱から最近では公演を行っていない。そして慎重な研究劇団の形をとっている。しかし研究劇団といえども、他の専門劇団に比して劣るという解釈は成立しないし、真率で実直な演劇研究こそ、関西の演劇に寄与するところ大である。この意味で充分な基本を持ち、芸術運動を行う方向としては大いに賛意を表するところである。**【前衛座】**前衛座はそのかかげているスローガンに〈専門劇団としての確立を目指して勉強中である〉といっているが、この大切な点がすでに空手形に近い、

その原因は芸術方向の統一がなく中堅どころの意図が個々まちまちでありしたがって芸術創造にギャップが生じている。現状のままでは近き将来分裂の危機はまぬがれない。

（「国際新聞」一九四七年六月十四日）

第二章　関西戦後新劇の出発

戦後の関西の専門新劇人は、どのような形で出発したのであろうか。例えば、大阪演劇集団とか関西新協劇団とかの名称が決まらず「人民座」となった「人民座」は、唯一の専門劇団と宣言していたようであるが、大阪での公演が出来ず「大阪芸術座」という名で北海道へ移動公演に行くという、有様であった。

＊一九四七（昭和23）年の新聞には「演出家、女優と心中」という見出しの記事がある。「二十二日午後六時半ごろ大阪北区曽根崎梅屋旅館で、男女で服毒苦もん中を発見、同区中央病院にかつぎこんだが男は同夜十時半ごろ絶命、女は一命を取止めた。関西新劇演出家土田知博（三八・人民座）と人民座の女優石橋鈴子（一九）と判明。土田氏は妻（三四）はじめ二男一女があるが事実上別居、昨年人民座を結成したころから鈴子さんと恋愛関係を続けていた。心中は、生活苦、妻子との関係、恋愛の行き詰まり、創造上の悩みからか。土田氏は、戦前、大阪協同劇団の指導者であったが、戦時中は沈黙、敗戦後関西新劇の演出家として返り咲き、劇作のほか、マルクス、エンゲルス芸術論のフランス訳を翻訳、関西新劇界ではその死を惜しまれている。

（「毎日新聞」一九四七年六月二十四日より抜粋）

＊石橋鈴子は、後日（二十七日）に、大量のカルモチンを飲んで、土田知博の後追い自殺をとげた。

（「毎日新聞」一九四七年六月三十日より抜粋）

それでも、なんとか、戦後の演劇人の結集、職業化の必要性を考えた人たちの中から、若い演劇人が幾人か現れることとなる。

＊「国際新聞」に一九四七年十一月、三回にわたって「新劇放談」が掲載されている。出席者は当時活躍を始めた人たちである。（出席者＝〈知性座〉立原隆夫・道井直次。〈前衛座〉木村民六・玉石藤逸。〈大阪芸術劇場〉赤木正樹。〈神戸芸術座〉冬木亮。司会・大阪放送劇団・岩田直二）

岩田「現在の大阪新劇はのびる可能性が充分あり、自立劇団のように、仕事を活発にやっていけばおいおい開拓されていくだろう」。**道井**「関西の新劇は堅苦しいという観客の意見だが……」。**岩田**「それは日本の新劇全部にいえることだ。もっと新しい眼で広く見るべきだ」。**道井**「新劇の観客層には新劇をみなければインテリじゃないといった一種の虚栄じみたものがある。またいじ悪く新劇をみてやろうというインテリファンが多かったが、これからはこういった点を改善し、〈どんな人にも楽しんでもらえる〉芝居へもっていきたい」。**木村**「それは築地小劇場が新劇はむつかしいものといった印象を与えてしまったからだよ。築地はその点発展的な性質を帯びていた」。**岩田**「いや、それは日本にそれだけのものをうけいれる素地がなかったのだ。現在の芝居を正しくみる人といえば実際演劇にたずさわっているものだと思うよ」。**筒井**「新劇が何故広まらないかという原因は翻訳劇至上主義にあると思う。もっと堂々と日本の創作劇、取り入れるべきだ、『タルチュフ』（モリエール）をやるより『大寺学校』（久保田万太郎）をやった方がもてる。『タルチュフ』に向かえるだけのものをもっておれば『大寺学校』もやりこなせる筈だ」。**赤木**「西洋劇をやると肉体的条件が違うからそこにギャップができるのだ」。**筒井**「それで結局、おサル芝居に終るんだよ。自立劇団が堂々と創作をやっている点学ぶべきものがある」。**道井**「私とこでは今まで三回公演したがこれからはそういった方向に進んでいきたい」。**岩田**「その創作劇だが、これをやるにも手ごろな近代戯曲がないんぢゃあないか？　大正年代のものを見てもいい創作ものがない。山本有三そのほか二・三のものをとりあげているが、とかく日本には古いものが乏しい。外国の豊富なのに比べれば弱みだね」。**玉石**「劇作家の貧困という問題がでて来る訳だね」。**筒井**「しかしたとえ少しくらい悪くとも、それをとりあげて刺激してやることも必要だ」。**立原**「こちらが苦心してかかれるものが絶対的に欲しいですね」。**筒井**「演ってみたあとで、ああれはこうあるべきだったと痛感することがよくあるからね。」

（「国際新聞」一九四七年十一月十五日付〈新劇放談・観客の側から〉から抜粋）

■関西新劇合同公演

一九四七年十一月二十七日・二十八日、大阪朝日会館で、戦後最初の関西新劇合同公演『罪と罰』が、朝日新聞厚生事業団の主催で行なった、稽古場も朝日会館が使える好条件で、が、学友座、神戸芸術座、大阪芸術劇場、知性座、前衛座の六劇団で、演出の岩田直二が指揮をとり、朝日会館館長の十河巌の力強い後押しがあった。文化に飢えていたのか、観客は超満員で、三階にあった会館の一階から螺旋階段の上まで長蛇の列ができた。舞台は三階建ての構成舞台で、上演も日延べ、新劇にとってこんな風景は、このとき一回かぎりであった。

岩田直二演出で、『罪と罰』が決定される前に、チェーホフの『桜の園』が、筒井好雄で決まりかけていたようだが、復員してきた岩田直二に演出を依頼し、岩田も早業で、前向きな姿勢で演出を引き受け、演目は『罪と罰』になった。朝日会館館長の十河巌も岩田の姿勢に賛同したらしい。

＊『罪と罰』主な配役——ラスコーリニコス＝豊田忠之、ポルフィーリ＝志摩靖彦、ドミトリ＝手塚治虫、ペストリアコフ＝望月信雄、ルージン＝道井直次、退役中尉＝西山辰夫、アリョーナ＝寺下英子、ダリヤバヴローナー＝高橋芙美子、マルメラードフ＝中川左京、ソオニヤ＝大谷樟子、ニコライ＝阿部善夫、イリヤペトロヴィッチ＝作本忠市、馭者＝金田龍之介、など。

＊金田龍之介　「朝日会館をたずねて」に、昭和二十二年、ガストンパティ脚色の『罪と罰』。楽屋の窓から見おろすと、会館のぐるりをずっと新大阪ホテルまでお客がならんでいた。戦後初の関西新劇合同公演。私のせりふはふたこと。辻馬車の馭者の役。

（一九七七年十一月『四十四年目の役者』金田龍之介、レオ企画）

＊劇評・「失われた意図——大阪の『罪と罰』——」高橋正夫

「桜の園」と「罪と罰」と二本のうち何れを選ぶか。一時は「桜の園」に決定しかけたが遂に「罪と罰」に落着した。私はこの結果をよろこぶものである。こん度の上演を一応の成功と認めるのだが、もしも「桜の園」上演であったなら結果として失敗していたであろう。協力者の九〇%が終戦後演劇をはじめた弐〇才代の、種々の意味で若い未成熟なゼネレーションであり、稽古期間は四十日餘りであり、六つの劇団のものがはじめて顔をあわせての仕事であるということ、更に、終戦後の大阪で最初の大規模な演劇計画であり、この成否は大阪での新劇主流に強い影響を与えるものだということ、したがって芸術的にも経済的にも成功させなければならない責任が課せられていること、――（中略）ここでは「罪と罰」舞台成果の検討にとどめる。二日間四回公演にハミ出した観客、そのためさらに二日間四回の公演を追加して経営の面では成功した。が、もう一つの責任、そうしてこれこそがより重要な責任であるところの舞台成果の面では、――残念ながら成功しなかった。原因はさきに記した諸条件に於いては「罪と罰」を完全に征服するに必要な主体的力不足にある。稽古期間四十日餘ではまだまだ不足なのであり、演技者の技術は初歩的であるばかりなく、はじめて顔をあわせての仕事だけに演技者相互も戸惑いすることが多かったに違いない。ラスコーリニコスは如何なる人物か、既に中心の人物ラスコーリニコスの解釈に於いて演出者と演技者は分裂している。「罪と罰」のラスコーリニコス失敗は致命的であろう。演出者はラスコーリニコスとその犯罪を〈絶対専制政府ツアーの下に於ける、革命前の暗黒時代に〉〈青年インテリゲンチャの、絶対帝政政治に対する歪められた反逆と見る〉〈がしかしそれはヒステリカルに歪められた反逆であり生活から遊離した観念的な個人主義的な反逆であると考える。従って彼の行為を是認するものではないが〉とプログラムに記している。ところが、豊田忠之の描き出したラスコーリニコスは演出者の言葉と正反対のものとしてあらわれた。歴史の必然的発展を正常にみる能力に欠けていた〈当時のインテリゲンチャの苦悩〉はそれ故に〈観念的な個人主義的な〉〈ヒステリカルに歪められた〉すくいのない泥沼のような苦悩であったろう。それは人間の内面に於ける深刻な苦悩であろう。他人に説教する苦悩ではなく、常に自己に云いきかせするもだえ苦しむ悩みであろう。時に第三者には無意味であり不気味であるところのつぶやきの連続であろう。豊田のラスコーリニコスは、わめき、どなり、叫び説教する。ボルフィールに対しても、警察でも、酒場でも、マルメラードフの家でも、墓場の門でも、その他、あらゆる場所、あらゆる人物に対し、ところかまわず、あいてかまわず説教する。絶叫する。もしも演出者の意図が正しく実現されたならば、内面的つぶやきの連続の中から絶叫がほとばしり出るものであろう。――（中略）ニコライ（阿部）とイリヤペトロヴィッチ（作本）の二人は全体の演技の中で最も傑出している。素朴ではあるが全身で舞台に生活を描くことに懸命であり、役への格闘、あふれる熱情と抑制のよき調和をみることが出来た。――（以下略）

（「テアトロ」一九四八年四月　No.84〈河童書房〉）

＊「新劇の一記録」　関西の新劇団合同出演の〈罪と罰〉は未曽有の反響をよんだ。観客動員という新劇ばりの言葉で表現しても一レコードをつくったといえる。関西新劇団の前途のために同慶の至りだ。筆者は初日の日に通路であとからあとからおしてくる観衆を背中で支えるようにして観ていたのでゆっくり鑑賞も出来なかったが、資材難もなんの三階建の大建築を舞台狭しと構成したことにも、関西新劇人の野心の程が察しられ、この合同上演が単なる思いつきや偶然によってのみ行われたのでないことがわかる。効果はともかくとして演出にも新時代の解釈があって好感が持てた。ただ舞台構成が手のこんでいるのに比較して、個々の俳優のふんそうが投げやりでイメージをぶちこわした。翻訳劇の宿命のようなものだが一工夫あってよい。

（「朝日新聞」一九四七年十二月十三日付　小野十三郎）

関西新劇合同公演『罪と罰』の成功は、劇団統合への展開を早めた。職業化しなければ、駄目だという意識が強かったようだ。すぐにも革命が起こり、演劇で世の中が変わるという芽生えが、加速的にものごとを推し進めたようだ。朝日新聞社の庇護のもとに統合を推進した岩田の個人プレイと見た人には、反発する人々もあって、考え方は二分した。「前衛座」は分裂、残留組の木村民六、玉石藤逸、豊田忠之が統合賛同、「学友座」の望月信雄、後藤田由子も賛同。「知性座」の立原隆夫がディレッタンチズムを脱却するには、統合が必要だと、他の劇団員は意見が二分した。「大阪芸術劇場」の代表山根昇は反対だったが、赤木正樹や増田保、「神戸芸術座」の代表冬木亮らが賛成。このころ、いまにも革命が成功しそうなムードで、アマチュア体制からプロ体制へ変わって行くような雰囲気の中で、芸術性と社会性の思考対立があった。アカデミック的傾向のあった「知性座」の道井直次は、積極的な賛成者ではなかったようだが、統合に踏み切った。

＊西山辰夫の戦後初の関西新劇合同公演の思い出――一九四七年十一月に戦後初の関西新劇合同公演『罪と罰』があっ

た。復員してきた岩田直二の演出で、下から三階の階段までお客が並んだ。大阪駅でも切符を売ってくれと言う人がいた。初め裏方のつもりだったが、抜ける人がいて急遽役者についた。初めてギャラをもらった。朝日会館の館長が、もっと大きな劇団つくれという、朝日の場所の提供もあって、「知性座」も合併の方向で「劇団芸術劇場」へ統合となった。

（二〇一五年六月三日インタビュー、大文連事務所）

■「劇団芸術劇場」の設立

一九四七年十二月、「劇団芸術劇場」誕生。『罪と罰』の公演から、あッ、という間に、六劇団が合同。朝日会館館長の計らいで会館内に事務所と稽古場。主なスタッフ　顧問・十河巌、山本修二。評議員・堀正旗、大岡欽治、松尾亀鑑。演出部・岩田直二、赤木正樹、冬木亮、道井直次、玉石藤逸、立原隆夫。演技部・阿部善夫、西山辰夫、木村民六、望月信雄、手塚治虫、豊田忠之、後藤田由子、木下サヨコ、坂本和子、など。（岩田直二だけが、大阪放送劇団にも籍があった。山村弘三〈当時、堀場広三郎〉、柳川清〈当時、作本忠市〉が演技部に参加している）

当時の流れは統合へと勢いが強く、一九四八年十月。北海道巡演をしていた宅昌一、木下ゆず子、藤山喜子らの「大阪芸術座」と合同公演で、東京から演出に土方与志を迎え、シェイクスピアの『ロミオとジュリエット』の公演が行われる。ロミオに岩田直二が、ジュリエットは轟夕起子、他に東京からは、三島雅夫、原泉が来演した。一日二回の公演で半月間、三十回の公演（観客、四万人とか）。ジュリエットの轟夕起子さんのからだが大きくて、ロミオの岩田直二が見えないことがあったとか。総勢一五〇名の大舞台。だが、当初は六十名くらいいた劇団員が、若かったのか、一寸した意見や考え方の違いでどんどんやめて行った。例えば、『ロミオとジュリエット』の企画など岩田が先行独断で決めていく不満が運営委員などにあったようだ。

＊西山辰夫脱退の思い出――一九四八年十月『ロミオとジュリエット』が土方与志を東京から演出に迎え、ジュリエットに轟夕起子が客演、岩田直二がロミオを演じたが、客は入ったが、劇団内部の思想性が激しく、または数人だけで

細胞会議をするなどに反感が起こった、などで解散へ。二十歳だった道井は、三十歳代の演劇人はダメだという文章を書いた。「劇団芸術劇場」を私も道井も脱退して、道井のつくった「制作劇場」にちょっとの間名を連ねるが

（二〇一五年六月三日インタビュー、大文連事務所）

＊溝田繁の思い出――この「ロミオとジュリエット」の公演には、「関西交響楽団」（指揮・朝比奈隆）が客演していて、序曲に、幕開きから三〇分も演奏があった。それが済んで、舞台に一人佇んで、ピンライトを当てられるヴァザール役の自分（溝田繁）は、とてもよい気持だった。幕開きに三〇分も序曲があっての「ロミオとジュリエット」だったから、終演が、終電車もなくなるころで、客は、最後まで観ず、帰ってしまった。

（二〇一五年五月二十六日インタビュー、南茨木駅前喫茶）

「劇団芸術劇場」は、旗揚げ本公演はなく、都会より機会の少ない地方の人々にと、旅公演からスタートした。『早春』（水木洋子作、道井直次演出）と『満員列車』（三好十郎作、岩田直二演出）で、岡山、津山方面へ旅公演。労演と労映で共同編集されていた「映画演劇」新聞誌上では、劇団芸術劇場が大阪芸術座と合同で、山田時子作の『女子寮記』を四九年四月に上演決定したことを伝えている。配役には、木原蓉子、藤山喜子、木下さよ子、坂本和子、堀場廣三郎、酒井哲などの名がみえる。

＊この周辺の公演記録では、「劇団芸術劇場」は、一九四八年二月十一日『満員列車』（三好十郎）毎日会館〈働く者の芸術祭典出演〉、二月十四日『早春』（水木洋子作）西宮高女、二月二十日『満員列車』奈良文連芸術祭、二月二十九日『早春』茨木小学校、三月六日『いやいやながらの喜劇役者』（田口竹男作）、デモクラシー会館、三月八日『満員列車』国際婦人デー　中央公会堂、三月十三日『早春』中之島高女。三月『モルモット』（寺島アキ子作）、デモクラシー会館。

「関西演劇研究所」という養成機関を「劇団芸術劇場」は発足させていた。一九四八年七月にデモクラシー会館で第一期研究生の発表会を開いている。『馬のいる家族』（原源一作、喜多見四郎演出）、『山鳩』（真船

豊作、田口隆史演出)、『驟雨』(岸田國士作、木村民六演出)の三本立て。研究生は終了後、劇団の公演に入って行く。

その後、オペラ歌手の牧嗣人を客演に『リア王』が、立原隆夫の演出で移動公演されたが、オペラ歌手で引き付けようとする予測が外れて財政悪化、さらには、思想の急進化などで、衰退していく。

▼岩田直二　一九一四―二〇〇六年。大阪生まれ。一九三五年結成の「大阪協同劇団」に加わる。五年後強制解散。四四年三十歳で赤紙が来て入隊し、四七年ソ連抑留から帰国。直ちに大阪放送劇団で演出。合同公演『罪と罰』の演出となり、「劇団芸術劇場」をつくる。「京都芸術劇場」を創設に加わる。退団後、大阪へ移り「五月座」をつくり、三劇団(制作座、民衆劇場、五月座)を合併させ、職業専門劇団「関西芸術座」をつくる。

▼筒井好雄　一九一〇―一九七三年。大阪生まれ。同志社大学文学部(一九三四年卒業)。大阪協同劇団および劇団制作派において新劇運動に携わり、大阪市役所に勤務。著書『新劇再建のために』(誠光社)。その他の著書『俳優教程』(六月社)、『児童演技総論――日常訓練から舞台表現まで――』。

『ロミオとジュリエット』の合同公演で名前が浮上した「大阪芸術座」には藤山喜子がいた。藤山喜子は、戦後すぐに京都で「自由演劇社・日本演劇学園(演劇学校)」に学んだ。多田俊平が事務局長。戦後すぐだからか、芸術に飢えた人が多かったのか、二百人からの人間が集まったようだ。

太平洋戦争中、中村メイコが奈良に疎開していた。「奈良は文化財がたくさんあるから爆撃はないだろう」という父・中村正常(NHKの大阪放送局)の考えにより、奈良県生駒郡富雄村(現・奈良市富雄)に疎開し、「メイフラワー」と名付けたもので、奈良から発信して、他地方への巡回もした。藤山も共にした。

当時、関西の専門劇団と宣言した「人民座」に参加していた藤山喜子らは、北海道の農村地帯を移動するのだが、「人民座」とい名前では、具合が悪いということで「大阪芸術座」を名乗った。宅昌一らが中心であるが、多田俊平や大岡欽治らは加わらない劇団となる。「人民座」という名が示す如くこの当時は、進歩系や前衛党の考え方が強く、いや強いというより、食べるものもない、混乱した世の中では、多くが左翼系へ進む考えに傾斜しても当然であったのだろう。そのような考えが継続的にあってか、このの ち藤山喜子らは、専門劇団設立のため、「民衆劇場」の創立へ向かっていくことになる。当時、北海道巡演ができたのは、スポンサー的立場の人がいたからであろう。北海道に会社を持ち、そして大阪に支店を持った人がいたかららしいが、その人をこちらに紹介したのが、東京の村山知義と言うから、希望の持てる時代だったかもしれない。

ＮＨＫのラジオドラマ放送にもかかわりをもてたようだ。プロデューサーに堀江史朗がいて、十朱久雄（十朱幸代の父）らも、志摩靖彦、藤山喜子などと交わったようである。

こんな記録もある。

＊「大阪芸術座」は、三月六日『赤い陣羽織』（木下順二作）デモクラシー会館、三月十八日『鬼ぢぢと鬼ばば』（江馬修作）、泉大津。

＊「グロープ・テアトラール」三月六日『長男の権利』（マレー作）・『驟雨』（岸田國士作）、北市民館。

＊「木曜座」は、二月十五日『父帰る』（菊池寛作）愛日小学校。の記録あり。

第三章　大阪の劇団の活動

■**「大阪放送劇団」**は、一九四〇（昭和15）年十月にマイクロフォンの前に立つことを専門にする演技者を養成しようと、ＪＯＢＫ大阪中央放送局が、募集、応募者が四五〇人、合格者は二〇人であった。六カ月のレッスンだが、その間の手当が出る、二〇円。創立放送は、ＢＫが募集した懸賞入選作、池田志津作、北村喜八演出「村の電話」が一九四一年六月二十一日初放送された。ラジオドラマ専門の演技者を養成しての第一期生の発表である。佐藤勉、吉江樽雄、渡辺章、吉原マユミ、野田富美子、嘱託だった岩田直二、泉田行夫も加わっている。その放送劇団としての初放送日を「大阪放送劇団」創立の日としている。入団前に舞台で活躍していた岩田直二や浅野進治郎が居たので、声優のみにとどまらず、舞台公演もする。

だが、戦況の悪化で、戦時体制に組み込まれて行き、戦意高揚のためのドラマが主な仕事になる。四国などへ慰問公演もあった。一九四四年、岩田も泉田も召集され、活動も一時停止される。戦後第一回の募集で、梶川武利、柳川清、石浜佑次郎、北村英三、沼田曜一、林曠子、高橋芙美子などが入団。復員してきた岩田直二が瞬く間に劇団の中心になる。

第一回公演は、一九四七年八月『東京哀詩』（菊田一夫作、岩田直二演出）を大阪文化教室で公演（通算31回公演）。これよりラジオと舞台の二本立て活動になる。第一回の公演ちらしには、〈沈滞せる関西演劇界に大阪放送劇団の投ずる炬火！〉とある。第一回公演らしい意気込みが見える。岩田直二は、大岡欽治、多田俊平、土田知博、宅昌一らの戦前新劇人の大同団結には耳をかさず、大阪放送劇団を根城に若い戦後新劇人に接近していく。

一九五七年ころまで日本の劇作家の作品のみを上演していた。一九五〇年、朝鮮戦争が起こり、レッドパージの嵐が吹き荒れ、将来、劇団の中心になる西山辰夫は、レッドパージによる退団者が出て、欠員補充された四名の中の一人であった。端田宏三は、戦後の一期生が劇団を離れ、ＮＨＫへの不満、外で自由に活動したい思いで出た人たちの補充に入団してきたのが、一九五五年のことであった。同期には、園佳也子、太田淑子、西田美也子などがいた。出発時は、岩田直二が中心になっていたが、岩田は、レッドパージのころ、大阪放送劇団を契約解除され、しばらくの間は、岩田直二の名前も使えず、木下直二（木下は、岩田の本名）を使った。木下順二と間違えられることもあったとか。

＊大阪放送劇団一〇年間の上演記録（一九四七～一九五七年）

第1回公演　一九四七年八月　『東京哀詩』（菊田一夫作、岩田直二演出）。

［一九四八年三月に『長女』（阿木翁助作）が、デモクラシー会館で上演される予告があるが、劇団の記録には出ていない。］

第2回公演　一九四八年五月　『太陽の子』（真船豊作、梅本重信演出）・『青い山脈』（石坂洋次郎作、田中澄江脚色、小山賢市演出）

第3回公演　一九四八年十二月　『望みなきに非ず』（石川達三作、梅本重信脚色、演出）

第4回公演　一九四九年十一月　『燈台』（三島由紀夫作、梅本重信演出）、「薔薇一族」（小山祐士作、小山賢市演出）

第5回公演　一九五〇年十月　『祇王村』（田口竹男作、梅本重信演出）

第6回公演　一九五二年六月　『防風林』（北条秀司作、梅本重信演出）・『太陽の子』（真船豊作、梅本重信演出）

第7回公演　一九五三年十一月　『四つの危機』――『おんごく』（土井行夫作、田中千禾夫演出）・『箱』（田中千禾夫作、伊達兼三郎演出）。『札束』（茂木草介作、小山賢市演出）・『落葉』（小田和生作、湯浅辰馬演出）。

第8回公演　一九五四年十一月『禮服』（秋元松代作、岡倉士郎演出）、『火の山』（田中千禾夫作、演出）。
第9回公演　一九五五年十一月『髭』（土井行夫作、梅本重信演出）・『片恋』（北条秀司作、小泉祐二演出）
第10回公演　一九五七年九月『俺たちは天使である』（茂木草介作、演出）・『鸚鵡の饒舌』（真船豊作、演出）。

岩田自身の演出が少ないのは、不思議だが、一九七〇年以降は、招かれて多くの演出をしている。大阪放送劇団は、芝居で飯の食える唯一の専門職業劇団の誕生であった。

＊大阪放送劇団第一回公演（一九四七年八月）『東京哀詩』（菊田一夫作）劇評　大阪放送劇団第一回公演として菊田一夫作の『東京哀詩』を取り上げたのは注目すべきだ。東京でバラ座が再三やったものである。文化教室（会場）の舞台の狭さが劇をかなりマイナスした。相馬英二郎の装置も舞台を十分生かしている努力は認めてよい。岩田直二の演出もかなり細心の注意をはらっているがつねに舞台中央での芝居ばかりでルンペン画家の存在もうすくなってしまった。演技陣も声と演技がマッチせず前途遠しを思わせる。志摩の鷹島もいやにさとり切った常識人だし、高橋の美佐枝も街の女にしては美しすぎてミスキャストだ。他の人は素人演劇と大差ない。（中略）原作の軽さをあまり深刻らしくやったために死んでしまった。舞台の熱は大いに認めるがこれからである。（「日本与論」一九四七年九月一日）

＊大阪放送劇団第二回公演（一九四八年五月）『青い山脈』（石坂洋次郎作、田中澄江脚色、小山賢市演出）、劇評　大阪放送劇団が石坂洋次郎の『青い山脈』を舞台化したのは企画として賛成である。さらにこれを軽いユーモアの明るさで彩色している意図も十分うなずける。若い女学生の恋愛に対する新しいモラルがつぎの世代の健康さを約束しているような結末へのはこび方も納得である。ただ、これは最初から懸念だったが、やはりこの新しい作品も従来の新聞小説の劇化が常に陥った筋を追うための必要から全体の構成が説明に流れる欠点いいかえれば、演劇的に処理されるべきものが観念的なセリフで進行して行くことや、登場人物の扱い方とその出し入れに多少の不満を感じさせるものがある。（中略）今度の公演は一応水準の成功だが、これを一つの段階

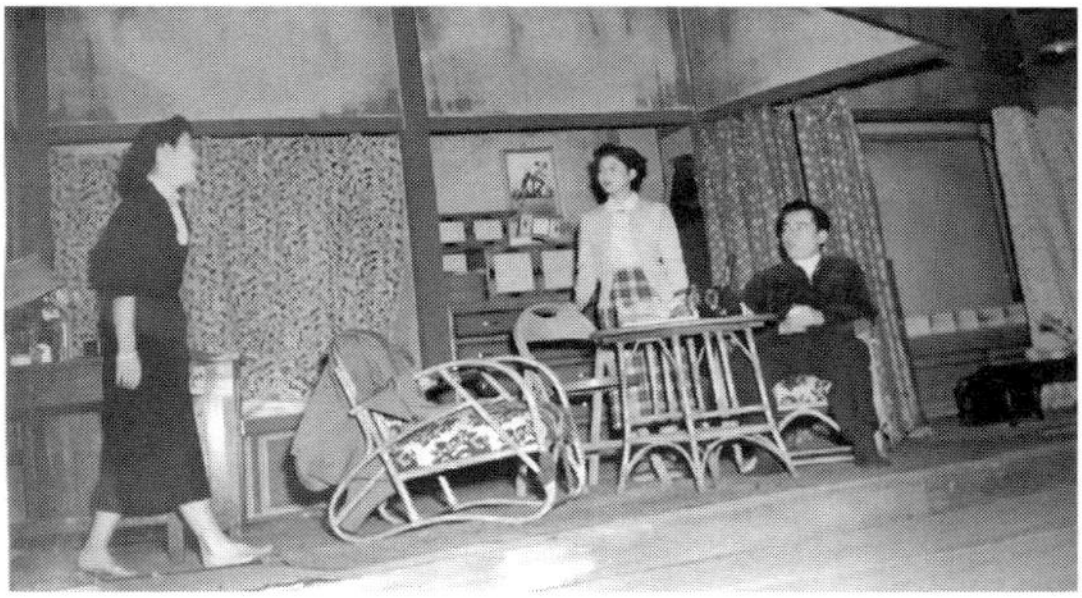

大阪放送劇団『落葉』（小田和生作、湯浅辰馬演出）1953

として、この劇団のさらに意欲的な進展を期待しておく。

（「新大阪」一九四八年五月十日、山口廣一）

＊**大阪放送劇団第9回公演（一九五五年十一月）『髭』・『片恋』劇評**　大阪出身作家の大阪弁を入れた二つをみせてくれた。『片恋』（北条秀司作）はテレビ中継もされるので、回り舞台を三杯に組んで幕間なしに運んだ演出（小泉祐二）は気がきいた。文使いの間違いから女中三人の間におこる悲喜劇だが、〈松竹新喜劇やなあ〉という客席の声が適切にいい当てたような作。津島道子の老女中がよい味をみせた。『髭』（二幕、土井行夫作、梅本重信演出）は巣鴨から出所する元閣下の校長復職をめぐって、某学園の教師らの恐怖の再燃と抵抗の弱さを描いたもの。反動派の人物の描き方など俗っぽく、教育の場にもってきた構成にむしろ実感をソグものがあった。総じて演技から効果までチームワークがとれてアナをみせないのはこの劇団のよさであろう。

（「毎日新聞」一九五五年十一月二十日夕刊、永井）

＊労演・労映の「映画演劇」新聞に「反動化する放送局」という記事があった。大阪中央放送局では従来その専属劇団として大阪放送劇団があり、大阪に於いては専門的新劇団としてその存在を認められてきたが、今般、演技者との契約更新に際して、最も活動的であった岩田直二、同じく演技部員大久保曄子の両氏に対して契約解除を一方的に申し渡してきた。というものであった。直ちに反対行動が起こったが、放送劇団内部員でも妥協的な人がいたようである。

＊大阪教員劇団発足。大阪府・市現職教員をもって組織する劇団「れいめい座」が発足。

（「大阪」一九四七年十一月十八日）

■**「制作劇場」**（一九四八年創立）は、「劇団芸術劇場」を脱退した道井直次が、創立同人・那岐士郎、松田澄子、田口隆文、玉石藤四郎、荻野保正、平田光、大谷樟子たちと立ち上げた。劇団名は、フランス演劇からとられたらしい。稽古場は、小学校。昼間は勤め、夜が稽古というアマチュア体制をとらざるをえなかった。一九四八年八月のことである。戦後、如何に食わないで生きていくかという軽業のような人生を送りながら、二〇歳代の青春をぶつけて、フランス演劇の歴史を学び、その歴史の中から、現代との共通項を見つけだし、歴史的真実と日常的真実を結びつけることを、演劇づくりの基礎において、出発している。

＊「制作劇場ニュース第1号」には、〈「制作劇場」は、何よりも未来のために存在します。そして、何よりも、俗を知らず、純粋で、クソ真面目である未来の若き世代のために存在します。「制作劇場」は、内に於いては、理論と平行する実践と研究を以って、演劇の本質を地道に考究し、演劇的友愛と人間向上の喜びによって、地道なる演劇創造の道を歩み、外に対しては、現代的感覚と叡智を以って、人間の本質を探究し、観客の真のこころの糧となるべき永遠の演劇創造を標榜します〉

（道井直次「道」No.5）

創立とともに演劇研究所を開設のため研究生の募集を行なった。応募者が何人来るか判らなかったが、百名も応募があり二十名を選んだ。道井直次二十三歳。

＊道井直次の回想――一九四八年十一月、知性座出身の美山恵美（本名・横山恵美子）が、わたしと結婚して、道井恵美子として、同人に加わる。結婚式の翌日から稽古場通いの生活が始まった。今では考えられないほど貧しい質素な生活だったが、それでも演劇にとりつかれた情熱は燃えさかっていった。わたしたちの青春は貴重であり誇っていいものだと思う。翌一九四九年二月、中之島公会堂にて、研究所生だけをキャスティングし、「こども演劇教室」と銘打った公演を開いた。対象は新制中学、小学校上級生におき、宮津博作『ふるさとの英世』、久保田万太郎作『北風のくれたテーブルかけ』。道井直次演出。装置／那岐士郎、振付／江口乙矢、音楽／松永尚通、舞台監督／玉石藤四郎のスタッフ。予想外の観客動員におどろき、また好評の成果だったので、研究所生は大へんハッスルした。

（道井直次「道」No.8）

一九四九年四月第一回実験室、日本デモクラシー会館で、実質旗揚げ公演。『ぼんち絵』（高橋丈雄作、那岐士郎演出）、『月と女と』（道井直次作・演出）。第二回実験室、『女猿』（田中千禾夫作、志摩靖彦演出）、『夕鶴』（木下順二作、道井直次演出）。初演であったらしい。上演許可をもらっての『夕鶴』だったそうだ。つう＝松田澄子、与ひょう＝渡辺泰秀、惣ど＝村田康雄、運づ＝玉石藤四郎など。小さな勉強会をくりかえし、コッペパンをかじり、売り食いの生活が続き、崩壊の危機を何度か潜り抜けて行ったとか。

＊**道井直次の回想**――無為徒食、無収入の私に田近光太郎が仕事をもってきてくれた。田近は、大阪外語以来の親友で（略）大阪音楽学校でイタリア語の非常勤講師をしていた。その彼が企業に入社が決ったので、学校の後任にならないかと、話をもってきてくれた。（略）しかし、当時の大阪音楽学校は、経済的に風前の灯であった。折角講師になったものの、三ケ月給料遅配の状態である。それのみか、学校の再建案がもちあがり、「海外留学をしていない講師を解雇して、すべて洋行帰りで教師をかためる」ということで、わたしは簡単に解雇されてしまった。（大阪音楽学校は、大阪音楽大学に蘇生してゆく）

（道井直次「道」No.8）

第三回実験室（一九四九年十二月）、『聖女』（三島由紀夫作、道井直次演出）、『清らかに咲ける』（宇野信夫作、松下煌演出）。この公演途中で停電になって、公演はガタガタした。劇団はもう終わりだ、再起不能だと思ってか、劇団は、しばらく休むことになる。

再建最初は、一九五〇年八月。『万事平常通り』（天本一雄作、道井直次演出）、『夜の春雷』（間宮研二作、杉一演出）。面白くない新劇からの脱出、解り易い作品の方向へ、をめざしたような舞台。

一九五〇年十月「制作劇場」は、本公演として、『守銭奴』（モリエール作）を、外部演出（中西武夫）をはじめて迎えて（道井と共同演出）、再建公演が行われる。大手前毎日会館。アルパゴン＝堀内栄、クレアント＝安達国晴、エリーズ＝松島和子、ヴァレール＝波田久夫、マリアンヌ＝道井恵美子、など。

その後、一九五一年七月夏の公演として『塵境』（小山内薫作、道井直次演出）、大阪毎日会館。ヨーロッパのものだけでなく、日本のものも取り上げて演じる証しであったか。奥丹後の網野と峰山ではじめての地方公演をすることになっていた。が、客は入らない。客寄せの呼び込みをしても知らぬ顔。帰りの汽車賃にも事欠いて、借金をして、ほうほうの態で帰ってきた。聞きなれない劇団が、聞きなれない演目をならべたところで、地方の人は無関心であった。この借金返済は、長くかかったらしい。

一九五一年十月創立三周年記念公演。『タルチュフ』（モリエール作）、再び元宝塚の演出家、中西武夫を演出に迎えての、ヨーロッパ古典への意欲を示す公演である。大阪毎日会館。キャストは、ベルネル夫人

＝関洋子、タルチュフ＝道井直次、オルゴン＝高桐真、エルミーレ＝高橋芙美子（客演）、マリアンヌ＝道井恵美子、クレアント＝波田久夫、ヴァレール＝西山辰夫（客演）、など。

＊道井直次の思い出――わたしはタルチュフに扮してこの大役をいかにこなそうかと苦労した。そして、何よりもペテン師というような姑息な人物を想定せず、人物を矮小化しないように心がけた。そのためには堂々として、己の博識に自信をもち、自らを崇高なる人物と信じきっている誇り高き人物を形象しようと心がけた。それにしても、モリエールの描く〈タルチュフ〉なる人物はいかにエネルギッシュな男か。物欲、食欲、性欲と三拍子そろった欲望のかたまりのような男を表出することは並大抵ではない。わたしはそれ故に、稽古では力（りき）み、とうとう咽喉をこわして声が出なくなってしまった。

（道井直次「道」No.11）

▼中西武夫　元宝塚歌劇団演出家、元朝日放送テレビ演出家（「部長刑事」）。制作座の『タルチェフ』『守銭奴』などの演出。雑誌「テアトロ」に長く演劇批評。一九九九年一月二十四日逝去。八十五歳。

ヨーロッパ演劇を学びながら、日本の戯曲も置き去りにはしていかないという考え方か、モリエールを上演しながら、一方、〈日本近代戯曲の系譜的上演〉も大事にしている。『塵境』に続いて、一九五二年一月。『牛山ホテル』（岸田國士作、藤高道也演出）が幕を開けた。だが、この公演というのか練習中に、藤高初演出の行為が問題であったか。若い俳優相手に夜おそくまで喫茶店で、我流の演劇論をぶち、劇団の弱点、道井演出への批判、想像姿勢が経営主義へ傾斜している、などの批判を展開したようだ。公演が終わると、この演出者は、姿を消したらしい。

一九五二年二月。道井は、〈実験室〉という公演（研究）形態が好きだったのか、再び、制作劇場第一回実験室と名付けて、『うつり気』（ゲーテ作、番匠谷英一訳）を大阪市立会館で上演して、〈実験室〉とは、「あらゆるスタイルの演劇をあらゆる手法によって実験したり、又は新しい演技者の演劇道場としたり、あるいは観客と膝をまじえて話しあう演劇サロンとしたり……等々、〈公演〉では出来ないことを可能ならしめ、明日の演劇に備えたい」ためのものである、と言っている。真面目な創造方法に〈大阪府民劇場第一

雑誌機能をプラスした制作座の公演パンフレット

回奨励賞〉が贈られた。

一九五二年十一月、制作劇場を**「制作座」**に改称。劇団員の変動や稽古場の元高津小学校が学校復旧工事のため、立ち退きになって、稽古場探しともなり、心機一転劇団名を変更した。「制作劇場」だと劇場が付いてあるかのように誤解されるためか、「制作座」とした。その頃から民間放送が出来て、出演可能になり、経済的にも潤ってきたようだ。勿論、将来の生活不安がなくなったわけではない。

一九五三年『怒りの夜』（サラクルー作）を見つけ出し、自分たちの手で翻訳もなし、日本初演を果たした。翌年には、『ルノワール群島』（サラクルー作）を上演し、一九五六年五月に初の東京公演（一ツ橋講堂）を実現させた。汽車賃は自弁、安い宿でザコ寝、赤字も出したらしいが、普及の意識や意気込みは、評価するものがあった。（鎌田博夫・道井直次共訳、道井演出）。

一九五四年の『罪と罰』公演のパンフレットを「えんげき雑誌」（B５判四四ページ）創刊号にして発行。因みに目次は、「制作座の運動について」＝道井直次、「最近の新劇＝猪飼淑蔵・永井正三、「忘れられた装置＝田中照三、そして〈特集〉として「罪と罰」（「罪と罰」の思想＝米川正夫、ドストイエフスキー小伝＝植野修司、他3篇）、座談会「ラジオと新劇」、戯曲『社長と犬』＝茂木草介、『非常持出』＝別所晨三、さらに〈関西演劇美術協会の頁〉という欄がある。なお、２号が『女学者』、３号が『第三の証言』、４号が『三人姉妹』、５号が『ルノワール群島』、６号が『自由の彼方で』で終わる。

一九五五年十一月の第十九回公演『三人姉妹』は、装置をはじめ大がかりでスケールの大きい舞台。『ルノワール群島』より『三人姉妹』を東京公演にした方がよいと言った人がいた。因みに三人姉妹の配役は、オリガ＝新屋英子、マーシャ＝道井恵美子、ニーナ＝久井和子。ヴェルシーニン＝高桐真、クルイギン＝赤羽仁孝慶、トウゼンバッハ＝寺下貞信、ソリョーヌイ＝早川洋一。演出は、道井直次。一九五六年五月の東京公演初は、一ツ橋講堂での『ルノワール群島』は、道井演出、小林俊樹照明、浅野孟府装置、キャ

制作劇場（制作座）『三人姉妹』（チェーホフ作、道井直次演出）1955

ストは、ルノワール老人＝高桐真、息子ヴィイクトル＝宮本修、娘マリー・テレーズ＝新屋英子、娘婿アドルフ＝早川洋一、孫息子ギヨーム＝久能正博、孫娘マリー・ブランシュ＝久井和子、伯爵夫人＝道井恵美子など。

＊劇評『ルノワール群島』奥野健男　「人間のエゴイズムの醜さを次々に曝け出してくれる。これは怖ろしいまで残酷な作者の目によって書かれた実験報告書であった。有名な酒造りのルノワール家の老人が、小娘を犯したために、逮捕されようとしている。縄付を出しては、一家の信用にかかわると親族会議を開くが、名案が浮かばずとうとう老人に死んでもらえばという結論になる。皆な退き婿が自決をすすめると老人は逆に婿を殺そうとする。銃声が鳴って幕。2幕目、翌朝、家族がひとりひとり起きてくる。喪服を着て家のため犠牲になった老人をたたえ、涙を流す。そこに老人がのこのこ出て来て、家の者の驚きを尻目に、命の助かったことに有頂点で小躍りしている。今度は、婿の死をいたむ。そこへ婿が手に繃帯をして出てくる。これで縄付きが二人になったわけだ。大騒ぎのうちに執事が、告訴していた小作人が頓死したことを知らせる。執事にしてやられながら、これで万事めでたしと老人と婿が手を握り家中はまた前の平和に戻る。全く皮肉な人を馬鹿にした芝居だ。ブルジョワをこれほど見事に風刺した喜劇は少ないだろう。大阪からはるばる上京した制作座は、この芝居を器用にこなし、なかなかの熱演だった。すべり出しが少し固くなったためか、点の辛い謹厳な東京の観客は、おそらく大阪ではどっと来たであろうセリフや、ややおおげさな臭い演技について行かず、俳優たちは大分とまどったようであった。しかし2幕目になると作の面白さも手伝って、客席も珍しいほど湧いた。芝居の楽しさを味わわせてくれた点、成功と言ってよいだろう。しかしこの劇団の泥臭さと品の悪さ、そして知性の不足は、作品の中にある鋭い批判精神を鈍らせてしまっている。悪くすると、掛け合い万才的、アチャラカ劇団に行ってしまいそうな危険を感じる。老人を演じた高桐真はじめ宮本修、早川洋一、新屋英子、佐名手ひさ子など達者であり、孫娘の久井和子の懸命な演技にも好感が持てた。

（雑誌「新劇」一九五六年七月号　No.28）

一九五六年九月の第二十一回公演『自由の彼方』（椎名麟三作、道井直次演出）が、「制作座」の最後の公演であったか。前年の七月に第十八回公演で、同じ作者の『第三の証言』を公演している（ただし、演出は、平田光）。「制作座」は、「民衆劇場」「五月座」と合併に踏み切って「関西芸術座」へ発展解消していく。職業化に踏み切れなかった人たちの一部は、「青猫座」を退団した人たちと「劇団明日」を創設して活躍していく。「五月座」の人たちも関西芸術座へ行かなかった人は、「かもめ座」を再興する。

▼道井直次　一九二五〜二〇〇二年。大阪生まれ。四六年、大阪外事専門学校（現・大阪外国語大学フランス科）、帝国大学（現・京都大学）文学部（イタリア文学）専攻。制作劇場（制作座）を経て、五七年、関西芸術座創立。多くの演出をした。児童演劇の部分も開拓する。

▼路井恵美子（道井恵美子）　一九二八年、福岡生まれ。帝国女子薬学専門学校在学中に、『シラノ・ド・ベルジュラック』のロクサーヌ役で初舞台を踏む。道井直次とともに「知性座」、「制作座」を経て、五七年、「関西芸術座」の創立メンバーになる。主な出演作品は『裸にされた貧乏神』の貧乏神、『姥ざかり』、『殺生なできごと』。朗読の指導を続け、映画やテレビでも活躍。

■「青猫座」は、一九四八年七月の創立。「前衛座」主催の辻正雄夫妻がここを去って創立し、多くの作品を上演し、長年活躍することになる。因みに第一回公演は、『南の風』（辰野隆作、辻正雄演出）と『ひと夜』（宇野信夫作、筧一彦演出）、大阪毎日会館。

＊道井直次の回顧――念願の芸術至上主義の幕がきられた。前者は、フランス文学の権威である辰野隆博士の軽妙洒脱な戯曲で、主人公佐野泰三は博士を彷彿とさせる。この泰三を泉田行夫が演じた。後者は、宇野信夫の江戸芝居を、筧一彦が大阪の下寺町生田神社付近に場を移し、大阪弁の芝居に書き変えた。義道という行者を辻正雄が、亀吉という銭湯の主人を宮崎一郎（茂木草介）が演じた。

（道井直次「道」No.9）

＊「青猫座」第一回公演の新聞劇評　宇野信夫作『ひと夜』＝原作の東京弁を大阪弁に改めたものだが演技者の大阪弁

青猫座『瀬戸内海の子供ら』(小山祐士作、田中千禾夫演出)1949

は嫌に誇張され不消化、この演技者のアクセントの失敗はニワカ的な泥臭さと浅薄な感じを与えたが、原作の的確な性格表現の良さによって辛うじて脱している、演出は軽く、演技者の統一に欠けている、演技、演出共に破綻の多い一幕だったが、ただ大阪下町のネチネチした雰囲気がよく現れていたのは認めたい。辰野隆作『南の風』(注・ルナールの『ヴァネル氏』の翻案)=辰野氏の無駄のない巧みなダイアローグと構成に助けられて、多分に得をした劇。一部の演技者の演技不足を除き、主たる演技者はムラがなく一応よくまとまっていた。演出も比較的に原作の味を消化して、粗雑さはあったがきわだった破綻はなかった。だが、演技者のエロキューションの良さの割に、表情が単調で、内面的な心理かっとうが盛り上っていず、迫力に乏しく食い足りなかった。しかし、最近公演された関西新劇団の中では秀の部に入れてもいい舞台であった。

(「大阪タイムズ」一九四八年七月二十四日)

第二回公演は、一九四八年九月『斜陽』(太宰治作、茂木草介脚色、筧一彦演出)、『赤蟻』(中村正常作、青柳一郎演出)、大阪毎日会館。第三回公演は、一九四八年十二月『かくて新年は』(森本薫作、茂木草介演出)、『仏法僧』(真船豊作、卿田直演出)、四ツ橋文楽座。

「青猫座」は、東京の〈築地座〉にならい、または関西の〈文学座〉といった路線を想い描いていた劇団と言えるだろう。それ故か、田中千禾夫、小山祐士、真船豊などを連れ出して演出をさせるという手腕があった(少し後には、武智鉄二も演出に登場)。劇団員には、この辻の凄腕は、辻のワンマン劇団といわれても、魅力であったにちがいない。ただ、神経が細く通った劇団で、大味な舞台は望むべくもないが、繊細で小味の持ち主という世評はあった。四ツ橋文楽座を根城のように会場にしていた。第三回公演から、第四回も第五回も四ツ橋の文楽座である。第四回公演が一九四九年三月『悪女と眼と壁』(田中澄江作、卿田悳演出)。第五回公演が一九四九年五月『瀬戸内海の子供ら』

（小山祐士作、田中千禾夫演出）であった。

＊清水三郎（日付からすると上の第五回公演のパンフレットだと想像出来る。朝日新聞記者清水三郎の言葉がある）

「……関西新劇団の今まで残した記録は、解体から結合へ、結合から離散へ、とあわただしく歩いた史跡だけである。結果からみて、それがもっとも出産のための陣痛になっていない陣痛のあとの死産である。……正直に言わしてもらうなら、今の関西新劇界に、ずば抜けて優れた人が見当たらない。才能と知性と技術を平均に持った人たちが芸術的直覚を働かせている。演劇に対する熱情の指向が正確であっても、それを決定的な表現にもってゆく手段が練れていない。たまたま、一人、二人の有為な新劇人が出ても、この人たちが自己目的のために劇団全体を引っ張ろうとする。是認されなければ、脱退、分裂である。」

（「青猫座」パンフレット、一九四九年五月）

青猫座は、これから多くの俳優を輩出していく。新派に行った金田竜之介や渡辺千世。関西芸術座へ入る小見満里子、北村豊三。有名な小説家（劇作家も）になる筒井康隆。退団後、劇団明日に行って第一回目の演出をする湖崎克など。

京都の毛利菊枝の紹介で「青猫座」に来た小見満里子が、美人で多くの俳優さんから注目されたが、いつの間にか、金田竜之介がアタックしていたようだ（一九五一年十月に結婚）。

＊青猫座公演記録6回～16回までの記録を示しておく（全体は四十回以上続くが）。

第6回公演　一九四九年九月　『貝殻』（内村直也作、浜畑幸男演出）、『なた』（真船豊作、卿田直演出）、『ルリュ爺さんの遺言』（阪中正夫作、茂木草介演出）、四ツ橋文楽座。

第7回公演　一九四九年十二月　『マリアへのお告げ』（クローデル作、木村太郎訳、田中千禾夫演出）、四ツ橋文楽座。〈関西新劇公演〉（朝日新聞主催）大阪放送劇団と競協。一九五〇年一月、青猫座『鼬』（真船豊作、阪中正夫演出）、大阪放送劇団『商船テナシティ』（ヴィルドラック作、梅本重信演出）、朝日会館。

第8回公演　一九五〇年四月　『厨房』（三国一朗作、田中千禾夫演出）　朝日会館。

第9回公演　一九五〇年九月　『リリオム』（モルナール作、茂木草介演出）、リリオム＝金田竜之介、ムズカット＝

小見満里子

第10回公演　一九五一年一月　『聖者の泉』（シング作、田中千禾夫演出）、朝日会館。

第11回公演　一九五一年四月　『聖女』（三島由紀夫作、梅本重信演出）・『猫柳祭』（小田和夫作、茂木草介演出）、朝日会館。

第12回公演　一九五一年十月　『春のめざめ』（ヴェデキント作、田中千禾夫演出）、三越劇場。

第13回公演　一九五二年二月　『なよたけ』（加藤道夫作、中村信也演出）、朝日会館。

第14回公演　一九五二年五月　『女ばかりの村』（キンテーロ兄弟作、菅原卓訳、中村信也演出）・『ひと夜』（宇野信夫作、武智鉄二演出）、四ツ橋文楽座。

〈この公演から演劇雑誌「青猫」（パンフレットを兼ねるが）を発行〉

第15回公演　一九五二年九月　『楡の木陰の欲情』（オニール作、武智鉄二演出）、朝日会館。本邦初演。

第16回公演　一九五二年十二月　『天鼓』（檀一雄作、茂木草介劇化）、産経会館。

「青猫座」の公演で眼に着くのは、大作の上演が続いたことと、田中千禾夫の演出数が多いことであろうか。ただ、第十一回目の三島由紀夫作品などは、役者はさっぱり解らなかったらしい。大作主義に反省があったのか、小さな劇場というのか、〈青い劇場〉がスタートしている。ここでは、劇団員で辻正雄以外の演出者の名前が見える。

＊〈青い劇場〉

No.1　一九五四年七月　『弔辞』（内村直也作、辻正雄演出）・『無用の者入るべからず』（バーナード・ショウ作、和気成一演出）・『結婚申込』（伊賀山昌三作、湖崎克演出）、医師会館。

No.2　一九五四年十一月　『春雷』（林黒土作、湖崎克演出）・『赤蟻』（中村正常作、辻美智演出）・『卒塔婆小町』（三島由紀夫作、辻正雄演出）、今橋クラブホール。

No.3　一九五五年三月　『勇者』（ホール・ミドルマス作、湖崎克演出）・『橘大操女塾裏』（田中千禾夫作、辻正雄演出)、今橋クラブホール。

No.4　一九五五年六月　『水いらず』(ベルラン作、辻美智演出)・『霜夜だぬき』(宇野信夫作、辻正雄演出)、今橋クラブホール。

No.5　一九五五年八月　『陪音』(バアグ作、湖崎克演出)・『大変な心配』(クウルトリイヌ作、辻正雄演出)・『麦踏み』(北条秀司作、和気成一演出)、今橋クラブホール。

No.6　一九五五年十一月　『かくて新年は』(森本薫作、辻正雄演出)、今橋クラブホール。

No.7　一九五六年三月　『かんしゃく玉』(岸田國士作、和気成一演出)・『女人渇仰』(岸田國士作、湖崎克演出)、今橋クラブホール。

No.8　一九五六年五・六月　『ぼんち絵』(高橋丈雄作、矢追季春演出)・『姨捨中秋』(宮崎有三作、山村弘三演出)、今橋クラブホール。

No.9　一九五六年九月　『ハッピージャニー』(ワイルダー作、正田武弘演出)・『狐と狸』(ルッサン作、山村弘三演出)、今橋クラブホール。

No.10　一九五七年四月　『おたか祝言』(矢代静一作、辻正雄・田中照三演出)・『ドンペリンプリンとベリサの恋』(ロルカ作、辻正雄演出)、大手前会館。

公演で注目された作品は、一九五六年七月の『皇帝ジョーンズ(The Emperor Jonnes)』(オニール作、渡辺一夫演出)、毎日会館での上演だ。宝塚の演出家を招聘しての公演だった。

＊劇評『皇帝ジョーンズ』　「青猫座」はオニール『皇帝ジョーンズ』を出した。自らを皇帝と称する成り上がり者の黒人ジョーンズが追われて森の中に逃げこみ、いろいろ幻想にとらわれ、ついに殺されるという二時間の舞台を溝江博が独演に近いがんばりを見せる。一幕の皇帝の座のジョーンズと後につづく森の中の心理崩壊との対比が巧くおかれているが、まだ形から入っていく疑問がある。宝塚の渡辺一夫に演出をこい、幻想の群舞など工夫をこらし音楽にも粋をきかせているが、主人公の黒人が、当然追われ自滅するものと先に条件を整えて、役者をまわしたようなところ

がある。この劇団は芝居づくりの構えが目立って図太くなった。それ自体、進歩だが、内的追究も怠らないよう……。異色作である。

（清水三郎「ある新劇記者のしごと集」より、一九五六年七月）

先の、第二十四回公演　一九五六年一月『復活』（トルストイ作）公演に、大岡欽治を演出に起用したが、思想上、芸術上でスムーズに行かず、大岡演出はこれっきりになる。同年七月、第二十五回公演が、『月の出』（グレゴリー作、田中照三演出）・『皇帝ジョーンズ』（オニール作、鬼留勇人演出）とニュースになっていたが。その後、関西において、「青猫座」は、制作座、五月座、くるみ座、と並べられる劇団になっていることも確かだ。ただ、辻正雄の妻で女優の辻美智が亡くなって、夫人に同情的な人が退団（湖崎克、正田武弘、堀美恵子、大橋和雄）などの現象が起こって揺れがあった。

＊劇評　辻部敞雄　青猫座第21回公演　一九五五年二月　『北京の幽霊』（飯沢匡作、石田亮演出）　〈デッサンとデフォルメも不足〉　原作の宦官の兄弟の幽霊を姉弟幽霊に設定している。その点に文句はないが、中日戦争当時に作者、飯沢匡が、ひそかな抵抗をこめて書いたこの四幕の悲喜劇は、取り上げるからには、原作者に協力を求めて、思い切って改稿して貰いたかった。（中略）青猫座の舞台には、いつも純粋な清潔感は感じられるが、依然迫力が弱い。演技デッサンの基本が、まだまだ足りないのである。最近はスタッフの出入りも安定してきて、辻美智、和氣精一、湖崎克ら、この劇団のヴェテランに加えて、中堅として溝江博、山根睦子らにかなり進境が認められ（中略）演出に関しても、今度はやや控え目にすぎて、それぞれ個性的な人物の形象化に誇張を恐れず強いアクセントをつけ、幽霊と人間のカミ合いに思い切ったデフォルメを試みる工夫を要求したかった。（装置・田中昭三、照明・小林俊樹）

（「演劇評論」一九五五年四月号　19号）

▼辻正雄　辻正雄・美智夫妻は、昭和20年代初期に、青猫座を創立した。萩原朔太郎の詩からとった座名で、茂木草介なども参加。また作家の宇井無愁の座右で、梅田新道近くのビルの一室を稽古場に、多くの公演と小劇場での発表をしてきた。代表的な作品は、『リリオム』『皇帝ジョーンズ』『瀬戸内海の子供ら』など。辻夫妻の死去で劇団は姿を消した。

▼**小林俊樹**　一九〇七〜一九九一年。金沢生まれ。一九三五（昭和10）年設立の大阪協同劇場（四〇（昭和15）年強制解散させられる）で、照明の仕事に携わる。戦後、新劇中心に数多くのリアルな舞台照明を残す。関西の代表的な照明家のひとり。一九五九年、「小林照明研究所」をつくり、現在関西で活躍している多くの後継者を育成した。

▼**田中照三**　一九一四〜二〇〇六年。戦時中、宝塚歌劇の舞台美術を担当。戦後まもない一九四八年、阪急電鉄の宣伝部に移った。新劇における初めての仕事が、五〇年、民衆劇場「文化議員」と、制作劇場「タルチュフ」。八二年「阿Q正伝」で、伊藤熹朔賞を受賞。関西美術家協会の代表と、継承の日本舞台テレビ美術家協会関西支部の支部長を務め運営に努力。大阪芸術大学舞台美術学科の教授を務める。演出作品もある。九十七歳死去。

■**民衆劇場**（一九五〇年創立）は、「劇団芸術劇場」が二年で早くも解体したのちに生まれる。

〈商業主義的に妥協せぬ、大衆の生活を反映した民主主義的現代劇を〉ということで出発した。それは、戦前大阪新劇の中心的存在であった大阪協同劇団の大岡欽治、海老江寛、「劇団芸術劇場」の人たち、戦前の新劇人、木曜座、神戸かもめ座、元宝塚もいれた大同団結。海老江寛、飯沼慧、邦保夫、三好康夫、望月信雄、溝田繁、大岡欽治、酒井哲、筒井好雄、藤山喜子、広野みどり、坂本和子など。他に座友制度があったとか。関西で繰り返される離合集散の弊を繰り返さぬため誓書をかわしたそうだ。職業劇団をめざし、そのためか、農村移動公演に重点が行っている。

旗揚げ公演『若き日の啄木』（藤森成吉作、大岡欽治・阪中正夫演出）、一九五〇年七月、大阪朝日会館。大阪労演例会（「大阪労演」の記録ではタイトルは『若き啄木』になっている）。啄木役＝飯沼慧、妻せつ子＝広野みどり、妹みち子＝坂本和子、古山＝溝田繁など。民衆劇場第二回公演「文化議員」（田口竹男作、筒井好雄演出、関西実験劇場第十二回公演）、一九五〇年九月、朝日会館。大阪労演例会。羽野玄三＝溝田繁、仙子＝坂本和子、駒江ギン＝藤山喜子、矢木乙矢＝飯沼慧。

一九五〇年十一月「大阪市復興文化祭／大阪新劇共同公演」のタイトルで大阪市教育委員会、関西実験劇場の共催で、大阪放送劇団、制作劇場、民衆劇場の三劇団公演が、中之島の中央公会堂でなされた。大阪放送劇団は『爐のある室で』（北条秀司作、梅本重信演出）。源太夫＝志摩靖彦、女房おまき＝高橋芙美子、娘邦子＝松下実智子、女中お梅＝林曠子。

「制作劇場」は、『文法』（ラビッシュ原作、杉一演出）、ガブウサ＝道井直次、ポアトリオ＝九鬼太郎、マシュウ＝安達国晴、ブランシュ＝道井恵美子など。「民衆劇場」は、『嬰児殺し』（山本有三作、筒井好雄演出）、巡査＝溝田繁、娘＝津笠ますみ、百姓＝酒井哲、隣の女房＝窪川克子、女土工＝藤山喜子など。

一九五一年三月　『売られる開墾地』（栃沢冬雄作、阪中正夫演出）、毎日会館公演で、効果を上げたと言われながら、この公演の後は、移動公演で、『赤い陣羽織』（木下順二作、望月信雄演出）、『妻恋行』（三好十郎作、大岡欽治演出）、『馬』（阪中正夫作・演出）、『息子』（小山内薫作、大岡欽治演出）、その他には、大阪少年劇場公演として『狐物語』（村山亜土作、西康一演出）、『三つの願い』（小山内薫作、西康一演出）、地区公演として『乞食の歌』（津上忠作、望月信雄演出）、『裸にされた署長さん』（クールトルーヌ作、望月信雄演出）、で移動した。ところが、一九五三年の『守銭奴』（モリエール作、西康一演出）、のときは、戦前派の人の名は消えて、若者たちだけになった。残った人の中には、次の合併の時に関西芸術座に行く、飯沼慧、溝田繁、酒井哲、藤山喜子、坂本和子、三好康夫、それにまだ研究生だった、河東けい、小松甲子郎（徹）の名が見える。

戦前派と戦後派の結合体であるため年代のギャップがありすぎ、おのずから一線を画して劇団内部に空洞をつくったことと、シンになる中心人物を持たないこと。当初、土性骨に一本太いものがありそうでいて結局見かけ倒しに終わったのは船頭多くして舟、山に登った感がなくもない。などと噂された。

＊河東けい（関西芸術座・女優）の思い出——一九四五年三月に東京大空襲があったころ東京の大学に在学中であった。当時大阪の高校からよく東京へ行けたものだ。お金持ちしか行けないと言われていた（金持ちでないのに、行ったことになる）。関西に帰って、神戸の大空襲にも遭った。劇作家の阪中正夫さんを紹介してもらうが、その阪中正夫さんが色々連れてくれて、弟子のつもりで付いて歩いていた（恋人に思われたりして）。その後「民衆劇場」にも紹介されて、劇団に入りました。その頃は、入ると言えば誰でも入れてくれた時代。はじめは演出希望で文芸部へ入るつもり

だった。役者みたいなブサイクなことはできんと思っていた。脚本家も狙っていたが、ああいう小さい劇団は、人数が足りないので、ちっと出て言われて、その内に、俳優になってしまった。「民衆劇場」は、「劇団芸術劇場」の解散後に団結された劇団で、飯沼慧、三好康夫、溝田繁、大岡欽治、酒井哲、藤山喜子さんたちがいて、一九五〇年七月に『若き啄木』（藤森成吉作、大岡欽治・阪中正夫演出）、大阪労演例会が創立公演であった。移動公演に力を入れていた。工員たちへの情宣公演として紡績工場に行った。本公演が少なく、ドサ廻りと言われていた。でも、自分たちの劇団が一番うまいのやと言っていた。それでも、お金は少ししか貰えなかった。「大阪放送劇団」とはえらい違いや。結局あの頃は、戦争に行っていた年輩者も若い者も復員してきて、なんかやろうかいうて、若い者は学校行きながら芝居するとか、エネルギーが溢れていた。だから、世代を超えて一緒にやるということもできた。ほんまになんか欲しかった時代、熱い熱い時代やったんや。（二〇一三年十月二十一日、日本演出者協会関西ブロック「演劇大学」講座・河東けい〈ハングリイ×ハグレモン！河原乞食のさ迷い記〉、梅田カルチャー）

河東けいの記憶では、民衆劇場と劇団京芸が、合同公演（巡回も）したことが印象に残っているようだ。さらには、山口県へ『獅子』『麦ふみ』作品の公演へ出かけたとき、大阪から付いてきた公安警察が、この公演を見て〈すばらしい〉と感動し、尾行をやめて、大阪へ帰って行った、という話もある。だが、山口公演中に、制作者がお金を持ち逃げしてしまって、大変だった。お金を工面するため、幼稚園で実演したり青年団にたのんで講演会してもらって、凌いだ、ということだ。当時、岩田直二が民衆劇場と劇団京芸を合併させたい意向だったが、岩田のプライベートな事情で合併は実現しなかった。

＊阪中正夫の「関西新劇の現状」という苦言を呈する言葉があった。「新劇にたずさわっている当の人々は、よくいい演出家がいないとか、いい脚本がないとか、虫のいい人は大阪という土地がすべてに勘定高く、新劇など育ててやろうという親切がないとか、新劇不振の理由を外部におしつけて、てん然としているが、あにはからんや、関西新劇の不振は、こうしたことをいっている無反省な新劇当事者にこそ、原因があると私などには思えるのである（中略）関西新劇が分裂をくり返すのも、公演といえば大劇場主義をとるのも、舞台以前の俳優の仕事へのきびしい心構えの欠け

ているその現れだと私などは考えている」。（掲載誌、発表日、不詳。昭和25・26年頃と推定。『証言阪中正夫』（半田美永編）和泉書院より）

＊上記の発言は、きびしい指摘だが、新聞記事の中には、関西新劇で佳作といえるものをあげている。さらに、これから可能性のある人にも発言がある。

「足らぬ気ハク・謙虚さ　関西新劇の盲点を語る　上」阪中正夫と辻部政太郎の対談

辻部　「くるみ座がイプセンの『幽霊』でいい意欲示したと思ったらさてその次の『パン屋文六の思案』でまた後退してしまった」

阪中　「青猫座もムラがあるね、いままでの関西新劇で佳作といえるものはどんなところだろう」

辻部　「青猫座では『マリアへのお告げ』『女ばかりの村』、くるみ座『幽霊』、制作座『守銭奴』あたりだろうか……」

阪中　「制作座『牛山ホテル』もいれてよいだろう。民衆劇場『売られる開墾地』が唯一の佳作だね」

辻部　「大阪放送劇団『祇王村』、京都新劇合同『検察官』も共同公演で努力した意欲は買ってよいね。それから神戸の道化座『雷雨』も意図はよかった。関西の新劇でこれから演劇人として可能性ある人は？」

阪中　「くるみ座の北村英三、ただしもう少し謙虚さを望むが。青猫座の金田竜之介・和気精一」

辻部　「青猫座の渡辺千世もいいが、新劇より新派に気がありそう」

阪中　「制作座の道井直次、京都芸術劇場の岩田直二あたり」

辻部　「大阪小劇場の高橋正夫、放送劇団の楠義孝、別格に、くるみ座の毛利菊枝」

（「毎日新聞」一九五二年十一月五日（六日も）夕刊）

このころ、「制作座」、「民衆劇場」、「五月座」で「青年演劇人クラブ」という組織をして関西の劇団の合同公演というものを企画することになった。第一回目が、東京から土方与志を総合演出に迎えて一九五三年八月『阿Q正伝』を上演している。続いて翌年第二回が、『富士山麓』（福田善之、ふじたあさや作、岩田・道井の共同演出）。それ以後も、一九五五年九月『街の風景』（エルマー・ライス作、中村信也訳、中西武夫演出)、一九五六年四月『終末の刻』(村山知義作、中村信也演出)、同年十月『畸型児』(小幡欣治作、岩田直二演出)、の五回がなされた。いずれも大阪労演例会になっている。この合同公演を経て、俳優同士の交流が深まり、劇団合併への機運が盛り上がったようだ。

レッドパージのあおりでか、所属集団から、追い出たか、追い出されたか解らないが、一九五〇年、大阪協同劇団にいた高橋正夫、NHK大阪放送局の効果にいた山村弘三(当時、堀場広三郎)、大阪放送劇団にいた柳川清(当時、作本忠市)、三人だけで、地道な活動をする「大阪小劇場」が生まれている。勉強会の心持で、チェーホフの一幕もの『白鳥の歌』『煙草の害について』『余儀なく悲劇役者』が試演されたようだ。

青年演劇人クラブ『街の風景』(E・ライス作、中村信也訳、中西武夫演出)1955

▼**山村弘三**　一九一四～二〇〇二年。京都府出身。中国から復員後、NHK放送劇団で効果を担当。五〇年にレッドパージでNHKを追われる。「大阪小劇場」、「五月座」を経て、五七年、「関西芸術座」創立に参加。主な出演作品は『虫』の円丸、『政商伝』の岩崎弥次郎、『ドライビングミスデイジー』のホーク。渋い脇役の演技で存在感を見せた。

翌年(一九五一)の五月、**「円型劇場月光会」**が出現する。創立宣言には、「既成の芸術に媚びることが芸術に志ざすものの第一歩であるならば、吾々はここに集まる必要はない。吾々は芸術とは、吾々が知っているよりもっと広遠なものであることを知らなければならない。演技とは今までに名優達が演じてきたものが全部ではない。(中略)吾々は、吾々の人生をイメージの中に捉えよう。そして、そのイメージを教養と詩情で偉大なものとして表現しよう。これをして、芸術するというのではないだろうか」。若さと意気込みを感じる宣言文ではあるが、言葉が先行し、内実が伴わない、ということであったろうか。ただ、その実現のためには、野心を持って円型劇場という形式を追求する。さ

月光会、タイトル不明（中島陸郎と内田朝雄）

らには、冒険心に飛んだ代表者・内田朝雄の長論文（「円型劇場試論」、「若い演劇論」）が目を引く。

＊**大阪円型劇場月光会　菅井幸雄**（演劇評論家、のち明治大学教授）「月光会が採用したこの円型劇場形式の萌芽はすでに第一回公演（田中郁子作『盲魚』）にみられると、当時の朝日新聞は、報道している。以後第二回（武者小路実篤作『その妹』）、第三回（三好十郎作『廃虚』）、第四回（真船豊作『見知らぬ人』）を通じて円型劇場の幕なし舞台の制約から生まれた安易な一幕物主義に対して、主として多幕物の処理の追求を通して、上演形式の模索、素人俳優の演技の向上が試みられたようである。月光会にとって一つの飛躍になったのは原作者木下順二と武智鉄二によって能様式に書き改められた台本を詩劇として、合唱とオーケストラを加えて、上演した『夕鶴』であった。」

（「テアトロ」一九五八年九月号　No.１８０）

だが後年、代表の内田朝雄が、マスコミに流れ、将来悪役の映画スターになって行くが、そのためか劇団は閉じられることになる。若き劇作家であり演出者でもあった中島陸郎が、代表者への恨みつらみを戯曲化している。

▼**内田朝雄**　一九二〇～一九九六年。朝鮮生まれ。戦後、復員して会社員となる。一九五二年、中島陸郎らとともに劇団「大阪円形劇場・月光会」を旗揚げ。主宰者、演出、俳優として、客席の中に舞台を置くという試みを続け、実験的演劇として注目を集める。六二年に内部の意見対立から「月光会」を解散。内田は映画やテレビで、ヤクザの親分など、悪の黒幕など数多く演じた。

■**「かもめ座」**は、一九五三年二月、中西武夫、泉田行夫、志摩靖彦、萬代峯子、高橋芙美子、関本勝、武周暢、山口幸生などで創立。第一回公演は、『探偵物語』（キングズレイ作、中西武夫演出）で、スタッフは装置に田中照三、照明に岡田猪乃介、衣裳に緒方規矩子とそうそうたるメンバー。次回公演予告が、ソローヤン作『我が心は

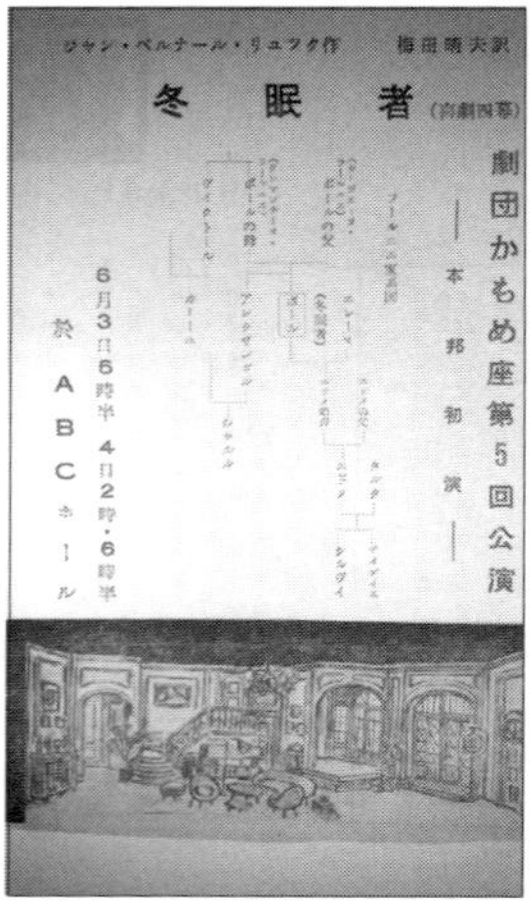

かもめ座『冬眠者』パンフレット
1960

高原に』または土井行夫作『魚』・中村真一郎作『愛を知った妖精』になっていたが、続いては、第一回勉強会で森本薫の『みごと女』（松下玲煌演出）、第二回公演は、室生犀星作『あにいもうと』（郷田演出）になっていた。その後、ケッセリング『毒薬と老嬢』（中村信成演出）などを上演した。ルナール『にんじん』（中村信成演出）から三越劇場で、毎月、二月『衣裳』（森本薫作、辻久一演出）、三月『祝辞』（土井行夫作、中村信成演出）、四月『青春』（ハルベ作、岩田直二演出）、そして、五月が最後の公演となったが、『わが町』（ワイルダー作、中村信成演出）を上演して、かもめ座は、一九五五年五月、大阪小劇場と合流して「五月座」が結成された。

▼志摩靖彦　一九一三～一九九一年。東京出身。劇団師子座創立者。一九四二年七月、青少年劇場に入団。一九四三年四月、関西移動演劇隊に移籍。その後一九四四年十月NHK大阪放送劇団を経て、一九五一年二月「かもめ座」、一九七〇年十二月劇団師子座結成。芸能功労賞、大阪府知事賞受賞。舞台＝『探偵物語』・『虎符』・『毒薬と令嬢』・『フィガロの結婚』など多くの舞台を演じた。

▼高橋芙美子　一九一五～二〇〇六年。北海道出身。劇団師子座創立者。志摩靖彦と共に一九七〇年劇団師子座結成。芸能功労賞、大阪新劇フェステバル女優演技賞受賞。舞台＝『毒薬と令嬢』・『しのびねもらす秋の妻』・『ハロルドとモード』・『金色夜叉』・『葉山一色海岸』など多くの舞台を演じた。

■「五月座」の名は岩田直二が好きだったハイネの詩から借用したらしい。劇団員には、岩田の他に、志摩靖彦、高橋芙美子、松井加容子、金田龍之助、酒井哲、藤山喜子、千葉保、北見唯一、国田栄弥、松田明、演出に中村信也、天野衡児、装置の田中照三、照明の岡田猪之介、稽古場は大阪球場内の部屋。一九五五年六月、『ものいわぬ女たち』（秋元松代作、岩田直二演出、田中照三装置）・『ルリュ爺さんの遺言』（ガール作、中村信成演出、田中照三装置）。『ものいわぬ女たち』の出演は、高橋芙美子、井関通夫、国田栄弥、

五月座のメンバー『あべこべ人生』（サラクルー作、中村信成演出）の舞台で　1956

藤山喜子、福井喜代子など。『ルリュ爺さんの遺言』には、小見満里子、柳川清、矢野文彦。「五月座」は三越劇場を拠点に公演する。この定期公演は、中村信成と岩田直二が各月を交代で受け持ち、『幽霊やしき』（福田恒存作、中村信成演出）、『英雄受胎』（モリエール作、岩田直二）、『あべこべ人生』（サラクルー作、中村信成演出）などがある。関西芸術座に合同するまで十五公演している。だが、例えば、一九五六年八月の『俺たちは天使じゃない』（ユッソン作、中村信成演出）は、あまり評価を得なかったし、九月の『廃家』（土江桂治作、岩田直二演出）は、〈なぜこの人の作品をやるのだ〉と、内部に不満な人もいたようだが、評価は得た。だが、十月の『暗い夜のしるし』（伊藤共次作、橘正己演出）では、お客も減って芝居として伸びてこない状態だったようだ。そして、関西芸術座に合同する道を選ぶが、このときは全員が名を連ねることにはならなかった。志摩靖彦、高橋芙美子、中村信也、装置の田中照三、照明の岡田猪之介たちが合同不参加だった。志摩靖彦、高橋芙美子らは、再び「かもめ座」を結成する。五月座の研究所には、「木冬社」へ行く松本典子、作家の土井陽子などがいた。

▼岡田猪之輔　一九一一～一九八五年。東京神田電機学校卒。二八年築地小劇場、三七年松竹、三八年宝塚歌劇団へ。五一年岡田照明研究所開設。五八年読売テレビ勤務。七一年大阪芸術大学教授。八一年芸能功労者賞受賞。関西照明家協会会長を五期。

▼藤山喜子　一九二七年、尼崎出身。四六年、京都の「自由演劇社・日本演劇学園」で演劇を学び、「大阪演劇集団」、「大阪芸術座」に参加、農村や北海道の炭坑などへ移動公演を行なう。「民衆劇場」、「五月座」を経て、五七年、「関西芸術座」の創立メンバーとなる。主な出演作品は『大阪城の虎』のおギンのほか、『はたらき蜂』『湿地帯』『姥ざかり』。

■**「関西労働者演劇集団」**というのがあった。西康一が東京から帰ってきて造った劇団である。職場の若い人たちを集めての劇団。数年前は、自立演劇発表会で『六人の朝鮮人のうた』や『わたぐも』などを発表していたが、どういうことであったか、一躍専門劇団の方向を目ざした。最初が、『リュボーフ・ヤロワーヤ』そして『ロミオとジュリエット』というい ずれも大作と取り組んでいる。次回作は、西の創作『運河』という作品が予定されたもよう。その後、西康一は「テアトロQ」を設立する。

▼西康一　戦前のプロレタリア演劇の「新協劇団」の団員。のちに帰阪し、「関西労働者演劇集団」を経て、一九六〇年に「テアトロQ」を創設し、作・演出で活躍。大阪テレビラジオ研究所も開設。一九九六年四月逝去。八十三歳。

第四章　京都、兵庫の劇団の活動

■「くるみ座」　東京の「築地座」「創作座」をへて京都に移り住んだ女優・毛利菊枝が、一九四五年「毛利菊枝演劇研究所」で出発。京大劇研の一員であった北村英三が、兵隊から行って帰ってきて、それに京大生であった田畑実も加わって、一九四六年、毎日ホールで、第一回くるみ座小さい劇場『白鳥の歌』（チェーホフ作）と『パタン君』（クリトリーヌ作、演出はいずれも毛利菊枝）を上演した。この時、やはり兵隊から帰ってきた沼田曜一も加わっている。一九四七（昭和22）年十二月が第一回公演になるか、『鉈』（真船豊作、梅本重信演出）、『職業』（岸田國士作、毛利菊枝演出）の二本であった。一九四八年ころの公演のとき研究所名から「くるみ座」になる（名づけ親は、岸田國士）。その頃はまだ占領下だったので検閲があった。しかも、何もない時代で、何もないから何かやりたくなった、よく死なないで生きたものだという想いで続けられたようだ。毛利菊枝に映画出演のお金が入りだして、舞台活動が続行された要素もある。新劇人はお金をちゃんとしないということで、なんでも先払いだった。それでお金がないとできない時代だった。苦しい中で、京都に新劇の伝統が残ったのは、毛利菊枝がいたからとも言われている。京都にいち早く劇団、演劇研究所をつくり、戦後すぐの、行動に飢えていた学生たちを導いた一人でもあるのが、毛利菊枝である。毛利菊枝は、厳しい人だった。誰かが稽古場で声を出しているとき、外からタクシーで降りた毛利菊枝が、中の俳優に、「それは違ってますよ」とダメが飛ぶことがあった。まだ稽古がはじまっていないのに、である。東京での恩師である岸田國士や築地座、創作座時代の劇作家の作品と、地元の劇作家の作品を取り上げて公演を重ね、しかも、〈本公演〉と〈小さい劇場〉の二本立て公演を実行したのにも目を見張らせる。第二回公演が、一九四八年六月『馬』（阪中正夫作、梅本重信演出）と『酒屋』（田口竹男作、早川道夫演出）、京都新聞会館。『馬』の配役は、積吉＝吉田義夫、ぬい＝毛利菊枝、竹一＝北村英三、徳次郎＝津崎恵二、金助＝高谷清、菊作＝太田榮三、元吉＝田畑実。第3回公演、一九四九年十一月、『青春』（内村直也作、早川道夫演出）、このあたりの舞台美術を、くるみ座の俳優であり、のち映画（東映）の俳優となる吉田義夫（美大出身）が担当している。なお先の『鈍』の配役は、谷野地まつ＝毛利菊枝、おきん＝川越茂子、熊次＝田畑実、太作＝沼田曜一、小山＝北村英三。

＊毛利菊枝の回想――出発した時というのが他に何もないという、いっちまえば、大変な状態だけれど……大阪にいた阪中さんにしても、亡くなった田口竹男にしても、何かもう渇ききったのが、水をほしがっているみたいに、だから何かやるということがすごい熱意ですよね。今みたいにこうなって来ると何かやるということが困るけれども、あの時はね、役者は芝居をするしかないんだし、劇作家は戯曲を書くしかないんだしという、そこへひたむきに行くしかなくて……やっぱり何もなかったからでしょう。

（「語りもの京都新劇史」一九七四年三月）

▼毛利菊枝　一九〇三～二〇〇一年。岸田演劇研究所第一期生。一九二九年『御意に任せて』で初舞台。築地座から創作座へ。京都へ来て、一九四五年毛利菊枝演劇研究所から、一九四八年劇団くるみ座を創設。『肝っ玉おっ母』で毎日演劇賞受賞。

▼北村英三　一九二二～九九年。京大在学中に「くるみ座」へ入団。大阪芸術大学舞台芸術科の教授。映画、テレビ、ラジオドラマなど多数。ギリシア悲劇の『オイディプス王』からベケットの『ゴドーを待ちながら』まで幅広く演じる。しわがれたような声を出す人だったが、主役と演出を数多く成し遂げた。

▼田口竹男　一九〇九～四八年。劇作家。東京生まれだが、京都府庁に勤務。一九三五年『京都三条通り』が創作座で上演。後、京都もの『翁家』『湖心荘』『祇王村』『賢女気質』など。風俗喜劇に特色がある。

くるみ座『幽霊』（イプセン作、田中千禾夫演出）1950

スタニスラフスキー・システムという俳優修業が嵐のように吹きあられたことがあった。くるみ座に在籍していた沼田曜一が、舞台も映画にも売れていた俳優だったが、突然上京してしまった。ある時、彼のインタビューをラジオで聞いたのだが、そのころは、スタ・シスを知らないと役者にあらずの雰囲気があり、スタニスラフスキー・システムを学ばなければならないと思い、急遽東京へ出発したとのことであった。確かに、猫も杓子もスタ・シスの時代があった。

第四回公演、小山佑士に書かせた『海の庭』のパンフレットが板坂晋治より借り受けて手元にある。演出は早川道夫、装置は伊藤憙朔である。のちに装置家になる〈板坂晋治〉が劇団員名簿に載っている。初期のころは役者もやらされたらしい。だからか、いつの間にか載せられたとか。装置プランが来ないので、東京まで板坂は、取りに行かされた。汽車賃は貰ったが、汽車は満員で窓から乗ったらしい。当時、劇団員は二十三名、研究生が二十名。そしてなんと、北村英三が〈座友〉になっている。そのことへの注釈に「北村英三君ハ大阪放送劇団ニ転属ノタメ、今公演ヨリ座友トシテ協力スルコトトナリマシタ」と出ている。（北村は、亡くなるまで「くるみ座」の中心存在であったが）。このパンフレットには、毛利菊枝の配役名がない。だが、文章が掲載されている。なんと、腰痛で病室からの言葉であった。なお、『海の庭』の主な配役は、鼓周作＝太田榮三、いち＝小見満里子、野枝＝平田和子、昌平＝吉田義夫、劔持光保＝北村英三など。

一九五〇年イプセンの『幽霊』（田中千禾夫演出）で、初めて大阪公演を果たす。「くるみ座」は、毛利菊枝の恩師である岸田國士の追悼公演を一九五一年に、『村で一番の栗の木』と『麺麭屋文六の思案』を上演している。岸田の『麺麭屋文六の思案』は、地球が滅亡するというマヤ文明のような奇天烈な芝居だが、これには姉妹編があって『遂に〈知らん〉文六』という文六が閻魔大王の前に行く話が入っている、どこの劇団も上演していないような作品である。『麺麹屋文六の思案』をよく上演したなというところか。記録では同じ時期に、田口竹男の追悼公演が、都新聞の主催で企画されたが、主催者と劇団の意見の食い違いで中止されたようだ。くるみ座の『囲まれた女』（田中千禾夫演出）、同時に、「京都芸術劇場」（京芸）の『幕舎』が、田口竹男の追悼公演として京都新劇団協議会主催でされている．

＊**「劇作」編集長・林孝一の言葉**――「劇作家、本誌（「劇作」）編集委員田口竹男君が、（昭和23年）六月十五日午後三時二十分に京都府立病院で歿くなりました。ちょうど私達が本號の校正に忙殺されていた時です。昨年五月頃から、悪性の肉腫に悩まされ、一時は快方に向かっていましたが、本年五月上旬から再び腫物が内臓を犯し、遂に起てなくなりました。享年四十歳。優れた戯曲家の数少ない私達の演劇にとって、田口君は、戦前の『祇王村』戦後の『賢女気質』などによって、確固たるリアリズム演劇の本道を歩み、近作『文化議員』はそこからの新しい飛躍の姿勢を示したものとして、今後の成長が切に期待されました。私達は言いようのない悲しみを覚えます。読者諸氏とともに、田口君の冥福を祈りたいと思います。　六月一六日　編集部　林　孝一

（雑誌「劇作」一九四八年七月号　No.13）

くるみ座『肝っ玉おっ母とその子供たち』（ブレヒト作、泉野三郎演出）1954

少しか、大いにか、びっくりするのは、「くるみ座」が〈ブレヒト〉作品を上演したことである。しかも、一九五四年に『肝っ玉おっ母とその子供たち』を日本初演しているのである。翌年、小さい劇場で『カルラールのおかみさんの銃』も。演出は、二つの舞台とも、〈泉野三郎〉である。この名前は、複数の「くるみ座」の人が使った名前である。このときは、あの〈田中千禾夫〉だったということである。ただ、音楽的要素を抜いた『肝っ玉』だったようである。それでも、後年、ブレヒト学者にとっても驚きの上演だった。当時のパンフレット表紙には、「主催　京都薬科大学」と印刷されている。パンフレット内容には関係なさそうである。僅かに「塩野義製薬」の広告があるくらい。主人公の肝っ玉おっ母役は、勿論、毛利菊枝、従軍牧師＝北村英三、料

理人＝石田茂樹、野戦隊長＝金田竜之介、イヴェリット＝中畑道子、など。

地元の劇作家・田口竹男とともに、一九五六年、初めて〈人見嘉久彦〉を登用。人見の作品『琵琶湖疏水下流』を上演、演出も作者がしている。（のちに『友絵の鼓』で岸田國士戯曲賞を受賞。田中千禾夫の弟子）。

「くるみ座」には、応援者がいた。先の板坂晋治の感覚では、京都学派とも言われる学者たちの応援である。山本修二をはじめ、伊吹武彦、菅泰男、新しくは、山崎正和、喜志哲雄、これらの人たちが、京都新劇界を支えたのは、大阪などとは違った都市柄があったということであろう。

▼**板坂晋治**　一九二九年、和歌山生まれ。京都市立美術大学（現京都市立芸術大学）のアトリエ座出身。五〇年に「劇団京芸」の『一週間の記録』で舞台美術を担当した。ＮＨＫのテレビ試験放送の美術担当を経て、読売テレビに入社、テレビの美術のかたわら、数多く演劇団体の舞台美術を製作した。読売テレビ美術部長や大阪芸術大学舞台芸術学科教授を勤めた。

▼**田中千禾夫**　一九〇五〜一九九五年。長崎生まれ。劇作家。戦前からの「劇作」同人。田中夫人（澄江）の仕事の都合で暫く京都に住む。そのとき「くるみ座」の演出をする。後、文学座から俳優座へ。『マリアの首』他、多くの名作を残す。カトリック作家と思われていたが、実際に信者になったのは、筆をおいてからの晩年。

▼**徳丸勝博**　一九三四〜（未調査）年。大阪生まれ。『おふくろ』『わが家』（放送劇）で言葉の魅力を知る。一九五三年早稲田の文科に進むが、結核発病。五五年『幸福の断念』が「新劇」に掲載される。以後多数の劇作。「くるみ座」で演出もする。

▼**人見嘉久彦**　一九二七〜二〇一二年。読売新聞記者、劇作家。田中千禾夫を師とする。六四年『友絵の鼓』で第10回岸田戯曲賞。文学座上演。大阪芸術大学舞台芸術学科教授。「くるみ座」に書き下ろし、演出もする。

■**「京都芸術劇場」（劇団京芸）**　「京都芸術劇場」は、戦前から文化運動に関係していた北川鉄夫と岩田直二、それに「京都自由劇場」にいた田中勝春（北島三郎）らが中心となって発足した。長い名前なので、当初から略して「京芸」と呼んでいたが、五二年に「劇団京芸」と改称する。

一九四九年十月の発足当時のメンバーには、「青服劇場」で小公演をしていた谷ひろし、仲武司、由津新、太田智恵子、三木すなお、西沢ミナ、西村清三郎ら、それに同志社大学演劇部の須谷寿郎らが加わり、「京都演劇アカデミー」の講習生も参加した。

四九年十月、京都岩倉の小学校で『日本の河童』『水泥棒』をともに田中の演出で、十二月に『彦市ばなし』を岩田の演出により労働会館で公演した後、翌五〇年二月に、事実上の旗揚げ公演と言われる『一週間の記録』を上演した。一週間とは、中国で敗戦を迎えた日本軍が八路軍に包囲され、投降するまでの一週間である。雑誌「真相」に掲載された小説を、中国で捕虜になった経験をもつ岩田が脚色、演出をした。舞台には谷、仲、須谷らが兵士となって出演したほか、この装置を担当し、のちに装置家として活躍する板坂晋治も八路軍の役で出ていた。会場の労働会館は大入りで、二日間の日延べ公演を行っている。

五〇年のメーデー前夜祭に上演した『新京都地図』は、京都の街での民衆の姿をルポルタージュ風にオムニバスで綴るもので、好評を得て、翌五一年には労働会館で公演し、移動公演のレパートリーになった。移動公演は、食糧が少ない当時、カロリーを得るための手段でもあり、農村や漁村で行なわれた。まだテレビがない時代で、観劇は文化に触れる貴重な機会だった。稽古場は京都市中京区六角にある光明寺という小さなお寺の離れで、稽古場の正面には「俳優は全身全霊をもって民衆に奉仕することが天職である（カチャロフ）」と書いた額が掲げられてあった。

＊谷ひろし（人形劇団京芸・演者・人形製作）の発言――「労働組合や西陣、お寺、そして公設市場等、めぼしい所へ手分けしてネタ探しをやって、それぞれが取材して来たものを整理して構成していったんですね。最初の幕開きが京都の三条通りで、白衣を着た傷痍軍人がアコデーオンをひいて浄財を集めているそばを、アメリカ進駐軍の兵隊が、売春婦と腕を組んで通り抜けていく所で、その後ずーっと京都のあまり表面に出て来ない、つまり一寸見えない所にポイントを置いてドラマが展開するという事で大変受けましたね。言わばそれぞれが直接現場に出向いてじかにレポをして来た生（ナマ）の情報を元にして集団創作したわけだ。

（「語りもの京都新劇史　その6」）

一九五一年二月には、華頂会館で須谷主演の『赤い陣羽織』を、労働会館で『働く一家』と『新京都地図』をそれぞれ岩田の演出で公演している。この年、吉田義夫と山本達雄が演技陣に加わり、七月、吉田は労働会館で『幕舎』を好演した。演出は岩田。

▼吉田義夫　一九一一～一九八六年。京都出身。京都市立絵画専門学校（現京都市立芸術大学）在学中に「アトリエ座」を創る。「青服劇場」、「エランビタール劇団」に出演。戦後、「くるみ座」を経て「喜劇座」に参加し、五一年に「劇団京芸」に入る。五二年に京都新劇団合同公演『検察官』で市長を演じる。その後、映画「東映」の時代劇で個性ある悪役として活躍した。

京都芸術劇場（劇団京芸）『北京のどぶ』カーテンコール（老舎作、岩田直二演出）1953

翌五二年七月には、京都で初めての合同公演が行なわれた。ゴーゴリー生誕百年を記念して『検察官』である。東京から土方与志を招き、「京芸」代表の岩田との共同演出で、「京芸」、「喜劇座」、「こうもり座」、「自立劇団協議会」に学生も加わり、大入りだった。この公演には、大映をパージされた早見栄子が加わり、「京芸」に入団する。この年、「劇団京芸」と改称。

＊「（合同）公演当日は、開演を待つ人たちが、ヤサカ会館の入り口から花見小路まで、延々長蛇の列をつくり、客席に入りきれずに花道の上まで観客が上がりこんで、その数は四千人に達した。観客の中には、エプロンがけした日雇い労働者のおばさんの日焼けした顔が沢山見えたのが印象にある」

（藤沢薫『わが芝居人生』［山猫軒書房］より。二〇〇四年四月）

創立五年目の一九五三年、「京芸」は革命前後の中国の庶民を題材にした作品、『北京のどぶ』を上演する。四九年に新中国が誕生し、五一年に作家、老舎が戯曲『龍鬚溝』を発表、五二年に京都大学の学生劇団「劇団風波」が学内で上演していたが、「劇団風波」の協力を得て、「京芸」が上演することになった。中華人民共和国が成立する前年の一九四八年から革命を経て五〇年までの北京にある龍のひげのような形をしたどぶ川（龍髯溝）周辺の貧民街が舞台。暗黒の生活を象徴するかのような悪臭を放つどぶ川が、新しい政府によって変わっていく姿を生き生きと描いたもので、まだ中国の情報が少ない当時、人々の関心を惹いた。

演出は岩田、演技陣は、吉田、木下サヨ子、辰巳鈴太郎、早見栄子、高山良子、野畑浩、植田敬、木下帥人、吉田伸子（後に「東京芸術座」）など。「劇団風波」の戸浦六宏が舞台監督を勤めた（戸浦はのちに映画俳優として活躍する）。『北京のどぶ』は、五三年二月に労働会館で上演されたあと（初演の題名は『龍髯溝』ろんしゅいごう）、神戸、尼崎、姫路、岡崎などで上演され、大阪では京都の劇団で初めての大阪労演例会公演になった。この作品は、関西の劇団としては初めての東京公演となり、北海道や青森などでの公演も続いて、「京芸」の代表作のひとつとなった。夕張の炭坑労働者から「今度はぜひ『日本のどぶ』を持って来て下さい」と激励されたとの報告がある。

この頃、「喜劇座」と合併し、藤沢薫が「京芸」に入団、「民衆劇場」からの人も含めて六十人（内、常任劇団員三十五名）という所帯になった。

翌五四年、チェーホフの作品『伯父ワーニャ』を上演しようとするが、劇団代表の岩田の私生活を巡って、劇団内部で意見の対立が起き、結局、『伯父ワーニャ』の公演は中止となり、五五年に岩田は退団する。岩田が京都を去り、同じく創立メンバーで演出家の田中勝春が創造活動の葛藤と栄養不良から病気になって京都を去ったため、「京芸」は創立以来最大のピンチを迎えた。舞台の仕事が減り、給料が出せない日々が続く。それでも農村などでの移動公演を続けた。公演現場に先乗りして準備する、制作関係者の渡由起夫、岡崎繁、それに照明など裏方を担当した木村嘉次らも、ときには舞台に立った。「民衆劇場」と共同して、三好十郎作の『獅子』（山本能夫演出）の公演では、中国地方や九州を巡演し、ライ療養所の長島「愛生園」「光明園」では無報酬で公演した。

＊客席から「うお！」というどよめきがおこった。それは地の底から湧きおこる呻きにも似た生命の叫びだった。（中略）

この島に住む我々の閉ざされた心を解き放ち、生きる希望と勇気を与えられた。ほんとにほんとにありがとう！の患者代表の熱い言葉に客席から更に拍手と嗚咽。我々は感激を通り越して慟哭をこらえた。（飯沼慧「京芸五十年」）

「京芸」は京都から大阪の吹田に稽古場を移し、そこで合宿生活をすることで食べていこうとしたが、常勤手当は欠配が続いた。

＊藤沢薫（劇団京芸、俳優・演出家）の思い出――「吹田では、全員合宿をして自炊をして経費を切り詰めていたわけですよ。まあ寝る場所といっても畳の部屋があったけれど、収容しきれないので、稽古場の板の間で寝るわけだけれど、朝窓をあけたら、すぐそこが道路になっていて、通行人が中をのぞき込んでいく始末で、金はない、食べるもんもない、本当にみじめな感じで、食事とらんと焼酎のんだりで気をまぎらわしていたわけですけど、あの時が一番精神的にどん底という感じでしたね」（「語りもの京都新劇史　その６」）

未来が見えず、その日暮らしの重苦しい空気が稽古場を覆っているとき、創立メンバーのひとり仲武司は、新たな戯曲に取り組んでいた。

＊ともすればルンペン化する集団の末期症状を回復するには、創造集団としての再生以外道はなく、前提に、新たな戯曲の創作が欠かせないことを感じた。（仲武司『京芸の五十年』）

京都に生まれ育った仲は、幼いころから魅せられていた織物の里、西陣を題材に選んだ。五四年頃の不況の折り、室町の問屋が次々に倒産していく中で、西陣の織屋の一家と織手たちがどのように苦境を乗り越えていくかというストーリーである。仲は、はじめ歌声運動の「どんぐりコーラス」を中心に書くつもりだったが、織元の親方の事情がわかってくると、西陣をトータルにとらえ、その苦境を劇団の苦境と重ね合わせる想いで書いた。

▼**仲 武司** 一九二五〜二〇〇七年。京都市出身。島津製作所演劇部を経て、「劇団京芸」に入団。五七年に織物の街、西陣を舞台にした『西陣の歌』を書き、演出も担当。観客の強い支持を受け、全国公演を行い、危機にあった「京芸」を立て直した。六一年、「関西芸術座」に移り、『小麦色の仲間たち』などを演出。全日本リアリズム演劇会議議長を勤めた。

『西陣の歌』は五六年十二月、仲の作・演出で、先斗町歌舞練場の舞台に織り機を据付けて上演。客席は感動に包まれ、なりやまぬ拍手とカーテンコールで役者たちはしばし呆然とした。当時革新市長だった高山義三が芝居を観て感激し、織物組合での再上演を働きかけた。高山市長は劇団員をレストランに招待し、岡崎に稽古場を提供すると言う。おかげで、「京芸」は吹田から再び京都に戻ることになった。『西陣の歌』は五七年の大阪公演で「大阪日日新劇最優秀賞」を受賞した。五九年には大阪から招いた岩田の演出で『西陣の歌』を再演し、四国、中国、九州、東北などへ移動公演を行なった。

六〇年代に入っての「京芸」の公演は、蟻圭介の演出が多く、宇津木秀甫も演出をしており、その後は藤沢の演出が多い。稽古場は京都市内を転々とするが、六八年に伏見区淀に稽古場を立てる。

「劇団京芸」は、発足以来、本公演のほかに、京都の子どもたちに向けて、人形劇やこども劇場の公演活動も盛んに行ない、劇団の財政を支えた。人形の制作と美術は主に谷ひろしが担当した。子どものときに学校で京芸の人形劇を観たという人は多い。『サーカスの象花子ちゃんの物語』(五二年、五八年、岩田直二作)では、戦争中に餓死させられる象が餌をねだって逆立ちする人形の動きに子どもたちは涙した。プロコフィエフの作、音楽にのせて上演した『ピーターと狼』(五三年、五九年)、宮沢賢治原作の『グスコーブドリの伝記』(五三年)などの意欲的な人形劇が上演された。人形劇を主に演じた団員は、谷、藤本文彦を中心に、六〇年に「人形劇団京芸」として独立することになる。

▼**藤沢 薫** 一九三一〜二〇一七年、滋賀県生まれ。龍谷大学の「実験劇場」で演劇を始め、『バナナン大将』の主役が初舞台。「喜劇座」を経て、五三年に「劇団京芸」に入団。五八年、京都新劇団合同公演『絹屋佐平治』の主役を務める。六〇年より「京芸」代表になり、演技陣の中心として活躍、演出も手がけた。主な出演作品は『狐とぶどう』の

イソップ、『文殊九助』の九助。

■**「テアトロ・トフン」**は、一九四九年十二月、劇団京芸との共同公演で旗揚げする。創立は、京都四条界隈のボンボンたちが集まってのことらしい。近藤公一がドイツ演劇、田中弥一郎が英国演劇、鈴木久弥がイタリア演劇、小島達雄がフランス演劇。それぞれが語学の先生であり、四条界隈に住家があった。数年後には、遠藤辰雄のような役者も入る。近藤正臣も暫くトフンに在籍した。最初は、〈徳正寺〉というお寺が集まりの巣である。井上上人というのがそもそも演劇青年で、お寺は出入り自由で、演劇人が出入りし、お寺で試演会などをして自然とグループ化へ。街中のプチブルジョワジーの芝居好きが集まった感じの集団。グループ名は、外国語でなく、トフンは〈兎のフン〉のこと。兎年生まれが多かったのか。第一回試演が一九四九年、京芸と一緒にやった『燈台』(三島由紀夫作、井上淳演出)、二年後にやっと、メンバーの好きなというか得意の外国ものが登場する。ゴールズワージィの『敗北』、ただし森本薫の『赦せない行為』との二本立てで、試演から勉強会という名称になっている。因みに、〈公演1〉は、三年後、『幻の魚』(ジャン・サルマン作、井上淳演出)、初めて大きな会館、弥栄会館で公演されている。翌年、一九五三年十月の公演2の『戸口の前で』(ボルヒエルト作、小島達雄演出)のときから、将来テレビ、映画、舞台に活躍する遠藤辰雄が参加している。テレビ、映画と言えば、近藤正臣も一九六一年『危険な曲り角』(プリーストリー作)と『堅塁奪取』(福田恒存作)に出演しているが、このあたりの数年だったようだ。トフンは気安さのあった劇団だったのか人数不足があったのか、いろんな劇団と協同公演を行なっているし、合同公演にも積極的に参加している。京都新劇団合同公演は、『祇王村』(田口竹男作)、『どん底』(ゴーリキー作)、『河ひらく時代』(田畑実作)、がある。この外にも「金曜劇場」、「府民劇場」にも。合同公演等は、別の項目欄で触れる。

＊**演劇雑誌「劇作」**が京都で復刊。一九四七年。菅泰男、田口竹男、辻久一で編集。編集責任・林孝一。

▼**近藤公一**　一九二八〜二〇〇三年。京都生まれ。同志社大学教授・演出家。三期会で翻訳など。京都へ帰り「テアト

ロ・トフン」を友人たちと創立して、俳優・演出・翻訳をやる。一九八九年、近畿大学に演劇芸能専攻が開設される期に同大学教授へ。

■「こうもり座」は、映画監督だった加藤泰が、スタートさせた劇団。一九五一年が第一回公演、菊池寛の『恋愛病患者』と『兄の場合』（加藤泰演出）の比較的小さい公演だったが、第二回目は、『富島松五郎伝』（岩下俊作原作、森本薫脚色、加藤泰演出）の大作。加藤泰は、大映の労働組合の書記長をしていてレット・パージで解雇されている。解雇されるようなことは、していなかったらしいが、黒沢監督がその方向へ押し込んだという見方もあるようだ。「こうもり座」は映画監督が作った、異色な劇団だとも言える。敗戦で全部パーにされて、〈ケッタクソ悪い〉から劇団を作ったという。ところが、こうもり座には結成理念があるとか。「私達は誰よりも芝居の好きな者の集まりである。私達は芝居を通じ、働いている者が働いている人達に何かを訴えて、共感を得ることが出来ればこれほどの喜びはない。この小さな喜びを得るために、生涯かけて芝居をやろうという仲間が集まって、『劇団こうもり座』をつくった（以下略）」と加藤泰が書いたらしい。同人は、加藤泰、村上進、ばん・ともみ（柄戸辰雄）、国分鉄男、大樹卓、、生方研二、宮林光蔵、三浦継子、大原やよ子、津滝奈美、川合四郎、景山美知雄の十二名。劇団はなぜか、労働会館内を事務所にし、稽古場とし、会館ホールを専属劇場と心得て、お山の大将・加藤泰の好みで作品選定、よく分からぬ説明を押しつけ、二月の寒い、火の気のない部屋で稽古が始まったらしい。

第三回公演は、『雷雨』（曹遇作、加藤泰演出）、労働会館。北川鉄夫の薦めで取り上げた。中国戯曲の、大作の、京都での最初の、怖い者知らずの挑戦だったとか。それでも、中国人青年学者を呼んで勉強会を行なった。スタッフに松竹レッド・パージ組の助監督中村純一、のちのテレビ映画の大監督になった船床定男の二人が参加した。この公演は、スタッフ全員を映画組、演技陣を職場組（生活の垢をつけたままの人たち）で、この試みは成功したようだ。加藤泰が撮影に入り、指導者を失った時期でも移動公演に忙しくしていた。明日食えんでも、今日ドブロク飲めたら良いみたいなものが、全体にあったようだ。一九五二年頃、稽古場は寺町五条、高瀬川に臨んだ旧家の二階の広い座敷。その家の人の好意によるものだった。

第四回公演は、一九五二年三月。『日々の敵』（秋元松代作、加藤泰演出）、労働会館。ウッカリ上演許可とっていなかったので、大目玉を頂戴した、という失敗話がある。この後、合同公演『検察官』にも参加している。次の年の、第五回公演『日の出』（曹遇作、加藤泰演出）、労働会館で、加藤泰の演出は終わる。足かけ三年、正味一年とちょっと。第六回公演『金泉館』（作間謙次郎作、一九五四年）からは、演出は、蟻圭介になる。加藤泰は、シナリオが売れ出して、稽古場に来れぬ日が多くなった。第七回公演『怒りの夜』（サラクルー作）も演出は、南方明雄（蟻圭介）であった。一九五五年十一月の合同公演『群盗』（シラー作、近藤公一・蟻圭介演出）が最後の公演だった。

こうもり座『日の出』（曹遇作、加藤泰演出）パンフレット　1953

演劇鑑賞組織「京都労演」の前身である〈演劇くらぶ〉は、「こうもり座」の人たちの手により、その最初の事務所も「こうもり座」の稽古場であった。「群盗」の後、「こうもり座」は、発展的解消をして「青年芸術劇場」になる。リーダー格の蟻圭介らは、この頃、ジェイムス・ディーンの「エデンの東」や「理由なき反抗」のアクターズスタジオのメソッド演技法に魅せられてか、スタニスラフスキー・システムを学ぼうとしていた。一九五七年「青年芸術劇場」を解消して「人間座」設立参加へ。「こうもり座」は、映画監督が三年程演劇を指導した特異な存在といえようか。

■「人間座」　かねてから合同を模索していた「青年芸術劇場」と「京都演劇研究所」が、一九五七年の青芸公演に賛助出演した京都演劇研究所（チェーホフの『路上』と『熊』）で、一挙に合同を実現させた。名称は、当初の「芸術座」という案でなく、「人間座」と「自由座」が残ったが、民主的なプロセスで「人間座」となった。人間座の旗揚げ公演は、一九五七年十二月、『かもめ』（チェーホフ作）となり、くるみ座からはせ参じた馬淵実が演出になった。劇場は先斗町歌舞練場。

＊一九五七年と言えば、関西芸術座が誕生したのと同じ年である。

＊**『かもめ』キャスト**　ニーナ＝八木伸子、トレープレフ＝登見雄、アルカーヂナ＝片平よし子、トリゴーリン＝戸浦六宏、シャムラーエフ＝芦田鉄雄、マーシャ＝古川良子、ドールン＝馬淵実、ポリーナ＝小田杏子、など。

のちに、人間座のリーダーとなる田畑実が、芝居に接するキッカケは、京大の先輩の北村英三が毛利菊枝の家に連れていったことである。そこでフランス古典劇などを読んで、こんなものが世の中にあったのかという強烈な印象を持ったらしい。軍隊から帰ったのが一九四五年九月、京大へ入ったのが四六年四月。卒論は岸田國士論で、あまり良い点はもらえなかった。くるみ座で劇作派の岸田とか田口の芝居をやったが、当時未来社の〈テスピス叢書〉でスタニスラフスキーを知って、京大の学生演劇出身の仲間の「京都演劇研究所」でスタニスラフスキー・システムをやっていたので一緒にやることになって、合併に到る。

五回公演までは、西洋古典と言ったらよいのか、イプセン（ヘッダ・ガブラー）、モリエール（孤客）、例外的にか、ミラー（みんな我が子）と演劇研究所時代の、上野陽夫作品（実験室）。その他に、小劇場公演も行なっている。第一回小劇場（一九五八年）『結婚申込』（チェーホフ作、戸浦六宏演出）・『僕等が歌をうたう時』（宮本研作、蟻圭介演出）、労働会館。蟻圭介は、演出したこの年に、人間座を退団している。第二回目が、『谷の蔭』（シング作、馬淵実演出）・『記念祭』（チェーホフ作、ふじたさとし演出）、毎日ホールである。六〇年安保を境にして座の中で〈われわれは今近代古典なんかやっているけれども、こんなことでいいのだろうか〉というようなことが言われたので、また浅沼稲次郎が刺殺されたり、女子学生が殺されたりであったので、もっと日本の現状を自分の眼で捉え描かなければ、となり、創作をするようになった。第七回公演（一九六一年）、『誘拐』（馬淵実作・演出）、京都会館が、劇団の内部から生まれた創作劇であり、田畑実のはじめての作品であつた。だがその後しばらく田畑の作品はなく、ブランクの時間があったが、次作『踊る蛇』という作品が構想されていたようである。六四年に完成稿になっていたようだが、上

『霞の谷に』（田畑実作・演出）1966

演はされなかった。役の上で性的にかなり成熟した女優も必要であったが、そういう女優がいなかったし、政治的側面での問題もあったので……、田畑の言葉によれば「これを上演していたら大変なことになっていたと思いますけれどもね。実際は、それだけの勇気をわれわれの誰もが持たなかったということでしょうね」。人間座は、六四年以来、本公演をしていない。チェーホフ作品の小劇場公演（土曜劇場）のみである。六四年頃は、劇団の重要メンバーがバラバラといなくなり、それは職業化して行かねばといったムードがあり、一時マスコミ出演に色めき立って、劇団体制を揺るがせたことがあった。そこで踏ん張りがあったのか、四年後の一九六五年、土曜劇場『生き残った人びとの物語』（田畑実作）から劇作家・田畑実が生まれる。名前も馬淵実から田畑実になる。以後、人間座のために田畑は、多くの作品を創作することになる。

▼田畑 実　一九二五～一九九四年。京都生まれ。京都大学卒。劇作家、演出家、俳優。四六年「くるみ座」入団。五七年「人間座」結成。『霞の谷に』『東洋民権百家伝はかく書かれた』『カルメンになりたい』など地域の現実を自分たちの眼で捉え戯曲化した。

■「京都ドラマ劇場」は、人間座創立と同じく、一九五七年、林想が中心になって創立された。創立の年の十一月に『こいこく』（野崎氏治作）・『村の従妹』（ノヴィコヴァ作）、演出はすべて林想。京都労働会館で公演している。林は、「くるみ座」で早川道夫の名で演出をしている。退団後は、「早川演劇研究所」から「喜劇座」を創立させ、そして京都ドラマ劇場にいたる。「喜劇座」は、一九五〇年に、『崑崙山の人々』（飯沢匡作、早川道夫演出）を、翌年には、第一回小劇場公演『ジョルジュ・ダンダン』（モリエール作、早川道夫演出）で公演している。俳優の中には、吉田義夫や緒方規矩子がいた。第一回公演の時には、後、劇団京芸の中心になる藤沢薫が初めて参加して舞台裏にいた。一九五三年の五月公演、京芸と共に上演した『月の出』（グレゴリー夫人作）・『赤犬』（奥村しげ子作）で、「喜劇座」は京芸へ合併していく。それまでに、『礼服』（秋元松代作）・『彦市ばなし』（木下順二作、因みに、配役は、彦市＝佐伯泰三、天狗の子＝高山良子、殿様＝藤沢薫）、そして、合同公演『検察官』（ゴーゴリー作、土方与志・岩田直二演出）にも参加している。一九五六年からは、「京都ドラマ劇場」では、研究所で、スタニスラフスキー・システムを地道に習練し続けた。その成果か、残像か、スタニスラフスキー・システムをベースに常に正攻法で、几帳面な、きちっと舞台を成立させる。ただ、ある程度の密度はあるが、それ以上の面白さがないというのか、几帳面で終わっている印象が強かった。それは、内面を重視したためか、外向的な演技に意識がいかなかったためか、内省的な演技で舞台に躍動感が出なかったのかもしれない。几帳面な舞台ではあった。後年は、伏見のやや小高いところに、劇団のメイン女優であった松村英子が、稽古場兼小劇場を建てた。丘の上にあるので、〈ヒルトップシアター〉と名付けられた。林は、京都学芸大学の教授でもあったが、退職して演劇活動に専念し、一時期京都演劇界を賑やかにした。

▼**林想**（早川道夫・林孝一）一九五〇年くるみ座を退団し、早川道夫演劇研究所から「喜劇座」を創立する。雑誌「劇作」の編集長。大学教授、のち「京都ドラマ劇場」を創設。演出家。ときに俳優も。

その他の年表には、古くは、一九四八年五月に「京都自由劇場」が中野重治原作、渡辺三郎脚色『きくわん車』。また、中西武夫原作、白浪瀬道雄脚色『靴みがきの少年』。旗本楠郎原作、白浪瀬道雄脚色『原っぱの子供会』。演出はいずれも、渡辺三郎。会場は、京都三条のＹＭＣＡ講堂、がある。

すわらじ劇園『出家とその弟子』（倉田百三作、山田隆也演出）1960

■**すわらじ劇園**は、新劇団とは少し違ってはいるが、一灯園を母体に一九三一年に創立されている。そもそもは、明治に一灯園の創立者西田天香によってその地盤が創られている。祈りを広めるため、地方にも出かけて奉仕活動をなし、公演もして、長い劇団活動を持続している。因みに、劇団ではなく〈劇園〉なのである。

＊神戸の演劇状況　伊達純　一九四六年から今日までに、劇団として名乗りをあげ、多少とも活動をおこなった劇団名を列挙すると、「神戸演劇集団、国民劇場、ろまん座、湖畔座、神戸芸術座、水曜座、神戸芸術劇場、同志座、ランプの会、垂水文化小劇場、道化座、現代演劇研究所、ＣＲ劇研、若草座、牧神座、蜂の会、ひまわりの会、神戸小劇場、人間座、創芸、劇団四紀会、木馬座、さざなみ、Ｑの会、神戸市民劇場、北島演劇研究所、テアトロ・パン、おくとぶる、神戸自由劇場」と賑々しくある。戦後から五年毎に区切れる。第1期は、戦後の勃興期で、一時期米軍の脚本検閲という障害にもかかわらず地元劇団、サークルともに解放感に酔いながら華々しく活動し、神自協（神戸自立劇団協議会）を結成、コンクールに情熱を傾けた。だが、レッド・パージで粉砕され、第2期へ。神戸の演劇関係では、パージでそれ程直接の犠牲者は出さなかったが、劇団やサークルに対する風当たりはきわめて激しくなり、幾つかの劇団はつぶされ、衰退期に入る。神自協の機能も五〇年一〇月の公演を最後に自然消滅、生き残りのいくつかの劇団が細々と、散発的に小公演を行なっていたにすぎない。第3期では、創立当時から地元劇団合同公演の企画を持っていた（神戸）労演はチェーホフ祭以後の各劇団の交流の活発化を見て、合同公演を提案し、この低迷をなんとか打破しなければという創造側の志向と合致し、五五年九月労演例会として『ツーロン港』が実現した（これは、チェーホフ没後50年に、チェーホフ祭が催され、この成功が神戸演劇懇話会を生み、『ツーロン港』が実現することとなる）。『ツーロン港』は当時としては画期的な観客動員（二九〇〇名）し、会場をとりまく長蛇の列で、新劇にダフが初めて出るなどがあった。だが不幸なことに、組織はその後、「職場演劇連絡協議会」と「職域文化連盟」に分断されて進む。

（「テアトロ」一九六五年十月号　№２６４より）

『ツーロン港』は、全神戸劇団第一回合同公演であった。ジャン・リシャール・ブロック作、北島三郎演出。参加劇団＝神戸小劇場、道化座、人間座、牧神座、神戸市職演劇部、大丸劇団りべるて、若草座、ラジオ神戸放送劇研究会。

■道化座（一九五〇年）　神戸には、一九四五年の「湖畔座」が生まれる。が、二年後、神戸芸術座へ。「神戸同志座」は一九四八年に、神戸芸術座、水曜座、神戸芸術劇場と大同団結して「同志座」を結成するが、翌年解散する。解散の「同志座」とその後、「垂水文化小劇場」と合併して「道化座」が生まれる。同志座から嶋連太郎、角野源平、谷口完、武周暢、文化小劇場からは森秀人、阿木五郎など。それに、夏目俊二、槇葉子、東一平など。その後、神戸小劇場から須永克彦が紆余曲折を経て参加する。最初は稽古場を転々として、宇治川モダン寺、三越横、大倉山仏教会館、新開地藤田ビル、元町柳筋サンサンビルなど。当時、大阪にテレビ局が開局され、林美智子を中心に「新春座」が結成され、ほとんどが移籍してしまう。夏目俊二は大映映画『新平家物語』に上皇役で抜擢され、映画界に移る。のち関西テレビ界の主役級となる。独立した「創芸」は一回の公演で解散し、独立座、若草座、人間座、木馬座などは、「神戸市民劇場」になる。そして神戸小劇場もあったが、よい舞台もつくりながら消えて行った。また道化座が職業化を急いだため、専門劇団員としてふみきれない人たちや、職業を持ちながら来ていた研究生は活動の場を失い、例えば、四期生の生徒たちを中心に、「四紀会」が結成された。

道化座のパンフレットから

「道化座」の創立公演は、『早春』（水木洋子作）。その後、『夕鶴』（木下順二作）、『驟雨』（岸田國士作）、『北風のくれたテーブルかけ』（久保田万太郎作）、『コックの王様』（村山亜土作）、『海』（萩秀和作）、『雷雨』（曹禺作）、『彦市ばなし』（木下順二作）、『次郎案山子』（榊原政常作）、『開港記』（萩秀和作）を、移動公演を含めて上演する。第一期（一九五〇〜一九五九年）の十年間は、大作で眼を見張らせるのは、『女の一生』『怒涛』（森本薫作）、『西の人気者』（シング作）、『賢女気質』（田口竹男作）、『思い出を売る男』（加藤道夫作）、『群狼』（ローラン作）、『若草物語』（オルコット作）、『白蟻の巣』（三島由紀夫作）、『大和の村』

神戸小劇場＋北島演劇研究所『絵姿女房』(矢代静一作、北島三郎演出)1956

(和田勝一作)、『凍蝶』(山崎正和作)、『オセロー』(シェイクスピア作)、『検察官』(ゴーゴリー作)、『マリウス』『ファニー』(パニョル作)、『オイディプス王』(ソホクレス作)、この他にも児童劇などで活動する。レパートリーから判断すると、芝居好きが集まり、理論好きはあまりいない、そして演出家がいない演技者集団であることを初期は示している。神戸は地方意識が強いのか、郷土愛的に劇団を応援するということになっているようだ。

(なお、道化座の歴史を示す資料は、一九九五年の震災で全焼失してしまったということである)

▼**夏目俊二**　一九二六〜二〇一四年。神戸市出身。一九五〇年、神戸で道化座の旗揚げに参加。五五年に大映にスカウトされ、「藤十郎の恋」で映画デビューする。その後、フリーとなり、映画やテレビの時代劇、現代劇で活躍。七〇年に「劇団神戸」を結成し代表を務めた。「コメディ・ド・フウゲツ」公演やシェイクスピア劇の演出、役者として多くの舞台を創った。神戸市文化賞、兵庫県文化功労賞受賞。

▼**阿木五郎**　一九二八年〜。道化座の代表も務め、役者、演出家としても活躍。一時、東京へ。帰阪後、アカデミー児童劇団神戸校の所長をしていた。一九六八年、「兵庫県劇団協議会」初代代表に選ばれる。

▼**須永克彦**　一九三九年、神戸生まれ。一九七五〜二〇一一年劇団道化座代表。一九八一〜二〇一〇年兵庫県劇団協議会代表理事。二〇〇五年上海国際当代戯劇季名誉会長就任。演出作品百七十、出演二百作。創作戯曲四十編を越える。一九五五年関西合同公演『茶館』を夏淳(北京人民芸劇院)と共同演出する。「アジア演劇祭in関西」を牽引。中国、韓国との交流に貢献する。

■**神戸小劇場**　道化座の中川左京が新しく現代演劇研究所を設立したが、要になるはずの久坂葉子の急死で、一年余りで閉ざされたが、残った有志で「蜂の会」がスタートする。当時の青年たちは、社会主義に強い憧れを抱いていたものであった。この

神戸小劇場『若者たち』上演後の記念撮影1957

「蜂の会」が「神戸小劇場」と改称して、この当時生まれたうたごえ運動の草分け神戸青年合唱団と交流が生まれたようだ。また、NHKラジオの「日曜娯楽版」を真似たような「ニッポン日記」や物まねクイズなど。劇場公演は、一九五六年海員会館で『絵姿女房』、続いて『われらのナターチャ』（カソーナ作）、一九六〇年には『みんな我が子』（ミラー作）を上演、翌年「北島演劇研究所」に改称。だが数年後、北島が肺炎を発症して、自然消滅。数人は、劇団四紀会へ。

▼**北島三郎（北島道誉）** 一九二三〜二〇〇二年。神戸生まれ。本名は田中勝春。京都大学在学中から演劇を始め、「京都演劇集団」、「京都自由劇場」、「青服劇場」に関係したあと、一九四九年に「京都芸術劇場」（劇団京芸）創立のメンバーとなる。五二年に「京芸」を退団して神戸に移り、「神戸小劇場」の顧問就任。劇作のほか、兵庫の劇団の合同公演『ツーロン港』、『大正七年の長い夏』の演出をした。

『ツーロン港』合同公演の前年に、チェーホフ没後五〇年記念して、神戸の劇団が持ち寄ってチェーホフ祭が行われた。神戸小劇場が『下士官ブリシベーエフ』『往診中の一事件』、道化座がチェーホフ短編の朗読、テアトロ・パンが『熊』、これには小松左京が主演している。そして翌年の『ツーロン港』合同公演につながっていった。

神戸にはこれらの他にも、劇団どろ（合田幸平）や劇団神戸（夏目俊二、小倉啓子）、「神戸職演連」や明石の「風斜」（蓬莱裕史）、西宮の「ふぉるむ」（小林哲郎）など続いている劇団がある。

一九六八年に「兵庫県劇団協議会」（兵劇協）が発足した。神戸の米騒動を描いた『大正七年の長い夏』の稽古のとき――米騒動五〇周年を記念し、地元小説家の描いた武田芳一原作『黒い米』を小田和夫が脚色し、北島三郎が演出で、神戸の劇団「道化座」「四紀会」「神戸自由劇場」「六甲」「ともしび」「どてかぼちゃ」そして神戸職演連、川崎重工、三菱重工演劇部が参加。姫路市からも姫人座も加わっている――そのときに結成され、初代代表に阿木五郎、事務局長に新木祥之（四紀会）が選ばれている。

＊パンフレットに見る劇団　「テアトロ・パン」（＝牧神座）という劇団が、一九五一年五月に結成第一回公演を岸田國士の『命をもてあそぶ男二人』（清水達也演出）で行なっている。地域公演などもしながら、一九六〇年には森本薫の『華々しき一族』を公演する（牧慎三演出）。

第五章　和歌山、奈良と滋賀の劇団の活動

和歌山は、井上彬という方が書いた『きのくに演劇史』があるが、そこから抜粋させてもらう。編集に於いて、奈良、滋賀は、全く手をつけられていないが、滋賀は、一九五一年（昭和26）頃には「大津三月座」「大津芸術劇場」というのがあったらしい。「青い麦」という劇団もあったそうだが、リーダーの方は、亡くなられていて、歩みは不明。なお、井上彬の『きのくに演劇史』は〈和歌山県民文化会館文化事業委員会〉と〈和歌山演劇人のつどいの会〉の発行であるが、発行年は不明（表記されていない）。推定では、一九八七年頃か。三十四ページの冊子である。

以下和歌山演劇は、**井上彬『きのくに演劇史 40年の変遷』**より抜粋。

●「文協劇団」の始末

長かった戦争が終結して、復員第一船の高砂丸がメヨン島から千七百人を乗せて別府港に着いて以来、南洋諸島や中国大陸からの復員が続いた。ＧＨＱ（連合国総司令部）による改革が次々と行われたが、国民にとっては空腹との闘いが始まり、街頭にはヤミ市がはんらんして、基準価格五十三銭の米一升が百三十二倍の七十円というヤミ値をよんでいた。そんな暗い世相の中で、芸術文化活動によって勇気と希

望を持ち郷土の再建復興に立ちあがろうと、昭和二十年十月、海南市に海南文化協会（会長・明楽光三郎氏）が設立された。その協会員の中に藤田祐美氏がいたが、彼が新劇を演じる劇団結成に情熱を燃やし、海南文化協会を起点にして昭和二十一年、遂に「文協劇団」を設けたのである。旗揚げ公演は、『湖の娘』（八木隆一郎）と『沓掛時次郎』（長谷川伸）で、会場は海南市の新富座。第二回公演は二十一年十月二十六日に和歌山市の遊楽座において、『湖の娘』と『馬』（阪中正夫）を昼夜二回上演した。十二月十七日には新富座で、『馬』と『逃げて行く男』を発表。翌年三月三十一日には『沓掛時次郎』と『稲葉小僧』（三好十郎）を第四回公演として新富座で発表するなど、約一年にわたって公演活動を続けた。劇団員は主宰の藤田祐美氏のほか、野口泰三郎・青山五郎・森本伊佐夫・木野透・柴本重一・濱野栄二郎・加島三三夫・小畑好一・小畑政一・星野徹也・平松薫・紀俊一郎・岸裏つや子・紫純子・下村美年・樀爪史子・比佐松妙・権野美代子氏ら。さて、『逃げて行く男』は『息子』（小山内薫）を藤田氏が大衆劇に脚色したものである。このように新劇に大衆的な時代劇を加えての二本立て公演は、客集めの目的で計画したものであり、その意味では成功したが、純粋な新劇活動を念願する藤田氏の心に少しづつ悩みを広げていったようである。

この頃和歌山市では、関西学院大学生の神前美津男氏が中心となって結成した「和歌山学生協会」が学生演劇大会を計画し、「早稲田総合文化研究所和歌山支部」（支部長・竹本一夫氏、演劇部長・野口正征氏）に協力を依頼した。そこで昭和二十一年八月三十一日と九月一日の両日、和工講堂において、「和歌山学生協会」の『息子』と、「早稲田総合文化研究所」の『父帰る』（菊地寛）が合同上演されたのである。

観客迎合主義に疑問を持つとともに、やはり新劇活動は和歌山市中心でと考えた藤田氏は、自ら創設した劇団から自分自身退くことを決意した。藤田氏が去ると同時に、「文協劇団」は急激に沈滞してしまった。

●「みかん座」の出発

インフレが進み、例えば銭湯の大人料金は昭和二十二年三月一円三〇銭、七月に二円、十月には四円となる有様で、人びとは生活苦にあえぎ、さらに石炭不足などから製紙事情悪く新聞も年末にはタブロイド版一枚という状態であった。「文協劇団」を退団した藤田祐美氏は和歌山市に新しい劇団創設を意図し、これに賛同して、「文協劇団」から野口泰三氏、「和歌山学生協会」から神前美津男氏、「早稲田総合文化研究所和歌山支部」から平尾静亮氏（まもなく上京のため退団）・野口正征氏・梅田孝彦氏らが参加、他の同好の有志も次々に集まった。この新劇団は、郷土和歌山の名産にちなんで「みかん座」と名付けられ、昭和二十二年夏誕生したのである。同年八月二十四日第一回試演会に『落日』（鈴木政男）と『ぶらんこ』（岸田國士）を、さらに十月二十三日から三日間第一回公演として『マリウス』（マルセル・パニョル）を、いずれも和歌山会館で上演した。この『南の夢（マリウス）』の成功は当時京都在住の私の耳にも達したくらいで、「和歌山ではこのロマンチズムをレパートリーにとりいれたら」と私自身考えたほどである。

「みかん座」に夢を託して集まったのは約四十人。前記の人たち以外に、友田秋二、岩永安人、岩橋三郎、平井晴二郎、太田宏、宮本昌彦、槗爪達夫、板坂晋治、高橋功、奥村智計、堀川康子、小川富佐子、高垣正子、岩永昌子、岡本すみゑ、山口嘉代子、児玉栄子、平野トキ子、藤村愛子らの諸氏。和歌山市社会教育課係長であった藤田氏の住居（徒町）に集まって台本の読み合わせをやり、時には立ちけいこに近くの忠霊塔前の空地を利用したこともある。二十二年十一月三日には第二回試演会として『村の夜話』（関口次郎）を野口正征演出で、第三回試演会は昭和二十三年二月二十二日に谷口左衛門演出『青雲亭』（村上元三）と大塚暁演出『署長さんはお人好し』（クウルトリイス）を和歌山会館で上演。その間、『村の夜話』『息子』（小山内薫作・谷口左衛門演出）『青雲亭』をもって粉河・御坊へ移動公演した。第二回公演は、『海の星』（八木隆一郎作・谷口左衛門演出）と『商船テナシティ』（ヴィルドラック作・藤田祐美演出）で、二十三年三月二十二・二十三日の両日和歌山会館で開催。着実に「みかん座」の演劇活動はつづいた。

●「和歌山芸術座」の存在

インフレ急上昇（郵便料金は四倍値上げ、銭湯料金十円、ＮＨＫ受信料三十五円、煙草ピース六十円と二倍になる）、が続いていた昭和二十三年秋、和歌山市にもう一つの劇団が誕生した。昭和十八年の陸軍応召まで「大連芸術座」の演出を担当し、戦後和歌山市で「新演劇研究会」を設け、創立まもない「みかん座」に参加して『署長さんはお人好し』の演出を担当した大塚暁氏が、「みかん座」を離れて結成した「和歌山芸術座」である。この劇団は公演を主目的とせず、発展的リアリズム演劇の追求、スタニスラフスキー・システム・小山内薫の演劇研究による真の演劇芸術を探求するための集団として勉強会から発足した。そして平尾静亮・南村圭太郎・宮井稔・笠井新造・村田俊郎・柴田はつ・田中豊子・森田千恵子らの各氏二十数名が集まり、大塚氏を中心に翻訳・創作戯曲の研究の中で、公演計画も立てられた。第一回公演は昭和二十四年四月二十四日修徳高講堂で、『春の枯葉』（太宰治）と『チロルの秋』（岸田國士）。この後、『おさの音』（三好十郎）・『どん底』（ゴーリキー）・『結婚申込』（チェーホフ）・『燈台』（三島由紀夫）などを修徳高で上演した。けいこ場は主に大塚氏や宮井氏宅で、『アルルの女』『野鴨』『火山灰地』などの大作も上演計画されたが実現しなかった。

「みかん座」と「和歌山芸術座」の両劇団は、良きライバルとして三年近く両立していた。「みかん座」の公演回数は多く、やや商業主義とみられたのに対し、「和歌山芸術座」は公演も少なく地道に新劇研究を続け、ある意味では相違った方針をもった二演劇団体として、当時の演劇愛好者から注目されたのである。

●「みかん座」の活躍

昭和二十三年六月十九日から三日間和歌山会館で開催された「みかん座」第三回公演『破戒』は、「みかん座」ののこした名舞台の一つともなった。これは島崎藤村の原作を藤田氏自身が脚色したものである。『破戒』は昭和二十三年一月〜二月、劇団「民芸」が村山知義脚色演出で東京・大阪公演を行なっていたが、藤田氏は戯曲『破戒』が現在なお強烈に生きている意義を強く主張すべく、もっと人間解放の主眼を表現するために、猪子蓮太郎の存在を大きく浮かび上がらせ、さらに丑松を狂言回しの素材にせぬように努めて、四幕八場を構成した。この『破戒』は、その後約一カ月にわたって、湯浅・金屋口・御坊・田辺・海南・上名手・紀伊でも移動公演された。鑑賞団体「みかん座友の会」も誕生し、一周年記念公演は、『初恋』（村山知義）と『死とその前後』（有島武郎）を十月一・二の両日発表。『文法』『葱』を試演したあと、昭和二十四年には二月二十六・二十七の両日『安城家の舞踏会』（新藤兼人作、蒔田祐美脚色）と『一週間の恋人』（金子洋文）を公演。更に七月十七日には『紀の國の田舎医者』四幕六場を発表した。これは打田町の西光万吉氏の創作劇で、かねてから華岡青洲のような人こそ紀の國屋門左衛門以上に県民諸氏から親しまれ慕われねばならぬにもかかわらずあまりにも忘れられていることを遺憾に思っていた西光氏が、「みかん座」の上演台本として青洲の半生を綴ったもので、本谷惣山氏の尺八演奏により和歌山遊楽座で上演後、粉河・名手で出張公演した。九月十七日には修徳講堂で、武者小路実篤名作二篇『だるま』『愛欲』を発表。この二年間に、村田秀雄・西山吉之・中川明・柳野節男・貴志八郎・池田弘典・奥村章子・権野美代子・藤田富佐代氏らが座員に加入している。

当時の「みかん座」の誓文は、

1　私たちは地方演劇の自立性を確立したい。
2　私たちは常に自由でありたい。
3　私たちは政治的な党派の色彩を絶対に持ちたくない。
4　私たちは誰にでもわかる民衆演劇を創造したい。
5　私たちは永久にアマチュアでありたい。
6　私たちは絶対に崩壊しないようお互いに団結して進みたい。　とある。

昭和二十六年、名古屋でのパチンコ大流行、後楽園球場での初ナイター、大阪でのアルバイトサロン誕生、などの世相を背景に、従来の「みかん座」と「和歌山芸術座」を発展的解消して、新しい人たちも加えて再発足したのが「創作劇場」である。参加者は、梅田孝彦・大塚暁・大塚千恵子・太田宏・奥村智計・大西良徳・笠井新造・神林虎二・河瀬和雄・高柳芳之・唯井力・権野美代子・豊沢郁代・西川仁子・迫間卓・藤田祐美・藤田芙佐子・藤岡豊・三輪純子・村田俊郎・東英の各氏が連名している。

「創作劇場」の第一回公演は昭和二十六年七月二十一・二十二の両日修徳講堂で、『街の雨』（阿坂卯一郎）を上演。次いで二十七年四月二十六日には、『田舎道』（阪中正夫）と『地平線』（黒川敏郎）を修徳講堂で発表したが、劇団活動はそれっきり終幕した。

＊この後、「蟻の会」の誕生・解散。和歌山市以外の動向もあるが、多くは省略した。

●「かもめ座」の歩み

小菅茂生教諭の薫陶を受けた田辺高校演劇部出身者が集まり、たまたま日大映画科および演劇科を卒業して帰郷した小川利幸と杉本守を中心に、実験的新劇研究団体「かもめ座」が昭和二十七年二月十日結成された。田辺の街に若い情熱が一条の炎のように文化運動をめざして燃えあがって結成された「かもめ座」は、大衆から愛され親しまれる演劇を目標にスタートを切ったが、第一回公演を生み出すまでには種々の苦労があった。その苦しみを切りぬけたのは、田辺市公民館や田辺市教育課がこの新芽を伸ばすために暖かい援助を惜しまなかったことや、相談役あるいは賛助会員として協力した多くの人々の厚情に因るところが大きかった。旗揚げ公演は昭和二十七年四月二十六日より二日間三回、『自由学校』（獅子文六原作）を小川利幸制作・串新一演出で常盤座で上演、喝采をえた。田辺高校演劇部ＯＢが大半を占めた「かもめ座」会員は、当初約二十五名であったのが続々加入者を増やし、陣容を充実した。名を連ねたのは、小川利幸・栗山晃一・串新一・杉本守・清水彰・中村俊一・片山佳之・植本展生・楠本恵昭・笹野英男・竹本盛信・溝端昭男・森山薫清・寒川烈臣・中川和子・政井昌子・寺本あき・山本喜己恵・浜田恭子・朝日淑子・志波弘子氏ら六十名である。第二回公演。二十七年八月二十四日・二十五日、『結婚申込』（チェーホフ作、小川演出）・『嬰児殺し』（山本有三作・串演出）・『三年寝太郎』（木下順二作、杉本演出）。翌二十八年一月十四・十五日に『小作人の娘』（土方与志作、中村演出）と『文化議員』（田口竹男作、小川演出）を、九月二十六・二十七日には『霧の音』（北条秀司作、小川演出）。二十九年九月二十六・二十七日に『赤い陣羽織』（木下順二作、中川演出）と『署長さんはお人好し』（クウルトリスヌ作、杉本演出）。三十年四月二十三・二十四日は『女の一生』（森本薫作、小川演出）を、それぞれ二日間三回常盤座で公演した。第七回公演として、三十一年六月九日より二日間三回、『生きていた兵隊』（加藤道夫作、杉本演出）。

しかし、小菅教諭が大阪へ転勤して田辺高校演劇部後輩との交流がなくなったことが大きな原因となり、「かもめ座」は余韻を残しつつ第七回公演で発表を終ってしまった。会員であった糸川和子さんは――「かもめ座」が地方文化にどのように寄与したかは評価出来ませんが、少なくとも「かもめ座」は会員すべての青春そのものであったと思います――と懐旧している。

●「和歌山演劇研究会」の史跡

「和歌山演劇研究会（和演研）」は、関豊氏が中心となり、昭和三十二年十一月に発足した。そして第一回公演として、昭和三十三年六月二十八日、市民会館で『華々しき一族』（森本薫作、関豊演出）を上演。第二回公演は『闘鶏』（菜川作太郎作、村田俊郎演出）を十一月二十八日市民会館で発表、この作品は十二月に和歌山労演の特別例会としても演じられた。翌三十四年には、六月七日に『三年寝太郎』（木下順二作、関豊演出）と『結婚申込』（チェーホフ作、山本寛演出）、十月に『女の一生』（森本薫作）を公演。三十五年六月十八日には経済センターで、第五回公演として『馬』（阪中正夫作、関豊演出）と『熊』（チェーホフ作、中川真一演出）を上演した。『馬』は、三十三年夏五十七歳で不遇のうちにこの世を去った紀州が生んだ劇作家、阪中正夫（那賀郡桃山町出身）氏の三回忌追悼公演にもなった。当時の「和演研」の連名には、関豊、奥村智計、中川真一、平田恒郎、乾弘雄、坂東文一、千原真靭、玉置宏光、池田稔、柄本圭也、望月勲、谷芳祐、奥村美代、井本千鶴、上原玲子、黒江章子、宮村泰彦、羽山金次郎の名がある。週二回の会合を持ち春秋二回の公演を予定していた「和演研」にも、昭和三十六年からはやや沈滞した気配が見え始めた。

●「和演研」の解散

世は、皇太子ご成婚に沸き、安保に揺れて、高度成長政策が実施され、東京オリンピックで新生日本の躍進を世界に実証した一方、公害・大学紛争などで繁栄の中の歪みと翳りを見せた時代である。「和演研」は、昭和四十一年八月には朗読会として『冥途の飛脚』（近松門左衛門）を、十二月にアトリエ公演で『みごとな女』（森本薫）を上演。四十二年には、四月に『堀川波の鼓』（近松門左衛門）の朗読会。そして、四十三年七月六日に、『機の音』（木下順二）を放送劇として制作して以来、中心人物の関豊氏らの退団もあって、「和演研」は約三年間沈黙を続けた。「和演研」は昭和四十五年十一月二十七日、和歌山市民会館で『鯨』（オニール）と『悪党』（チェーホフ）を第十回公演として発表した。第三回公演『結婚申込』を担当した山本寛氏を演出に迎えてのもので、団員には平田恒郎、秋月佳三、土谷卓司、谷阪利雄、生駒良治、住山守広、中井平和、西山哲夫、井上友子、小二里リヨコ、桧吉加代氏らの名がある。しかしこれが最後の公演となり、翌四十六年、十四年間続いた「和歌山演劇研究会」はその名を消した。「和演研」から分かれた中川真一、別院清の両氏らが中心になって昭和四十五年五月に結成された「演劇集団和歌山」は、現在まで息の長い活躍を続けている。

●「くるま座」から「劇団いこら」へ

昭和三十三年の御坊市で結成されたのが劇団「くるま座」である。同年に第一回公演、翌年十一月の第二回公演。参加したのは、岡本建一、芝稔、山中襄、橋本俊孝、原田猛、木村靖夫、園浦孝、西田力、清水佐紀子、太田桂、吉岡小夜子、潮路尚子氏らの諸氏である。三十五年七月二十四日、次の公演が日高中体育館で演じられたが、「くるま座」の活動もここで終焉となった。当時の演劇活動の隘路となったのは、公演会場の不足、資金難や女優難であり、加えて映画全盛時代となったことだ――と山中襄氏は述懐している。

紀中の演劇活動は暫く休止の状態が続くのだが、栗原省氏を中心に〝有田演劇サークル「劇団いこら」〟が、昭和三十九年夏、湯浅町に誕生した。「劇団いこら」は、演劇活動を通じて民主主義運動を強めるサークルとして出発し、三十八年大阪信太山自衛隊でおきた部落差別事件を記録した創作劇『茨とラッパ』（栗原省）を発表、県下各地で上演して大きな反響を呼んだのである。更に「有田地方の人たちに支持され、勤労者や農民を勇気づける芝居をやろう」をモットーに、四十二年有田郡吉備町におきた差別事件とそのたたかいを描いた第二作『呑んだくれ』（宇田貞三）を創作、県下で公演を重ね、四十四年九月には第二次和歌山労演特別例会として二回上演し千八百名を数える広範な人々の組織的な支援の中で成功をおさめた。「劇団いこら」のユニークな活動は更に続いた。西日本リアリズム演劇加盟劇団として、全国の地方演劇活動のモデル的存在になっている。

（以上、井上彬氏の「きのくに演劇史」より）

■新劇・レッドパージ

以上見て来た劇団の活動に大きな打撃を与えた出来事があった。それは、レッドパージである。新劇、自立演劇にダメージを与える事件であった。

＊レッド・パージとは、一九五〇年、ＧＨＱ（連合軍総司令部）の示唆のもと、国家権力と企業が共産党員と同調者を職場から排除したことをいう。新聞、放送関係では七百余人、映画界では松竹六十六人、大映三十一人、東宝十三人などが解雇された。解雇された人たちは放送局や撮影所への立ち入りも禁止され、再就職も厳しく、収入の道が途絶えた。思想信条の自由を踏みにじるこのパージの対象者は全産業で一万人を超える。パージは職場の自立劇団のメンバーにも及び、演劇活動への大きな打撃となった。その一方で、パージを契機に職業として新劇を選択する人もいた。

第六章　大阪労演の創設と地元劇団、自立劇団との関係

■大阪労演の誕生

関西はとくに、勤労者演劇協会（労演）と、新劇団や職場（自立）演劇との関係が重要である。ただ、労演と職場演劇については、すでに、一九七〇（昭和45）年十一月、『労演運動』（未来社）、一九七五年七月、『自立演劇運動』（未来社）が研究・出版されている。また、大阪労演の資料を譲り受けた関西学院大学博物館開設準備室によって、「戦後演劇の世界」（大阪労演１９４９〜１９５９）および「新劇、輝きの60年代」（大阪労演１９６０〜１９６９）の二冊の記録紙が発行されている。重複する部分もあるが、ここでは重要だと思えるものに絞って見て行きたい。なお、大阪労演が発行した『大阪労演の50年―１９４９〜１９９８』（一九九九（平成11）年十一月発行）もある。

「関西新劇友の会」、「関西新演劇人協会（新演劇人協会大阪支部）」、「関西自立劇団協議会」、「労働組合文化部」などの組織を基盤に、戦前の新協劇団後援会の一人であった岡田文江が、携わって計画は進んだ。一九四九年二月、俳優座『ああ荒野』（オニール作、青山杉作演出）、一回のみの公演（会費七〇円）で、観賞組織、大阪労演（大阪勤労者演劇協会）は、会員一、〇〇〇人でスタートする。が、一九六〇年代には、二〇、〇〇〇人の会員数に達することがあった。一九六二年には、自主企画も産む力を持つようになった。

「俳優座」の『鈍琢亭の最期』(田中千禾夫)や「民藝」の『オットーと呼ばれる日本人』(木下順二)がそれである。一九六四年の例会には、年間半分の六公演が、二万人を超えた。注目すべきことであったが、名作、大作路線の危険性を裏に含んでいることを感じていた人もいたであろう。一九九四年半ばからは、会員数が二、〇〇〇人に届かなくなり、かなりの借金をかかえながら、大阪労演は二〇〇七年に解散した。

労演発足の言葉には、「(敗戦によって)新しい文化の道が開かれた。演劇の面においても、民主主義的立場をとる勤労人民の要求は、新劇の再建と職場を中心とする自立劇団の発足によって新しい方向に向かい始めた。しかし、現在に至るまでの両者の成果は、大きな批判と反省が要求される状態になっている。……新劇、自立劇団が正常に発展するために、当然観客組織との交流がなされなければならない」と。戦後アメリカの占領政策によって、またマッカーサー元帥の政治、経済から憲法にいたるまでの目配りがある状況下で、〈新劇を勤労者の手で守ろう〉、〈自立劇団の灯りを消すな〉の声のもと、労演は重荷を背負って発足したのである。ざっくり言えば、労演は、東京劇団の呼び屋にすぎないと言われる危険性を持ちながら、地元新劇への眼と、自立劇団への眼を持ち続けた。大阪労演の機関誌には、毎号のように自立劇団の情報が掲載されている。一九五七年、関西芸術座創立までの、大阪労演に地元劇団で例会になったものは、以下の通りである。

＊大阪労演　関西劇団の例会(発足から一九五七年「関西芸術座」創立まで)

一九四九年五月　大阪自立劇団合同『土工』水島羊之介作・演出
一九五〇年一月　大阪放送劇団『商船テナシティ』ヴィルドラック作、梅本重信演出。『鉈』真船豊作、梅本重信演出。
〃　七月　民衆劇場『若き啄木』藤森成吉作、大岡欽治・阪中正夫演出。
〃　九月　民衆劇場『文化議員』田口竹男作、筒井好雄演出。
〃　十二月　くるみ座『幽霊』イプセン作、田中千禾夫演出。
一九五一年四月　くるみ座『沢氏の二人娘』岸田國士作、田中千禾夫演出。
〃　八月　制作劇場『彦市ばなし』木下順二作、道井直次演出。(俳優座と二本立)

一九五三年八月　関西新劇合同青年演劇人クラブ『阿Q正伝』、魯迅作、土方与志演出。
〃　　九月　京芸『北京のどぶ』老舎作、岩田直二演出。
一九五四年八月　関西新劇合同青年演劇人クラブ『富士山麓』福田善之・藤田朝也（ふじたあさや）、岩田直二演出。
一九五五年九月　大阪新劇合同青年演劇人クラブ『街の風景』エルマー・ライス作、中西武夫演出。
一九五六年四月　大阪新劇合同青年演劇人クラブ『終末の刻』村山知義作、中村信成演出。
〃　　十月　大阪新劇合同青年演劇人クラブ『畸型児』小幡欣治作、岩田直二演出。
一九五七年五月　関西芸術座『そら、また歌ってる』M・フリッシュ作、岩田直二演出。
　　　十月　関西芸術座『虫』藤本義一作、道井直次演出。

そして関西の劇団の労演例会は、これ以後は、毎年一本（関西芸術座）に縮小され、例外的に、一九六〇年、関西芸術座の『渦』（小堀鉄男作）と「関西芸術座」、「くるみ座」、「道化座」の合同で『牛』（東川宗彦作）の二例会があるが、一九六六年には、「関西芸術座」と「くるみ座」の併列例会、一九六九年は、「演劇座」と、そして、一九七〇年の「演劇座」、「東京芸術座」との併列例会で、「関西芸術座」の『日本の言論1961』（ふじたあさや作）を最後に労演例会から姿を消す。復活は、一九九一年、何と二十年ぶりに「関西芸術座」の『一銭五厘の旗』（酒井寛原作、かたおかしろう脚色）が例会に、といった状態であった。例会から姿を消されたのは、一九六七年頃からの会員観賞者の減少である。それまで一万人を超えていた観客数が、姿を消す最後の公演『日本の言論1961』では、一万人を切ることになってきていたからである。勿論関西の劇団公演のみの会員減少ではなく、労演自体の会員数の減少傾向に歯止めがかからなかったためでもあった。会員数減少の食い止めには、東京の有名劇団の大作（名作）に頼る必要もあった。関西の劇団を育成するという優しい心ではどうにもならない状況が訪れていたのである。

大阪労演の事務局員であった尾崎信に「自立演劇と大阪労演」という長い文章がある。自立演劇と大阪労演の関係を拾い出して（抜粋になるが）、見ておきたい。

「大阪労演の発足は一九四九年の二月であり、それは、いわゆる第一次自立劇団時代の終わりと重なっている。したがって、ここで書くことは、第一次の自立劇団の運動が解体させられたあと、大阪労演がどうしたか、その後生まれた自立演劇がどのように歩んできたかということに主眼をおくことになる。

1．大阪労演発足から一九五三年まで。自立演劇再建への模索的努力の時期。

2．一九五三年十月、夕陽丘会館を使っての第一回自立演劇発表会の開催から、五七年十二月の第十八回の発表会までの時期。

3．一九五八年から、春秋二回にわけて「職場演劇祭」という形で自立演劇の発表を重ね、五五年、大阪自立演劇連絡会議が組織的に独立するまでの時期。

最初に、大阪労演が自立演劇に協力していったことから述べて行くのが順当だろうと思うわけだが、それを、ここで「勤労者の演劇観賞組織としてもつべき、勤労者の演劇創造との相互協力関係」というふうな言葉であらわしてみても、間違いはないにしても、それだけでは身も蓋もない。四九年から五三年にかけて労演自体がやっと息をつないでいただけに、それは、勤労者の文化運動全体の高揚をねがわないではいられない切実な気持と、勤労者の自主的な演劇創造が生みだすだろう演劇的質が新劇運動につけ加えるであろうものを未来的に望見することで、新劇或は民主的な演劇がふとってゆくであろう、そうならなければならぬという強いねがいに支えられたものであったということができるだろう。——主として外圧による第一次自立劇団運動のみごとな解体のなかで、同時におそっていた労演自身の危機のなかで、大阪労演が行なった自立演劇再建への努力は、まさにそのような思いにもとづくものであった。(中略)大阪労演は、四九年五月に、大阪自立劇団合同公演(参加十一劇団)、水島羊之介作『土工』四幕を例会としているが、これが自立劇団協議会としての組織的な活動の最後であり、その上演は最後の光芒であった。」

(尾崎信「自立演劇と大阪労演」、大阪労演機関誌一九六九年四月〜六月号より)

大阪労演はこの後も自立劇団を支え、一九五〇年には「職場演劇コンクール」を行なう。

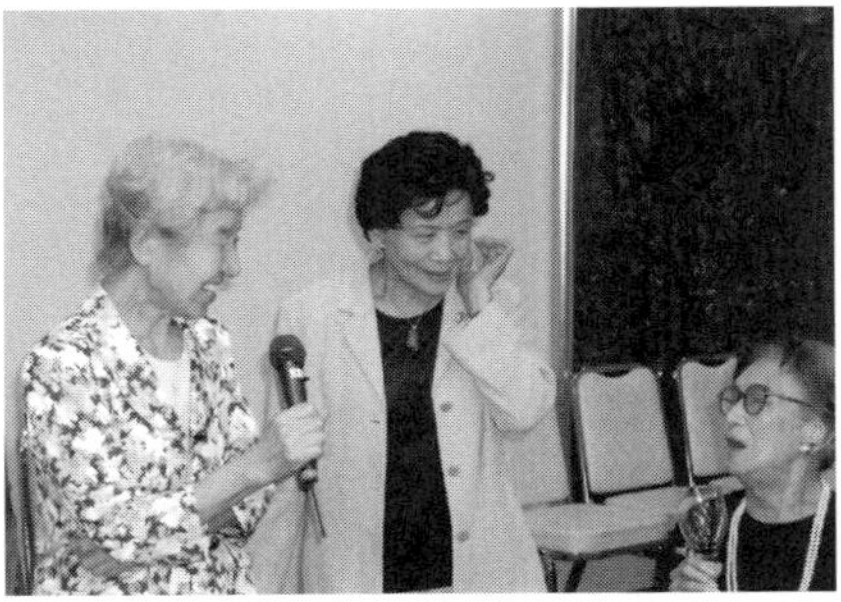
大阪労演・岡田文江さん(左)、中央は河東けい

「参加劇団は、三菱電機伊丹（藤木猖介作『ある爆発』）、日本生命（木下順二作『夕鶴』）、関西汽船（間宮研二作『夜の春雷』）、大阪地方貯金局（山口素一作『海峡の見える家』）であった。その後、五三年から五七年まで一八回の発表会を重ねた。さらなる参加劇団に、全電通天王寺支部、東京海上、調達局、関西労働者演劇集団、市衛生局、大交天王寺、全損保地協、住友金属、大阪演劇研究会、市水道局、国鉄天王寺、椿本チェーン、大阪魚市場、全購連、全官公青婦懇、現代座、虹の会、かたつむり会、劇団同時代などで、コンクール制をとらず、発表会を共同の責任においてもりたてつつ、相互批判を基調として、強くした創造活動を続けて行く。（中略）発表会は、1．会場に夕陽丘会館を利用し、年三・四回行なう。参加劇団を増やす。2．コンクール制は採らない。相互批判で高めて行く。3．経費は、労演と参加劇団で分担する。4．合議もしくは協議で行なう。」一九五五年には、創作中心で行なわれ、五六年・五七年はあいついで創作劇は発表された。高揚の時期がありながら、一九六五年中ごろ、自立演劇連絡会議は独立することが確認されている。結局は、組織面や創造面での明確な論理と実践を欠いたまま、今や量的にも尻すぼみの形で、ここに至ったという感が深い。（尾崎信「自立演劇と大阪労演」）

＊その大阪労演も二〇〇七年十二月に解散することになる。大阪労演をつくり、事務局長として設立から解散まで勤めた岡田文江も二〇〇八年一月に逝去された。「岡田さんの急逝を悼む」が三好康夫によって書かれている。「大阪労演の結成を共にし、いや、それ以前の関西芸術文化協会から演劇鑑賞活動を共にした私にとって彼女の急逝はショックとしかいいようがない。個人的な感慨はさておき、彼女の六〇年以上の永きに亘る大阪の、いや、日本の演劇を支えてきた功績は時代が変わった今では知る人も少なくなりつつある。それというのも鑑賞団体は創造団体と違って影の部分である。戦後の激動の時代に創造団体を支えてきただけでなく、広く市民の間に芸術文化の持つ喜びを伝えて市民劇団や「おやこ劇場」といった鑑賞組織の

創出にも大きな役割を果たしてきた意義は大きい。「大文連」（大阪文化団体連合会）の創立メンバーとして永年、財政部長の責務を果たしてこられたご努力に心から感謝を捧げたい。」とある。（「大阪文化のひろば」172号　二〇〇八年三月二十五日　大文連機関誌）

▼**岡田文江**　一九一九～二〇〇八年。大阪市出身。戦前より友達に新劇のチケットを売っては芝居を観ていた。戦後労演設立と同時に事務局長として二〇〇七年閉鎖まで六十年を大阪労演と共に歩んだ。モットーは「文化運動は政治運動に左右されない」。神戸、京都両労演の設立を応援し、全国労演を組織した。大阪文化功労賞、日本新劇経営制作者協会賞、大阪文化賞など受賞。

▼**尾崎信（昭三）**　一九二七～一九九四年。岸和田市出身。一九四九年日映演大阪支部書記、一九五〇年労演事務局員となる。一九五三年「大阪自立演劇連絡会議」設立。一九五七年関西国民文化会議に労演として参加、幹事になる。一九六一年労演、労音、労映共同の「文化運動」を出版。一九六九年「鑑賞運動」発刊・編集。一九七四年大阪労演事務局次長になる。一九七七年大阪市民文化賞受賞。

第七章　専門職業劇団・関西芸術座の設立

「制作座」、「民衆劇場」、「五月座」で「青年演劇人クラブ」という組織をつくって関西の劇団の合同公演というものを実施することによって、お互いの交流をしたようである。その実のなかから、各劇団の苦しい状況を打ち破って行くためには、また、関西の新劇を専門的職業的に自立させてゆくためには、個々の劇団の狭い芸術主張を棄てること――そこには、大阪労演や周辺の人々の後ろ押しがあって、合同という大きな視野に立たなければならないことを考えるにいたった。一九五七（昭和32）年に「制作座」、「民衆劇場」、「五月座」が合併して「関西芸術座」を誕生させた。

＊清水三郎「関西新劇のやりくり・さんだん」

「大阪の代表劇団に数えられている五月座と制作座と民衆劇場の三つが合併するとか、しないとかという話だ。実際にどう転ぶかまだ分からないが、両者それぞれの立場で腹のさぐり合いをしていることは事実である。この三つが一つになると、大阪の新劇勢力は青猫座を対抗馬にするだけで、ある安定度は出そうだが、ことはそう簡単に断じられない。合同賛成派は五月座の岩田直二、酒井哲、三好忠好各氏あたりで、制作座の中幹級にも大分いるようだ。制作座の名目上の主宰者である道井直次、恵美子夫妻の腹をさぐってみると、賛成のような反対のような話しぶりだが、条件さえ整えば合同も悪くないような風に考えられる。その賛成派は、新劇勢力がバラバラで、希少価値の上に立ってお客の奪い合いをしているような現状では結局何も出来ないのではないかという。自分たちの小遣いを持ち出して、新劇をやっている限り、プロにはなれないし、自分たちの目的は専門の新劇人になることだともいう。だから、三つが一つになって人材をそろえ、顧客動員をまし、二班、三班の組織も計画して移動公演も可能じゃないかというわけである。五月座の六、七十名、制作座の三、四十名、民衆劇場の十余名、合わせて百名を優に超す大世帯になり、人数からかぞえれば、文字通り日本一の新劇団になることは受け合える。反対派は、そうでなくさえ役をもらって実際に芝居を勉強するチャンスが少ないので、一つになればそのチャンスがますます無くなりはしないか、また主張や創造方法の違う三者が一緒になることの早計をさけんでいる。この意見をはくのは比較的若い人に多いようだ。五月座の中村信成、志摩靖彦、高橋芙美子、山村弘三各氏らは反対説を持っている。」

（清水三郎「関西新劇のやりくり・さんだん」、『文芸大阪第二集』一九五七年一月）

合同のニュースは新聞でも報道された。

＊「合同劇の舞台に登場するのは、「五月座」「制作座」「民衆劇場」の三劇団。どれも単独では観客動員が十分きかず「大阪労演」でも例会としてとりあげるには三劇団の合同公演でないと〈ごめん〉という。昨年七月ころ東京公演で赤字を背負いこんだ「制作座」と移動公演に終始して弱っていた「民衆劇場」と「五月座」の間で単一劇団をつくろうという動きが現れ、準備合同会議を開いたが、難航に難航を重ねてとうとう越年」

（「毎日新聞」一九五七年三月五日夕刊）

＊「この合同問題は昨夏八月頃から話し合いが進められていたものであるが、動機は制作座が昼間活動に積極的に乗り出したために、昼間職業を持つ一部の人々が全面的な活動が不可能となり、人的資源の薄くなったこと、民衆劇場もまた地方演劇を主としてきたが同じ悩みがあり、この共通点と、いっそ東京の新劇団に対抗できる職業劇団へ脱皮しようという宿望とが幹部間で一致したためとみられる」

（「大阪日日新聞」一九五七年三月十四日）

＊「五月座、制作座、民衆劇場の合同による関西芸術座は十一日よる創立総会を開き正式に発足した」

（「大阪日日新聞」一九五七年五月十四日）

「関西芸術座」の「三十年のあゆみ」冊子では、民衆劇場から参加した溝田繁が次のように書いている。

＊「民衆劇場から関芸へ」溝田繁

先輩の皆さんとも一緒に再出発しようという事で出来たのが民衆劇場（一九五〇年十一月一日）だったわけです。発足当時は多士済々で団員も五、六十名を数えました。（中略）第一回公演が「若き啄木」で、現在文学座の飯沼君がこの啄木役を演じたのですが、第三回公演までは労演例会にもなっております。その后、演劇活動のみで自活する所謂専門化を目指すと共に、演劇を運動としての角度からとらえて、先ず各地の労働者の皆さんに観て貰う活動を中心に、その手初めとして紡績工場への移動巡回公演を活発にして行く一方で〈大阪少年劇場〉運動を起こして各地で児童劇公演をもったりして、必死に頑張った数年でした。（中略）民放局のテレビ放映という気運もあった為でしょうか、退団者が続出、合同しては分裂の繰り返しではあったのですが、（中略）結局、人材的にそれぞれ不足している創造源を、又制作経営源を一つにしよう。そして、それぞれの劇団が指向していた〈大阪に根を下ろした新劇芸術を〉〈勤労階級への積極的な働きかけ〉〈マスコミにも乗れる手広い仕事〉を一つにして、多角的な劇団運営をやろうという事で意見の一致を見まして、それぞれの考え方の小さい部分のくい違いは、この際合同した劇団の中で煮詰め合って一つにして行こう、今は大きな目標の確認にとどめようという事で関西芸術座が誕生したわけです。

（「関西芸術座／三十年のあゆみ」一九八七年四月より）

「関西芸術座」の綱領には、「関西芸術座は、大衆の生活感情に密着しつつ、その志向を歴史の正しい発展にむかって組織する演劇の創造を行う。」とある。創立公演は、スイスの劇作家・マックス・フリッシュの『そら、又歌っている』（岩田直二演出）だった。当初は合同話が難航していたので、結成問題とは一応切り離して、三劇団協同で上演することになっていたが、結局、関西芸術座の旗揚げ公演演目になり、大阪労演の例会になった。合同の成果か、一九七〇年まで毎年一回「大阪労演」の例会に取り上げられ、数々の賞にも輝いて行く。初年度から、移動公演、『麦ふみ』（北条秀司作、橘正巳演出）、『佐渡狐』（オペレッタ狂言、小松徹演出）、こども劇場が『少女と野獣』（ボーモン夫人原作、道井直次演出）、スタジオ公演が、

関西芸術座『虫』（藤本義一作、道井直次演出）1957

『鋏』（田中澄江作、小松徹演出）、『神無月』（大橋喜一作、道井直次演出）、『京都の虹』（田中澄江作、橘正巳演出）、そして、藤本義一作の『つばくろの歌』（岩田直二演出）と大車輪の公演を組んでいる。当時の大阪労演の機関誌にも創立へ向けての座談会が掲載されている。（出席者・五月座＝岩田、広野みどり。制作座＝道井、高桐真。民衆劇場＝溝田繁、波田久夫）

「職業的専門劇団をめざして活動をすすめて来たものの、勤めをもちながら芝居をするという人も混じっている以上どうしても劇団活動がうしろへ引きずられ勝になる。もっとプロフェッショナルな態勢をとらねば駄目ではないかということが劇団内部で確認されていった。こんどの合同は三劇団の芸術上の主張の一致から生まれたのではなく、アマ態勢からプロフェッショナルなものへ転換をはかろう、職業的専門劇団態勢を確立しようというところに主眼があった。地元の劇団のよい舞台を見せて欲しいという要望、大阪以外の地方からも移動公演の要望がある。その上、合同公演を続けてきた関係から、どうしても専門的にやらないと駄目だという認識のところまできた。しかし、かつての守勢の合同ではなく、こんどは、積極的合同と言える。かつては、衰弱状態をくいとめるための合同だったが、今回は、専門的な創造理論と技術を深めようという意味で積極的なもの」というような発言があった。

（「大阪労演」機関誌　一九五七年五月　No.97より）

「こんどの合同は三劇団の芸術上の主張の一致から生まれたのではなく」とあるように、岩田直二と道井直次は芸術主張が違う人だった。民衆劇場の俳優たちが間をとりもってやっと一緒になったようであるが、以来「関西芸術座」は、大阪の劇団の中心的位置で活躍していくことになる。道井直次のまとめでは、（1）関西出身の劇作家に道を開いて、働く人たちの生活感情を日本社会に投影して、リアリズム演劇の新しい道を開拓したこと（東川宗彦『はたらき蜂』など。（2）上方新劇と呼ばれる関西在住作家の作品の劇化（藤本義一『虫』など）。（3）創作民話の発掘と劇化によって、日本人の心のふるさとを求め、また現代の家庭の日常生活をとらえるなど、児童青少年演劇の方向と姿勢を位置づけして、学校公演やこども・おやこ劇場に提供した（松谷みよ子『竜の子太郎』など）。（4）新しい西欧の戯曲を紹介して、本邦初演に挑み、演劇の国際化を心がけた（ホルマン作『猫のダンス』など）。

（道井直次のまとめ「上方芸能」138号　二〇〇〇年一月号）

関西芸術座には、附属の研究所がある。授業内容には、「舞台的行動」や「言語的行動」という言葉がある。スタニスラフスキー・システムの「身体的行動」に合致する言葉である。関西芸術座においても、スタニスラフスキー・システムが用いられてきたのか。どこまで学ばれ、検討されてきたのか。

＊河東けいの思い出の発言――「劇団に入った頃、スタニスラフスキー、スタニスラフスキーといわれまして。どんなもんや？　というようなことで教えられて。例えば、空のコップを前にして〈ここに水が入ってるんや。信じたか信じひんか。飲めるか〉、〈そんなもんいくら見たって空っぽや、信じられへん。どないして飲むのん〉と。そんなことばっかりでしたから、実に無駄なことをやったんと違うかなぁと思うんですけども。そういうのがしばらくあって何もつかまえないうちに、今度はブレヒトが出てきまして、〈ブレヒトはそんな感情入れたらあかんで〉言うことで、〈どないすんねん〉言うて、棒みたいにしゃべってみたり。という風にあっち行ったりこっち行ったりやらされておりましたので、自分が演技するときは、もうそんなことをのけてしまって、自分の感性で信じられるところを大事にして、そこからつかまえていく。〝もしも、あるいは〟、というところから広め、深める。それだけは、スタニスラフスキーの中で教えられたから、それだけはやったような気がしますけれども」

（二〇〇二年十二月八日のシンポジウム〈関西演劇の五〇年〉で、『演劇学論集41』日本演劇学会）

と、呟いた。この言葉が示すように、スタニスラフスキー・システムが、模索の中の作業であり、関西にも、スタニスラフスキー・システムや、ブレヒト演劇の影響があったことが明らかである。

関西芸術座公演で最も注目を浴びた『はたらき蜂』の評価をめぐって、劇団員は何回も討議を重ねた。労働者側の視点でしか描かれていない、単純に組合が闘争し勝利に終わるだろうという幻想、人間が一面的にえがかれた闘争劇に過ぎないなどの否定側、いや今の日本の職場の現状から働く者の理想を謳い上げ、激励している見事な喜劇だという評価の側と平行線は続いた。この状況の前後には、水面下で分裂の話が動く不安定さを孕んでいたが、賢明な俳優たちの説得で第一難関は何とか通過することが出来た」（河東けい「〝新劇不毛〟と云われた上方、大阪の六〇年」より）。統一のむつかしい難関を乗り越え、つまり、岩田直二や道井直次らの芸術主張や人間的な対立はあったであろうが、そのために分裂や脱退はなく、そして、新稽古場の建設などの高揚期を迎える。少しでも収入を増やしたい俳優は、商業演劇の舞台に立つことを望んだが、許されなかった。許されない俳優はやむなく退団することにもなる（移動公演が減った後年には許されたようだ）。二〇一〇年代に入って、社会現象の変化、少子化現象などへの対応策は鈍かったためか、公演も出来た稽古場を手離し、縮小となって現在を迎えることとなる。

▼**河東けい**　一九五二年、民衆劇場へ入団。五七年関西芸術座、創立メンバー。現在まで劇団員として、舞台、テレビ、など多方面に活躍。ギブスン作の『奇蹟の人』の教師サリバン役は、六〇〇回以上の上演。演出家としても、国内外の戯曲に取り組む。近年は、小林多喜二の母を描いたひとり語り『母』を韓国、中国、はじめ日本の各地で上演。大阪日日新聞新劇女優演技賞他多数受賞。

▼**藤本義一**　一九三三〜二〇一二年。大阪府堺市生まれ。小説家、放送作家、司会者、大阪府立大卒。戯曲『虫』を関西芸術座へ、『トタンの穴は星のよう』を劇団蟻の会で発表。一九六五年テレビ「11ＰＭ」でキャスターとして二十五年間のロングラン。小説では『鬼の詩』で直木賞受賞。多彩な活動は多くの小説、戯曲、ラジオドラマを生み、関西を代表する作家。

第八章　関西芸術座創立のころの状況

■劇団「明日」は、「制作座」が職業化をめざす「関西芸術座」になったので、職業化に踏み切れなかった座員が、丁度「青猫座」を退団した人と共に、夜間の活動を中心にする劇団を創立させたものである。「制作座」のリーダーでもあった道井直次が、制作座（→関西芸術座）から離れていった人と丁度青猫座を退団した人を結びつけた、つまり仲人役を務めた。外から見れば、新しい「明日」に合流するために青猫座を辞めた人がいたように見えていたが、真相はそうではなかった。「明日」の主なメンバーは、早川洋一、堀美恵子、内山策郎、柳沢森夫、正田武弘、湖崎克、赤羽仁孝慶、など。

劇団明日は、一九五七年九月に発足している。旗揚げ公演は、一九五八年十月、テネシー・ウイリアムズ作の『夏と煙』（湖崎克演出、大手前会館）であるが、その前に〈習作会〉を行なっている。本公演の他に習作発表するスタイルはこの後も続けられる。旗揚げ以後、劇団は着実に成長し、発展していく。制作座から関西芸術座へ行かなかった人と青猫座を退団した人を含めての劇団であった故に、劇団明日は、「アマチュア劇団の形態です」と挨拶状に書いている。つまり、劇団員のほとんどは、職業を持っている人たちである。眼科の医者も耳鼻咽喉科の医者もいるという劇団なのであった。仕事の余暇に芝居の稽古をする劇団である。アマチュア劇団というよりも〈業余劇団〉と言った方がよいように思われる。「関西芸術座」

が出来た年に、アマチュア劇団と漠然と呼んでいた集団が、ここではっきりと、意識的に作り出した〈業余劇団〉というものが誕生したと言ってもよいのではないか。業余劇団は、職業を持っている人の集まった劇団で、非職業体制だが、つくりだす舞台は、専門家であるとの意識である。〈非職業的専門劇団〉と呼んだらいいのか。ただ、業余劇団の限界のようなものとして考えられるのは、メンバーが職業の上で、上の位置に就いたとき、会社の方に重点を置かざるを得ない立場になる。つまり、劇団に来ることが出来なくなるか、稽古に来る時間が遅くなるか、あるいは、劇団を辞めて会社へ留まるという形にするかである。すると、劇団は忽ち立ち行かなくなり、究極は解散ということになって、劇団自体は長く存在しないことになる。そう長くない生命ながら劇団明日は、旗揚げ以後、受賞する機会もあって、大阪の中で重量を持った劇団として歩んでいく。第一回公演から立派なパンフレットをつくった。以後も続けていったから、大したものだと思われる。

■「四紀会」は、劇団明日の誕生と似ている。というのは、関西芸術座への職業化への移行のため〈業余劇団〉を生んだケースと同様に、道化座のマスコミ重点への移行のあおりで、当時道化座研究所の四期生であった生徒たちが、〈業余劇団〉をスタートさせた。その劇団が神戸の「四紀会」であった。ただ、四紀会は、同じ業余劇団スタイルでありながら、早期解散することなく、今日まで継続して劇団活動は行なわれている。四紀会は、一九五七年に創立している。先の劇団明日と同じ時期であり、関西芸術座創設の年である。二〇〇七年には、創立『五十年のあゆみ』という冊子も発行している。なにゆえ、長く継続出来たのであろうか。劇団明日のように中心メンバーが、職業に喰いこまれて去っていったようにはならなかったためか。一つの例示としては、劇団代表が、四代目に亙ってバトンタッチされていることである。劇団は、一代論と言えるものが普通で、リーダーが消えると劇団も消えていくものであった。「四紀会」は違っていたのである。会社を辞めて劇団に残った人もいる。現在は一代で終わる存続年数ではあるが、これからさらに存続が期待できる集団である。

劇団明日も四紀会も、関西芸術座が出来た同じ年、一九五七年に発足している。ところが、京都でもこの年に、人間座、京都ドラマ劇場が誕生し、京都労演が、京都演劇くらぶから発展して発足している。関西芸術座が創立された一九五七年時に、どのような劇団が、どのような作品を上演していたのか、リストアップしてみると、

関西労働者演劇集団『ロミオとジュリエット』シェイクスピア作、西康一演出。

潮座　『崩壊』作間謙二郎作、上田素久演出。

民衆劇場『僕らが歌をうたうとき』宮本研作、波田久夫演出。『機械の中の青春』小松徹作・演出。

青猫座『おたか祝言』矢代静一作、田中照三演出。

　　　『ドンベルリンプリンとペリサの恋』ガルシア・ロルカ作、辻正雄演出。

関西新劇場『棒ふり虫』二瓶あきら作、大岡欽治演出。

創作劇場『綾の鼓』・『班女』三島由紀夫作、中田昌秀演出。

京芸『西陣のうた』仲武司作・演出、谷ひろし演出。

月光会『廃虚』三好十郎作、内田朝雄演出。

関西芸術座『そら、また歌ってる』M・フリッシュ作、岩田直二演出。（旗揚げ公演）

青年劇場『彦市ばなし』木下順二作、池内史郎・舟場里子演出。

ドンキー『菓子工の恋』ナヌーチエ作、高橋普演出。

道化座『大和の村』和田勝一作、中川左京演出。

青猫座『崑崙山の人々』飯沢匡作、田中照三演出・『巷談宵宮雨』宇野信夫作、辻正雄演出。

関西新劇場『熊』チェーホフ作、太田好正演出・『地蔵教由来』久米正雄作、海老江寛演出。

創作劇場『笛』田中千禾夫作、阿部雅人演出・『花子』田中千禾夫作、中田昌秀演出。

くるみ座『クノック』ジュール・ローマン作、泉野三郎演出。

潮座『地鳴り』林黒土作、上田素久演出。

関西新劇場　『煙草の害について』チェーホフ作、太田好正演出。
　　　　　　『さっぱ夜ばなし』竹内勇太郎作、海老江寛演出。
大阪放送劇団『俺達は天使である』茂木草介作・演出・『鸚鵡の饒舌』真船豊作・演出。
テアトロ・トフン『壊れ甕』クライスト作、近藤公一演出。
劇団明日　『大きな栗の木』谷川俊太郎作・『喪服』久生十蘭作、湖崎克演出・『唖のユミューリス』ジャン・アヌイ作、正田武弘演出。（習作会№1）
関西芸術座　『虫』藤本義一作、道井直次演出。
青猫座　『狐と笛吹き』北条秀司作・『流行ッ子の技術』キノトール作、辻正雄演出（二作品共）。
劇団みみずく『琵琶湖疏水下流』人見嘉久彦作、武藪重演出・『月冴ゆ』二宮千尋作、内田昭雄演出。
京都新劇合同（くるみ座、京芸、テアトロ・トフン）『祇王村』田口竹男作、北村英三演出。
関西芸術座　『つばくろの歌』藤本義一作、岩田直二演出。
月光会　『埴輪』大沢俊一作、内田朝雄演出。
創作劇場　『川の町の青春』藤本義一作、中田昌秀演出。
工房座　『破戒』島崎藤村作、鈴木宗演出。
道化座　『夜の来訪者』内村直也翻案、角野源平、嶋連太郎演出。
京都ドラマ劇場『こいこく』野崎氏治作・『村の従妹』ノヴィコヴァ作、林想演出（二作品共）。
関西新劇場　『小判は寝姿の夢』藤本義一作、渋谷天外、海老江寛演出。
関西芸術座　『鋏』田中澄江作、小松徹演出・『神無月』大橋喜一作、道井直次演出・『京都の虹』田中澄江作、橘正己演出。
四紀会　『三人の盗賊』八木柊一郎作、梶武史演出。
人間座　『かもめ』チェーホフ作、馬淵実演出。（旗揚げ公演）
（主に「テアトロ」一九五八年三月号、№174参照）

関西芸術座創立の時期、大阪では、青猫座、月光会の公演が、引き続き安定的に行われていたが、その他にも、関西新劇場（一九五五年創立）や創作劇場（一九五六年創立）の活躍が、目につく。

＊関西新劇場　一九五六年六月『大阪ルンペン』（茂木草介作、東条明演出）。一九五七年三月『西鶴置土産』（原作井原西鶴、東条明脚色、大岡欽治演出）、大手前会館。一九五七年四月『棒ふり虫』（原作井原西鶴、東条明脚色）、大手前会館。後、「二人だけの劇場」を立ち上げる浜崎満がメンバーの一人。

＊創作劇場　一九五六年四月『不思議の国のアリス』。一九五七年十一月『川の町の青春』（藤本義一作、中田昌秀演出）、中央公会堂。

同じこの時期、京都では、京芸が、『西陣のうた』で再浮上した年である。大阪では、藤本義一の作品が、四本も上演されているのも目にとまる。

関西国民文化会議演劇部会が開かれる。一九五七年七月。辻部敝雄、山村弘三、柳川清、港野喜代子、月光会、青猫座、うずしお、市職。劇団活動中心に、創作劇の諸問題、観客組織のありかた、専門劇団とアマの交流、提携、などは話し合われたもよう。

一九五七年十一月に関西在住の新劇人で**「関西新劇人クラブ」**が出来た（会員百六十四名）が、そしてスタートしたが、この後、どのようになったであろうか。なお会員の内訳は、関西芸術座三十九名、青猫座八名、円型劇場月光会十四名、関西新劇場十四名、創作劇場七名、くるみ座五名、新春座十七名、大阪放送劇団四名、道化座六名、かもめ座七名、舞台美術関係九名、照明四名、効果二名、新聞社関係十三名、劇評家その他十八名（「テアトロ」一九五七年十二月号、№１７１〈テアトロニュース〉より）。

第二部　職業専門劇団を目指したクロニクル

一九五八（昭和33）～一九六九（昭和44）

（注）第二部は、第一部のように劇団ごとの記録（記述）ではなく、第一部と異なり、年毎の、月毎の劇団上演記録を記し、その年に、その月に、何があったかを記して、劇団のありよう、新劇状況を示そうとするものとした。

第九章　一九五八・五九年の劇団活動

（イ）一九五八年（昭和33）の劇団活動

〈大阪　一九五八年〉

■一月　創作劇場『心眼』（中田昌秀作・築地浩演出）、『紫陽花の女』（檀上文雄作・中田昌秀演出）、『魚紋』（田井洋子作、中田昌秀演出）、『羅生門』（中田昌秀脚色・演出）、ＡＢＣホール。

月光会『火』（木谷茂生作・内田朝雄演出）、大手前会館。

■二月　青猫座『鴉』（野上彰作・田中照三演出）、『註文帳』（泉鏡花、久保田万太郎作・辻正雄演出）、大手前会館。

関西新劇場『女中あい史』（阿木翁助作・幸田耕次演出）

月光会『死神やらい』（榊原政常作・中島陸郎演出）

創作劇場『霧の花』（石原慎太郎作・木本定利演出）

関西芸術座『長い墓標の列』（福田善之作・道井直次演出）、朝日会館。大阪府民劇場奨励賞。

劇団明日『長いクリスマス・デイナー』（ワイルダー作、湖崎克演出）全損保会館、（習作発表2）。

■三月　関西新劇場『裸の町』（真船豊作・海老江寛演出）、『京都三条通り』（田口竹男作・海老江寛演出）

▼海老江寛　一九一一〜一九九六年。大阪生まれ。関西大学を卒業後、大阪協同劇団に所属。解散後上京し、新協劇団・新築地劇団で活動。その後、帰阪し、ラジオドラマや映画・TVに出演する傍ら舞台演劇を中心に活動。仮面座・エビエ演技研究会主宰。芸術文化功労賞受賞。

関西労働者演劇集団『混血児』（ヒューズ作・西康一演出）

劇団うずしお『敗北』（ゴールズワージー作・酒井光雄演出）

■四月　月光会『甲賀三郎』（堂本正樹作・内田朝雄演出）、国際サロン。

ＡＢＣ放送劇団『父親学校』（アヌイ作・茂木草介演出）

■五月　創作劇場『アンチゴーヌ』（アヌイ作・中田昌秀演出）

月光会『太鼓』（木谷茂生作・中島陸郎演出）。月の劇場シリーズ。

青猫座『天鼓』（檀一雄作、茂木草介劇化、辻正雄演出）、毎日ホール。

ざくろ『おふくろ』（田中千禾夫作・水谷派治目演出）、「水泥棒」（真船豊作、吉田博文演出）

関西芸術座『女の家族』（堀江史郎作、橘正巳演出）、『死の前に』（ストリンド・ベリー作・小松徹演出）、森ノ宮労働会館。

■六月　関西芸術座『守銭奴』（モリエール作、道井直次演出、阪本雅信装置）、国民会館。

月光会『だれかが俺を呼んでいる』（浜田知章作、内田朝雄演出）、新朝日ビル文化ホール。第十二回公演。

■七月　創作劇場『終電車脱線す』・『家族の上京』

＊七月　関西劇評家懇談会発足。十六人。関西演劇界を正しく発展させようと劇評家懇談会を結成。林、菱田雅夫、井上甚之助、北岸佑吉、三宅周太郎、沼雨、大鋸時生、大西重孝、菅泰男、高安六郎、武智、富田泰彦、辻久一、辻部政太郎、山口広一、山本修二。

■八月　関西新劇場『十五の森』（旗ひさし作、大岡欣治演出）、ＡＢＣホール。三週年。

■九月　青猫座『象と簪』（矢代静一作、辻正雄演出）、毎日ホール。第31回公演。

創作劇場『ＦＭＦＭ島騒動記』（中田昌彦作・演出、板坂晋治装置）、メトロホール。

蟻の会『トタンの穴は星のよう』（藤本義一作・演出）

関西芸術座『野鴨』（イプセン作、岩田直二演出）、朝日会館。大阪日日新劇賞。

月光会『夕鶴』（木下順二作、内田朝雄演出）・『甲賀三郎』（堂本正樹作、内田朝雄演出）産経国際ホール、月光会初の東京公演。

■十月　関西芸術座・くるみ座『馬』（阪中正夫作、道井直次演出、板坂晋治装置）、朝日会館。

関西新劇場『深い疵』（黒沢参吉作・浜崎満演出）

創作劇場『ヤムヤムの伝説』（池田直人演出）

月光会『箒』（飯沢匡作、川内しげる演出）、労働会館。

大阪青年新劇人クラブ『ちぎれた縄』（火野葦平作・三瀬多々志演出、板坂晋治装置）、大手前・国民会館。五劇団。

劇団明日『夏と煙』（ウイリアムズ作、湖崎克演出）、大手前会館。（旗揚公演）。

＊劇団明日『夏と煙』について、〈大阪新劇界に本公演を持つ有望新劇団がまた一つ加わったことは喜ばしい。プロローグと十二景だから、転換が十二回もあるわけだが、これを一杯の装置で片づけた。中央に噴水のある女神像、上手、下手に部屋。三様に照明で区分けに無理があった。観劇後は、清純さが認められた〉と珍しく大阪の劇団が紹介されていた。

■十一月　大阪新劇団合同『破戒』（島崎藤村原作、村山知義脚色・大岡欽治演出）、四天王寺会館。（関西新劇場・月光会・創作劇場・潮座・未来劇場・みみづく座）

関西芸術座『岬の町の町会議員』（杉浦明平作・村山知義脚色・演出）、大阪労演例会、朝日会館。

ざくろ『彦市ばなし』（木下順二作・くろだいさお演出）、『女の家族』（堀江史郎作・吉田博文演出）

■十二月　青猫座『まつり』（プロスペル・メリメ作、石田亮演出）・『人生劇場』（尾崎士朗・高田保作、辻正雄演出）、毎日ホール。

関西芸術座『囲まれた女』（田口竹男作、波田久夫演出）・『罠』（ウイリアムズ作、道井直次演出）、森ノ宮労働会館。

〈「関西芸術座」のスタートで、大阪の劇団は、落ち着いてきたのか、劇団の顔が揃ってきた。合同公演もあったが、まだ力不足で、そして来年以降の課題も出てくるが、この年は、まだ、ぬるま湯的だった〉、と新聞記事にはあった。

九月には、「関西演劇美術協会」の美術展が、阪神百貨店丸善美術で開かれた。

釜ヶ崎の劇団**「くるま座」**というユニークな劇団についての記事があった。

＊「釜ヶ崎といえば、東京の山谷と並んで、話題の土地である。その釜ヶ崎に生まれたアマチュア劇団「くるま座」もまた、独自の演劇活動を続け、アマチュア演劇界に、一つの話題を提供している。津田良太が、市民館による地域社会浄化運動の一翼として、地元西成区内の青年団に呼びかけ、演劇活動に乗り出したのは、昭和二八（一九五三）年四月のことだった。無法地帯、暴力の街、誰もが釜ヶ崎を、そのようにみている。この地域に住んでいる人たちと親しくつきあってきた津田にとっては、何ともそれが残念でならない。この街につきまとっているイメージを改め、同時に、ここの住人たちが、芝居を通して、生きることの意味を、もう一度考えてくれたら、それが津田の願いであった。青年団への呼びかけは失敗したが一般勤労青年の参加を得て、今宮市民館で、十一月三日に、ようやく初公演にこぎつけることができた。十人の劇団員によるチェーホフ「結婚申込み」、木下順二「彦市ばなし」の上演がそれであった。しかし、「くるま座」が津田の意図を現実のものにするまでには、少々時間が必要であった。五年の後、三三（一九五八）年二月に、「くるま座」は、浪速区の難波小学校で、津田の作品を上演することになった。それは、津田念願の釜ヶ崎に取材した「葦」である。この時から、「くるま座」は津田の作品を通じて、釜ヶ崎の住人とその生活を追求し続けている。「くるま

座」旗揚げの意味はそこにあった。むろん、観客としても、釜ヶ崎の住人に期待するところがあった。釜ヶ崎地区のど真中の小学校の講堂を、常打小屋にしているのもそれ故である。「葦」を第一歩として、「欲張り長者」、「余情」、「絆」、「ぼんくら」、「かんとだき」、「どぶ鼠」、「地下足袋」、「遠い夜明け」等、年に一・二作の津田作品によって、「くるま座」は、一貫した姿勢のもとに、活動を続けている。時には、劇団員三〇名を越える時もあったが、三五（一九六〇）年八月のいわゆる釜ヶ崎暴動事件では、直接の影響を免れ得ず、劇団員も二〇名に減少、さらに、減少を続け、時には上演不能ということにもなった。セールスマン、夜間学生、工員、中小企業事務員、中学生、公務員、自由業、日雇労務者、自営業等、その劇団員の職業も種々雑多で、社会の動きに直接影響も受け易く、離婚、転職などが、退団のもっとも大きな理由になっている。劇団創立以来、すでに、五〇〇人に近い人たちが、入退団している。にもかかわらず、依然として健在なのは、やはり、津田太良の強烈な個性によるものであり、釜ヶ崎にどっかと根を下ろし、地域との共同作業として、活動を続けているからであろう。

（「新劇」一九七五年二月号№２６２〈ネットワーク〉より。記事はあとの時代のものだが引用した）

〈京都　一九五八年〉

■二月　人間座『結婚申込』（チェーホフ作、戸浦六宏演出）・『僕等が歌をうたう時』（宮本研作、蟻圭介演出）、労働会館。（第一回小劇場）。

すわらじ劇園『夜の来訪者』（内村直也翻案）・『異本竹取物語』（榊原政常作）、先斗町歌舞練場。

■三月　くるみ座『動物倉庫』（大江健三郎作、北村英三演出）・『葉桜』（岸田國士作、毛利菊枝演出）、毎日新聞ホール。小さい劇場。

■五月　劇団京芸『混血児』（ヒューズ作、山本能夫・藤沢薫演出、板坂晋治装置）。ヤサカ会館。

■六月　くるみ座『祇園還幸祭』（人見嘉久彦作、菊地保美演出、板坂晋治装置）・『心のゆくところ』（イエーツ作、大木久雄演出、板坂晋治装置）、祇園会館。

すわらじ劇園『狐と笛吹き』（北条秀司作）・「白いお地蔵さん」（矢野寿男作）・「神変猿飛佐助」（榊

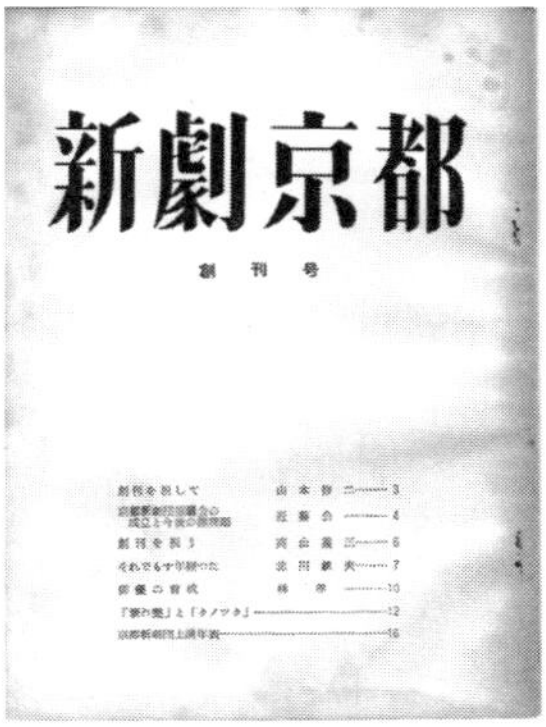

雑誌「新劇京都」創刊号表紙1957

原政常作）、弥栄会館。

■七月　くるみ座『クノック』（ローラン作、菊地保美演出）、先斗町歌舞練場。

人間座『谷の蔭』（シング作、馬淵実演出）・『記念祭』（チェーホフ作、ふじたさとし演出）、毎日ホール。（第二回小劇場）。

■九月　くるみ座『しんしゃく源氏物語』（榊原政常作、北村英三演出）、毎日新聞ホール。小さい劇場。

■十一月　**京都新劇団合同公演**『絹屋佐平治』（仲武司作、岩田直二演出）、ヤサカ会館。

＊一九五八年十一月にシェイクスピア『じゃじゃ馬ならし』を京都新劇団合同公演決定という記事があったが、実現されなかったようだ。

■十二月　人間座『みんな我が子』（ミラー作、馬淵実演出）、祇園会館。

テアトロ・トフン『白い晴着』（グリーン作、荒木啓演出）・『鯨』（オニール作、柳逸郎演出）、京都新聞会館。

くるみ座『田植』（岡田禎子作、毛利菊枝演出）・『村はづれ』（真船豊作、北村英三演出）、毎日新聞ホール。小さい劇場。

一九五七年に「人間座」、「ドラマ劇場」が発足して、京都の劇団層に厚みが出た。劇団こうもり座を脱退して、人間座に参加した蟻圭介が一回の公演のみで人間座を去った。

「新劇京都」という雑誌が、創刊号は一九五七年十月。第二号は、一九五八年三月。京都新劇団協議会（京芸・くるみ座・テアトロトフン・人間座）の発行である。だが、この二冊のみで終わったようだ。内容は、演劇雑誌並みのもの。戯曲掲載もあった。

〈兵庫　一九五八年〉

■三月　テアトロ・パン『赦されない行為』（森本薫作、牧慎三演出）、『夫の正体』（モルナール作、五宮俶子演出）、電々会館。

鷹取工場演劇部（職演連）『夕影抄』浅野良二作、藤井　寛演出）、海員会館。

■五月　四紀会『日本の幽霊』（古島一雄作、新木祥之演出）、児童文化会館。

■十月　神戸小劇場『われらのナターシャ』（カソーナ作、北島三郎演出）、海員会館。

（「蜂の会」から一九五四〔昭和29〕年に変わる）

■十一月　四紀会『サークルものがたり』（鈴木政男作、須賀創一郎演出）、海員会館。

＊一九五八年、**第三回 大阪日日新劇賞**〈最優秀公演賞〉関西芸術座『野鴨』（イプセン作、岩田直二演出）。〈男優演技賞〉溝田繁（関西芸術座『長い墓標の列』）。〈女優演技賞〉河東けい（関西芸術座『野鴨』）〈最優秀公演賞〉最終選考に残ったもの、関西芸術座『長い墓標の列』（福田善之作、道井直次演出）。〈男優演技賞〉最終選考に残ったもの、柳川清（関西芸術座）。〈女優演技賞〉最終選考に残ったもの、毛利菊枝（くるみ座）。

この年は、青猫座、月光会、創作劇場、関西新劇場などの活躍が見えるが、創立二年目の「関西芸術座」の活動は、その意気込みをよく見せたと言える。福田善之の『長い墓標の列』やイプセンの『野鴨』（大阪日日新劇賞）にその成果を見せたようだ。

モスクワ芸術座がはじめて来日。大阪文楽座で『どん底』・『桜の園』を上演。指導者にスタニスラフスキー、ダンチェンコ、劇作家にチェーホフ、ゴリキーを要して、表面的、感覚的ではなく、人間の性格、人間の真実を追い求めてリアリズム演劇を追究した、それは新劇人のあこがれの劇団であった。一般観客より専門演劇人がこぞって観に出かけた。そのリアルさと芸術性に胸を打たれた。スタニスラフスキーの『俳優修業』の翻訳といえば、山田肇の英語からのものと、千田是也のドイツ語からのものが、出版されるが、スタニスラフスキー母国のロシア語では、雑誌に少し翻訳されただけであった。ロシア語からの翻訳は、ずっと後の時代になる。

（ロ）一九五九年の劇団活動

〈大阪　一九五九年〉

■一月　麦のつどい『あの世この世』（北村小松作、和田和佐演出）、『麦踏み』（北条秀司作、岡本隆演出）、日立ミュージックホール。

■二月　関西芸術座『カラールのおかみさんの銃』（ブレヒト作、小松徹演出）・『アンチゴーヌ』（アヌイ作、道井直次演出）、大手前会館。

青猫座『ダイヤルMを廻せ』（フレデリック・ノット作、中川竜一訳、辻正雄演出）、毎日ホール。第三十三回公演

麦のつどい『町の子ら』（片岡司郎作、和田和佐演出）、『春雷』（八木隆一郎作、大岡欽治演出）、日立ミュージックホール。

■三月　関西労働者演劇集団『運河――一九五〇年』（西康一作・演出）、夕陽丘会館。

青猫座（青い劇場）『おもん藤太』（木下順二作、松田伸二演出）・『言葉なき一幕』（ベケット作、田中照三演出）・『蛾』（野上彰作、辻正雄演出）、日立ホール。

■四月　関西芸術座『禿山の夜』（大橋喜一作、岩田直二演出）、朝日会館、大阪労演例会。

＊関西芸術座『禿山の夜』は〈敗戦の混乱の中のソ満国境守備隊で生き残りの水木（飯沼慧）が見た敗戦の傷跡がどこまで続いているかを探求した力作〉、という評判。

劇団明日『アンチゴーヌ』（アヌイ作、正田武弘演出）、ＡＢＣホール（習作発表3）。

月光会『詩劇の探究――樫の中将（嶋岡晨作）・青い火（堂本正樹作）・うつほ（三鬼歌子作）・堕ち

た鷹（河野典生作）』、内田朝雄・中島陸郎・和田勉演出。円型劇場形式。毎日国際会館サロン。

■四月　劇団やわらぎ発足。

■六月　関西芸術座『トタンの穴は星のよう』（藤本義一作、岩田直二演出、板坂晋治装置）、大手前会館。
関西新劇場『大阪ルンペンたん』（茂木草介作、東条明演出）、労働会館。

創作劇場『巷塵』、ＡＢＣホール。

月光会『アンチゴネー』（ソホクレス作、内田朝雄演出）、大阪能楽会館。

青猫座（青い劇場）『かぐや姫』（若林一郎作、田中照三演出）、日立ホール。

■七月　劇団明日『おーい、救けてくれ』（サローヤン作、正田武弘演出）・『マーティ』（チャイエフスキー作、湖崎克演出）、ＡＢＣホール。（習作発表　￥一五〇）
青猫座『廿日ねずみと人間たち』（シュタインベック作、辻正雄演出）、毎日ホールアンコール公演。
大阪府職演劇部　『求める人』（中谷稔作、寺下保演出）、朝日会館。

■九月　関西芸術座『鎖のひとつの環』（藤本義一作、道井直次演出）、毎日ホール、四国地方などへ公演。

■十一月　青猫座『ゴールデン・ボーイ』（オデッツ作、辻正雄演出）、毎日ホール。
＊劇評　スポーツニッポン　「アメリカの戯曲、クリフォード・オデッツ作をとりあげたが、一九三〇年代の作品であり、作品そのものも少し古臭い感じがする。音楽に関心を持っている青年が、周囲の力で拳闘選手に仕上げられるが、チャンピオンになったときには、彼は相手の選手を殺してしまう。こうした情況にたえられず、彼は恋人と自動車で自殺する。現代社会の矛盾を描いたものだが、掘り下げがなく、拳闘生活の生き生きとした場面があまり出ないので退屈する。主役の久能正博は拳闘家としてのタイプがなく、内面的燃焼の表現も出ていない。」
かもめ座『月の小鳥たち』（エーメ作、岡村嘉隆演出）、ＡＢＣホール。

青年演出劇場『磔刑としんがり女房』（横田日出男作、伊福恭四郎演出）、国民会館。第一回公演。

劇団明日『るつぼ』（ミラー作、正田武弘演出）、ＡＢＣホール。大阪日日新劇賞・大阪市民文化祭

劇団明日『るつぼ』（アーサー・ミラー作、正田武弘演出）1959

芸術賞奨励賞。大阪府民劇場賞奨励賞。

＊劇評　猪飼淑蔵（大阪日日新聞）「本の面白さに気づく、猟奇的な魔女の話は不気味な興味をそそるし、推理的なストーリーの進め方はそれだけでも観客の心をつかむ。すでに映画化されているから、舞台にどれだけ出せるか。プロローグの森の場面で、まず〈?〉をみるものにいだかせ、第一、二幕で怪奇な魔女の恐怖を与え、第三幕で解明して、第四幕の大詰めへ導く運びは心にくいドラマのお膳立てである。（中略）テンポもよく出ていて、終始あかせず見せた。若い劇団とはいえ、中心になる湖崎、早川、内山らは関西の新劇界では古参に属し、キャストでは劣らない。とくに湖崎は従来どこかあった甘さをぬけて、彼としては一番の出来で、古い人が新人を引っ張ってよいアンサンブルを生んだ。」

月光会『渇いた宿』（磯永秀雄作、福沢哲夫演出）、中央公会堂。第十六回公演。

青猫座（青い劇場）『田植』（岡田禎子作、辻正雄演出）・『葵の上』（三島由紀夫作、松田伸二演出）、日立ホール。

■十二月　関西芸術座『北京の車夫』（老舎作、岩田直二演出、板坂晋治装置）、毎日ホール。大阪府民劇場奨励賞。

大阪演劇教室『明日のために』（村田澄子作、鈴木幸一演出）、朝日会館。

全電通東大阪『明日は今日よりも』（諏訪源吉作、南部義人演出）、朝日会館。

■その他　関西新劇場『川の町の青春』（藤本義一作、海老江寛演出、板坂晋治装置）、大手前会館。

関芸、月光会、明日の三劇団が『アンティゴーヌ』を競演して注目されたが、関芸が意欲的な作品を並べたのに、プロらしいキャストが組めず、つまり序列式配役法と揶揄された。

＊辻部政太郎が、この年の関西ベスト5を新聞の〈辻部コラム〉に書いていた。『北京の車夫』（関

芸）、『るつぼ』（明日）、『鎖の一つの環』（関芸）、『アンチゴネー』（月光会）、『廿日ねずみと人間たち』（青猫座）。……「まだ、創作劇のすぐれたものが、量も少なく、一般のドラマとしての構成が弱いという点で、来年あたりに、量・質ともに一層の充実を期待しよう。」

〈京都　一九五九年〉

■**五月**　人間座『実験室』（上野陽夫作、馬淵実演出）、祇園会館。

■**六月**　すわらじ劇園『聖徳太子』（平田都作）、祇園会館。

■**七月**　くるみ座『海抜３２００Ｍ』（リュシエール作、北村英三演出）、祇園会館。

■**八月**　劇団京芸『西陣のうた』（仲武司作、岩田直二演出）、祇園会館。全国労演。京都労演も地元劇団、初例会。砂坊会館（東京公演）。

＊**劇評　堀田清美**（東京公演）「見終わって「西陣のうた」の主題が、わかるようでいて、どうもすっきりと僕の胸におちてこなかった。作者の主張がよくわからないのである。西陣の哀歌なのか、若者たちの希望のうたごえなのか、もちろん別々にわけたものではないのであろうが。客席が暗くなって、マイクを通じて西陣の沿革についての朗読がきこえてくる、〈西陣は……長い伝統の中で、今日も又、昨日と同じように生きている〉。ガッタンコー、ガッタンと機の音とともに幕が上がると、居間兼帳場ともいえる畳の間を上手に、下手半分には、５・６台の機に、うすぐらい裸電球をぶらさげて、織手たちが足と手をつかって織物を織っている。舞台一杯、誠に写実的にかざりこんである装置と、セリフをかき消す機の実際音。中小企業独特の家内工業的雰囲気。（中略）ひと昔前の左翼演劇に描かれた作品と同じような、こういう劇には常識的な人物設定と配置に陥ってしまっている」（「新劇」一九五九年十月号、No.75）

＊**劇評　大山 功**（東京公演）「全体に幅と厚味にかける所があるので舞台はやや薄手の感じを免れなかったが、生活感情の裏づけがかなりしっかりなされていた為にその欠陥を補って一応の成果をあげた。そして生活感情の裏づけは台詞まわしがすっかり板についていたということが大きな理由となっている。舞台はすみずみまで

京都の雰囲気に包まれ、私は安心して役者の台詞についてゆけたし、すっかりそれに陶酔することが出来た。流石に本場ものは違うと大いに感心させられた。（「悲劇喜劇」一九五九年十一月号、No.１２６）

『西陣のうた』が京都労演のみならず大阪労演、神戸労演そして東京公演と一九六〇年の京都会館での最終公演まで一〇四回なされて終演したが、中でも、愛知文化講堂で上演された時、伊勢湾台風に襲われる。

＊藤沢薫の思い出――その日は朝から台風の予報が出ていたが、実は午後は穏やかな天気で、東海テレビ主催の、この公演会場である毎日ホールは満席だった。ところが、夕方になって台風は急に進路を変えた。まずいことに、開演の頃になって風雨が激しくなってきた。風速三十メートルをこえる「伊勢湾台風」が、東海地方を直撃したのである。一幕が終わった休憩のとき、主催者側から客席に台風情報が告げられたが、ほとんど席を立つ人はなかった。吹き荒れる風雨の音の中で舞台は進行していった。だが、二幕の幕切れ近くになって停電し、会場は真っ暗になった。不思議に客席は静まり返っていて、役者たちがおろおろしていると、闇の中から声が飛んできた。「ロウソクをつけて、やれぇ！」また別の声が、「いい芝居だから、観たいから！」そして場内のあちこちから、共感の拍手がおこった。幸いなことに、劇場に大きなロウソクが備え付けてあった。さっそく江戸時代の芝居のように、舞台端にロウソクをずらりと並べ、無事最後までやり終えた。深夜、台風のおさまるまで観客と交流したとか。（二〇一四〔平成26〕年九月二十四日、京芸近くの喫茶店キャピタルでインタビュー）

京都芸術劇場（劇団京芸）『西陣のうた』（仲武司作、岩田直二演出）1959

■十二月　人間座『ヘッダ・ガブラー』（イプセン作、馬淵実演出）、祇園会館。

くるみ座『長いクリスマスディナー』（ワイルダー作、北村英三演出）・『凍蝶』（山崎正和作、演出）、祇園会館。

劇団京芸『マーシェンカ』（アフィノゲーノフ作、蟻圭介演出）、教育文化センター。

＊京芸、人形劇部門が**「人形劇団京芸」**として独立。

〈兵庫　一九五九年〉

■**一月**　**神戸小劇場**『人を食った話』（宮本研作）、農業会館。

■**三月**　**鷹取工場演劇部**（**職演連**）『鹿』（滝ノ内吉一作、藤井寛演出）、海員会館。

■**九月**　**道化座**『西陣の人』（ふじたあさや作、正田良二演出）・『凍蝶』（山崎正和作、久松道夫演出）、海員会館。

四紀会『禁じられし人』（神谷量平作、新木祥之演出）、海員会館。

＊**「神戸市民劇場」**発足（人間座、木馬座、さざなみ、若草が合同して結成）。

＊**「伝統のない関西劇団――昨年（一九五九年）の動向と今年の希望」　清水三郎**

いまの新劇には伝統があるような、ないような、うら哀しい状態だが、自由劇場や文芸協会の時代から築地小劇場を経て現在に受け継がれた新劇づくりを発展的な過程の中で見てくると確かに〈伝統〉といえるものがありそうな気もする。（中略）ところが関西にはそれがない。戦前の運動は運動として、戦後のそれはそれとして、その間が断絶して交流がない。時から時に、人から人に伝わっていく持続性を喪失していたのが関西の新劇界であった。（中略）伝統を持たぬもろさと新劇人の無定見さと関西芸術座あたりがプロを誇示しながらプロ意識の弱さがすべてに影響したように思われてならない。詳しく言えば、大阪は関西芸術座を筆頭に青猫座、月光会、明日、関西新劇場、クラルテ、ほかが前年に続いて公演を持ち、かもめ座は再建三年後の年末にやっと初公演、青年演出劇場と女性だけの劇団やわらぎの二つが新しく発足した。京都はくるみ座、京芸、人間座が秋に共同公演を持ったり、大阪に乗り込んだりしたが、神戸は道化座と神戸小劇場が小公演で細々と身を立てていた。（「新劇」一九六〇年二月号、No.79）

＊一九五九年　**第四回大阪日日新劇賞**　京阪神に所在する新劇団で、大阪で公演された新劇。三十七公演、五十六作品。猪

飼淑蔵、大岡欽治、清水三郎、辻部政太郎、永井正三の選考。**最優秀公演賞**＝『るつぼ』（ミラー作、正田武弘演出）、劇団明日。**男優演技賞**＝波田久夫、**女優演技賞**＝中畑道子。第四次に残ったのは、『西陣の歌』（京芸）、『北京の車夫』（関西芸術座）、『るつぼ』（劇団明日）。（『西陣の歌』（京芸）は第二回に受賞している）。波田久夫は、『禿山の夜』『トタンの穴は星のよう』『北京の車夫』。次点、土肥せいじ（京芸）。中畑道子は、『凍蝶』。次点級、小笠原町子（関芸）、早見栄子（京芸）。

第十章　一九六〇年安保闘争と関西新劇

一九六〇（昭和35）年六月二日、新安保の強行採決に抗議して大阪の大学教授陣をはじめ、文化団体、婦人団体、宗教団体等が大阪中之島の中央公会堂に結集し〈新安保反対、国会解散、岸退陣要求各界総決起大会〉を開いた。その後、署名運動を展開すると声明、各ターミナルで街頭署名を行なった。六月四日の安保阻止国会解散要求大阪大会は、扇町公園に六万五千余人の勤労者・市民が参加、難波、大手前、港町の三つのコースに分かれ市内をデモ行進し、市民に呼びかけた。しかし、整然と行なわれていたデモへ右翼暴力団が殴り込み、多数の負傷者を出した。

八月には、安保阻止関西新劇人の会が結成された。東京では盛んに〈政治と演劇〉が語られたが、大阪ではどうだったのだろうか。勿論大阪でも安保は語られたであろう。だが、例えば、大阪労演の機関誌に載った新聞記者の「一九六〇年の大阪新劇」回顧では、全くと言っていいほど〈安保〉のことには、触れていない。関西新劇人の会が結成されて、合同公演で『石の語る日』を上演しているのに、また、京阪神合同公演で『牛』を公演しているのに、である。『石の語る日』は、〈多数の劇団参加と中央公会堂の悪条件を克服した〉とあり、『牛』は、〈合同の弱点を出さずによいアンサンブルを示した〉とだけ書いてあるのみで、安保には触れていない。淋しいことである。

「関西舞台芸術家懇談会」から地方請願団の代表として関西芸術座から二名が上京、新劇人会議に参加、関西からの報告を行なうと共に、東京と関西、更には全日本の演劇人、芸術家との連携を結ぼうと呼びかけられた。

〈浅沼稲次郎暗殺事件〉は、一九六〇年十月十二日東京都千代田区にある日比谷公会堂において起こった。演説中の日本社会党委員長であった浅沼稲次郎が、十七歳の右翼少年・山口二矢に暗殺されたテロ事件であった。関西新劇人の会は、事件後声明を出している。

＊声明　浅沼社会党委員長が右翼のテロに刺殺されたことに私達は激しい憤りを感じます。私達は東京の新劇人達が右翼の暴力に傷ついたという事件を身近に経験しています。私達の仲間に加えられた同じ暴力が浅沼氏の暗殺を白昼公然と計画実行したものであることは明らかです。政府当局をはじめ世の識者と称せられる一部の人達は「個人集団、右翼左翼を問わず一切の暴力を排撃する」と語っていますが、その言葉の裏に隠された思想の怖ろしさに私達は慄然とせざるを得ません。法律によって認められている請願デモと殺し屋のテロ行為を同じ暴力と考え、デモが行われるから右翼の暴力も起こると強弁することは、殺人の妥当性を認めることに他なりません。新劇人襲撃事件の際、警察官が暴力をなすままに放任していたあの不思議な態度がこの危険な思想の典型的な現われにしか過ぎなかったことを私達は今にしてはっきりと知ることが出来ます。この右翼の暴力を根絶するために即刻適当な処置を実行することを私達は政府に強く要求します。一九六〇年十月二十日　関西新劇人の会　（「大阪労演機関誌」一九六〇年十月No.１３９）

（八）一九六〇年の劇団活動

〈大阪　一九六〇年〉

■一月　月光会『驟雨』（円地文子作）・『大きな栗木』（谷川俊太郎作）。

■二月　関西芸術座『ある尼僧への鎮魂歌』（フォークナー原作、小松徹演出）、朝日会館。

麦のつどい『どこかで春が』（片岡司郎構成、岡村隆演出）・『花妖』（榊原政常作、大岡欽治演出）、毎日会館。

■三月

青猫座『やけたトタン屋根の猫』（ウイリアムズ作、辻正雄演出）、毎日ホール。

アングル『パンのみによりて生きるにあらず』（リュシエール作、菊田朋義演出）、ＡＢＣホール。

■四月

劇団明日『ロメオとジャネット』（アヌイ作、正田武弘演出）、ＡＢＣホール。

関西芸術座『渦』（小堀鉄男作、岩田直二演出、板坂晋治装置）、大阪労演例会、朝日会館。大阪日日新劇賞最優秀賞。

＊この劇は山部幹男という定時制高校の若い教師の精神的苦悩を中心に、現代日本の教育のゆがめられた姿を現出しようとしたもので、作者小堀鉄男は新人らしい真剣な態度で題材と取り組でいる。またそれを舞台に生かすための岩田直二の演出の努力も感じとれる。（中略）教育委員会の人事異動に反対する組合の闘争のウズに巻き込まれて、警察に検挙され、送検され、ついには行政処分で教師の職を追われてしまう。しかも、妻の出産は目前に迫り、義妹までが職を失ってしまう。そして、家族もろとも失意のどん底に落ちてぼうぜんとしてしまうところで幕が降りるのだが、この救いのなさはどうしようもなかったと作者はいっている。（中略）戯曲については、作者が題材に対してあまりにも真剣でありすぎたためか、作家としての客観性をいくらか失ったようだ。すなわち山部や生徒たちはよく表現されているが、組合の闘争に批判的な側の人たち、たとえば山部の義妹などの人物の設定が類型的で、考察もやや浅いように思われた。山部が楠年明、その妻朋子が島村昌子、その妹が錦岡好枝、妹光子が田中一美（「朝日新聞」一九六〇年四月十八日付「にじむ政治への憤り」吉井）

麦のつどい『三人宿』（中江良夫作）・『まねし小僧』（加藤道夫作）、日立ホール。

かもめ座『葵上』（三島由紀夫作）・『アンチゴーヌ』（アヌイ作、両作品とも岡村隆演出）、大手前会館。

新舞台『朱いのれん』（卿田悳作・演出）・『流転』（石浜恒夫作、卿田悳演出）、産経会館。

月光会『血しぶき』（中島陸郎作・演出）、中央公会堂。月の劇場第2回公演。3階特設円型劇場。（￥２００）第十三回大阪府芸術祭応募演劇脚本入賞作品。

＊**劇評　スポーツニッポン**　「神風トラックの運転手が組合結成から暴力団に刺され、会社を解雇され、生きるためにボクサーに転身、栄光の道へと進むが、選手権試合で、かつての傷のために倒れてしまう。というテーマだが、ボクサーの世界を描いたものは、新鮮味がなく弱い感じがした。この劇は構成の上から、円型劇場としての表現形式の上で、なんの特徴も見出せなかった。

■**五月**　月光会『埴輪』（大沢俊一作、内田朝雄演出）・『三文オペラ』、吉祥閣。

＊**大岡演劇研究会発足**。「私たちは新劇運動における演劇伝統の正しい継承と創造を目指し、平和を願う民衆の明日への生活に寄与する演劇を創造する」と謳っている。

■**六月**　かもめ座『冬眠者』（リュック作、岡村嘉隆演出）、ＡＢＣホール。

テアトロＱ『デッドエンド』（キングスレー作、西康一演出）が旗揚げ公演。

＊「テレビに出演しているタレント・グループによる新劇への意欲的な進出である」とうたっているが、初出演者もいて、準備不足の風評があった。

＊アクタープロ波の会からの誕生。西康一の指導。西は熱血漢のように劇団員と口論する。演出家になるためには、五回は結婚しないとダメとよく口にしていた。

青猫座（青い劇場）『一枚の金貨』（ピンスキー作、田中照三演出）・『ひと夜』（宇野信夫作、辻正雄演出）、日立ホール。

■**七月**

青猫座『すべて神の子には翼がある』（オニール作、辻正雄演出）、毎日ホール。

＊**劇評・社会タイムズ**　白人対黒人の問題をとりあげたオニール中期の作品だが、その解決を神に求めるという逃避的な態度のものである。現実に生きる人間の生き方の努力が、どう解決されていくかの問題は、その人間の生きている時代・社会を無視しては正しく見極められない。それを、演出はどう考えているのだろうか。演技者にもこの根本的な追求がないから、演技の空転に終わってしまう。

劇団明日『遠い声』(伊藤海彦作、赤羽仁孝慶演出)・『城館』(矢代静一作、大橋和雄演出)、日立ホール。(習作発表5)

■九月　青猫座『マリアへのお告げ』(クローデル作、演出辻正雄)、産経会館。大阪市民文化芸術賞奨励賞。(第二回　産経新劇公演)

かもめ座『雪の中の歌』(鴇田忠元作)、ABCホール。演技にたいして大阪府芸術祭奨励賞。

■十月　テアトロQ『釜ヶ崎』(村山知義作、西康一演出、板坂晋治装置)、毎日ホール。

＊「〈大阪もの〉に重点を置いた企画だが、東京から作者を引っ張ってきても、数回の実地見学では十分に出て来ない。しかも、新聞記事の二番煎じでは風俗描写劇だ」とあった。

■十一月　アングル『蛙昇天』(木下順二作、小林克孝演出)、ABCホール。

青年演出劇場『銭になる木』(石崎一正作、伊福恭四郎演出)

安保打破大阪各界懇談会主催・関西新劇人の会合同公演『石の語る日』(安部公房作、道井直次演出、板坂晋治装置)、中央公会堂。(関西芸術座、道化座、テアトロQ、劇団うずしお、かもめ座、劇団あかつき、月光会)

＊「関西新劇人の会」は、安保体制を打破し民主主義を守るという目的で、関西の新劇人が結集した。五百名くらい。東京は明確な政治行動を目的に結成されたが、関西は、少し違っている。各劇団個人の自由な創造の場を尊重するし、確保し合いながら探し求めて行く。『石の語る日』の上演は、意義あるものだった。

＊**演出者・道井直次「石の語る日」を上演して**——「関西新劇人の会」は、安保闘争の経験を生かして、関西新劇人の横の連携を密にしようという目的を以って組織されたもので、(中略)大衆動員のたて前から、入場料百円のために、舞台費につかえる予算は七万円という、どこから見ても、悪条件ぞろいでした。しかし、私たち「関西新劇人の会」としては、どんな悪条件を克服しても、この上演を成功させたいという願いがあったのです。というのは、政治的、社会的にも重要な段階であること、この機会に、関西新劇人の意志の疎通をはかり、協力態勢をとりたいこと、芸術的に作品の新鮮な魅力に惹かれたこと等々、一つの意志によ

る合同公演であることを確認しあったのです。（中略）「石の語る日」は、ある地方都市のクリーニング店の主人が、重税になやまされ、お得意様の市長の眼を盗んで、おそるおそる〈民主商工会〉の会員になるが、折から安保闘争の渦にまきこまれ、そのなかで人間的成長をして行くという物語で安部氏特有のドラマ作りを発揮して、シュプレヒコールとミュージカル的手法をとりいれ、またスライドをも挿入して、歴史と社会と人間性を喜劇的タッチで描いたものであります。（中略）自然主義レアリズムとか、社会主義レアリズムとか、古るめかしい新劇のイデーにかじりついていると、とんでもないことになりそうだと思ったのです。この作品は、〈現代の新しいエネルギー〉を要求しているのです。私たちはこの要求に応えるべき新しい演技を創造しなければならないとも思ったのです。（『テアトロ』一九六一年一月　No.２０８）

＊安部公房の作品は、ブレヒト演劇からの影響が考えられる。その点からすれば、道井直次の認識は的を得ていたであろうが、そのことを徹底的に追い詰めて、中味のある議論、討論へ導いて行く人材がなかったのか、結局は、深見のある、未来に繋がる進め方が、なかったとしか言えない状況であったのではないか、と語られることがあった。

■**十一月　劇団明日『ひばり』**（アヌイ作、正田武弘演出）、ＡＢＣホール。大阪市民文化芸術賞奨励賞。演技にたいして大阪府芸術祭奨励賞。大阪府民劇場賞奨励賞（後日、「朝日新聞」一九六一年四月十八日夕刊に発表）。

＊**新聞劇評**　劇団「明日」は若い人たちのグループである。〝自由、純粋〟といったテーマを旗じるしにかかげ、前衛的な演劇を、ジャン・アヌイの作品にもとめて公演をつづけている。こんどはアヌイの「ひばり」をとりあげた。これはオルレアンの少女ジャンヌ・ダルクをあつかったもので、ジャンヌの宗教裁判が舞台。ここでジャンヌの一生がスピーディーに展開される。まっ白な衣装をつけたジャンヌはあるときは父母のもとでの少女、ある時はシャルル七世の宮廷、戦争での兵士とのたたかいといったぐあいにである。その間、場面に関係のない人物は両ソデにうずくまってみているといったかたちでおこなわれる。その形式が非常に新鮮で、若い

人たちの、まだ未熟ではあるが、すなおな演技によくマッチして、できあがりはまずまずといったところ。アヌイは自分自身に忠実であるために死をえらぶジャンヌの姿を、大空にまうヒバリにかりたが、この役にふんした太田千代の努力は高くかってよい。ただし幕切れのシャルル七世の戴冠式でのジャンヌに、それまでのはりつめた気持ちがゆるんで、もうひとつもりあがらなかったのは惜しい。早川洋一、内山策郎といった幹部クラスと新人の間に演技の差がありすぎるのも目についた。しかし三年前、十数人で発足したころにくらべると、人数もふえ、劇団としてのまとまりもみせるようになってきた。これからがこの劇団の、大阪における位置を鮮明にしてゆくことだろう。（「サンケイ新聞」一九六〇年十一月二十五日　廓）

関西芸術座・くるみ座・道化座合同公演『牛』（東川宗彦作、岩田直二演出、阪本雅信装置）、大阪労演例会、朝日会館。

＊新聞劇評　舞台は山間の農村にある一軒の百姓家で、そこに住む家族たちの生活態度や、考え方の相違から起こるトラブルを喜劇として描き、そこから現代日本の農村について、いろいろの問題を考えさせようとしている。（中略）この戯曲は、新人の作品であるが、まとまりもよく、一応よくかけている。せりふのはしばしに思わず笑いを誘われるようなユーモラスなところもあるし、第二幕で稲こき機のまわりで、わらぼこりにまみれながら与吉（北村英三）、広次（山本弘）、熊三郎（池田真人）らの親子が取っ組み合いをするところなどなかなか面白い。しかし最後に広次の農協に対する闘争が何のなすところなく、まったく他愛もなく敗北してしまうのは、喜劇だからとはいいながらもやはり物足りなさが感じられる。この喜劇の根底となるべきイデオロギーの弱さが、全体を皮相的なものにしたともいえるだろう（「朝日新聞」一九六〇年十一月十七日　吉井）

やわらぎ『聖徳太子と悪魔』（坪内逍遥作、大岡欽治演出）、四天王寺会館。

青年演出劇場『銭のなる木』（石崎一正作）、ＡＢＣホール。

＊「まだすべての点で、未熟なまま舞台を創り出している」（「社会タイムズ」）

大岡演劇研究会『悪党』（チェーホフ作、土江桂治演出）・『おかかえ猟師』（チェーホフ作、村川徳直演出）、朝日会館。

＊大岡演劇研究会の旗揚げ。大岡欽治は、一九四五年十月、堺刑務所から釈放される（戦前の新劇活動のため治安維持法に引っかかる）。戦後演劇の指導、演出などを行ない、この年に大岡演劇研究会を発足させる。

＊藤本栄治の話――学窓座の連中らで大岡演劇研究会を発足。スタートは、くるみ座の毛利菊枝のトルストイの朗読と大岡演劇研究会は、チェーホフ『悪党』『おかかえ猟師』であった。第一回の発表会は、宮本研の『反応工程』。学窓座の連中が大岡さんと衝突して退団。残った大岡、高橋、藤本の三人でその後を続けてきた。（二〇一四年六月三日、天下茶屋でインタビュー）

▼大岡欽治　一九〇六～一九九二年。東京生まれ。同志社大学在学中の一九二六年、大阪朝日会館での築地小劇場公演に参加。一九三〇年より大阪戦旗座、演出家。一九六〇年、大岡演劇研究会設立。一九六七年劇団「潮流」と改称。一九七四年大阪市民表彰。一九七九年芸団協功労賞。一九九二年著書『関西新劇史』で日本演劇学会河竹賞受賞。

▼藤本栄治　一九三三年～。一九六〇年、大岡演劇研究会設立。一九六七年劇団「潮流」と改称。演出家、俳優。一九八二、一九九一、二〇一一年大阪新劇フェスティバル男優演技賞、一九九〇年知事表彰、一九九一年府民劇場奨励賞、二〇〇四年市民表彰受賞。大阪劇団協議会、関西俳優協議会顧問。

■十二月　青猫座『聖者の泉』（シング原作）、日立ホール。

■その他

月光会『ベルガモのペスト』・『伊曽保鼠』・『水のほとりの女』（田中澄江作）

〈京都　一九六〇年〉

■四月　京都新劇団・全自協合同公演『石の語る日』（安部公房作、宇津木秀甫演出）、京都会館。

■五月　京都新劇団合同公演『湖心荘』（田口竹男作、岩田直二演出）、京都会館柿落とし。

■六月　人間座『孤客』（モリエール作、馬淵実演出）、京都会館。
■八月　すわらじ劇園『出家とその弟子』（倉田百三作、山田隆也演出）、京都会館。
■九月　京芸『風化』（こばやしひろし作、宇津木秀甫演出、板坂晋治装置）、京都会館。
くるみ座『スガナレル』（モリエール作、北村英三演出）・『皇帝ジョウンズ』（オニール作、北村英三演出）、京都会館。

劇団京芸『余計者』（矢野喬作、蟻圭介演出）、京都会館。
■十一月　人間座『遁走譜』（真船豊作、馬淵実演出）、京都会館。
くるみ座『怒りを込めて振り返れ』（オズボーン作、山崎正和演出）、民生会館。小さい劇場。
■十二月　劇団京芸『怒りの夜』（サラクラー作、蟻圭介演出）、京都会館。西日本巡演。

神戸新劇団合同公演『検察官』（ゴーゴリー作、北島三郎演出）1960

〈兵庫　一九六〇年〉

■三月　鷹取工場演劇部（職演連）『火男』（滝ノ内吉一作、藤井寛演出）・『縁談』（山田民雄作、菊地照一演出）、海員会館。
■五月　神戸新劇団合同公演『検察官』（ゴーゴリー作、北島三郎演出）、国際会館。神戸労演例会。
■六月　四紀会『ほたるの歌』（田中澄江作、久保孝志演出）・『神無月』（大橋喜一作、新木祥之演出）、児童文化会館。
■十月　テアトロ・パン『華々しき一族』（森本薫作、牧慎三演出）、海員会館。
■十一月　北島演劇研究所『みんな我が子』（ミラー作、北島三郎演出）、海員会館。

＊新聞記事「更に意欲的取組みを――依然として低調を辿る」と言った新聞があった。そのリードには、〈一九六〇年後半期の新劇界を決算してきて感じることは、相変わらず弱体であること

だ。戦後十五年という年数は、もう決して若くはないはずだ。演劇修業十五年にして今日の結実がこの程度だということは、常に若く常に革新的であるべき新劇が、まだ地に足がついていないことを示すものだ。しかも、日本社会の現実は容易に新劇を温室そだちにしてくれないのだから、もっと〈大人〉になって真剣に取り組む心構えを必要とする。さもないときは、今の状態ではマス・コミの波にのまれるための存在になって、真に日本の演劇のにない手となるべき使命を果たすことはできないだろう。例年くりかえす〈繰り言〉でなしに、心から新劇の発展を考え努力する人たちの出現が望まれる。　（『牛』『ひばり』『釜ヶ崎』の写真が掲載された時の新聞記事から「社会タイムス」）

＊他にこの年度の印象に残したい人としては、演出は、岩田直二（『牛』）、辻正雄（回数では努力が感じられる）、演技では、北村英三（くるみ座）、山本弘（関芸）、早川洋一（明日）、木元達也（青猫座）、女優では、島三代子（青猫座）、北尾はるみ・佐名手ひさ子（関芸）、中畑道子（くるみ座）、太田千代（明日）などの人が挙っている。

＊「大阪日日新劇賞」（大阪日日新聞）五年間の記録

［優秀公演賞］一九五六年＝制作座『ルノワール群島』、一九五七年＝京芸『西陣の歌』、一九五八年＝関西芸術座『野鴨』、一九五九年＝劇団明日『るつぼ』、一九六〇年＝関西芸術座『渦』。**［男優演技賞］**一九五六年＝山村弘三（五月座）、一九五七年＝飯沼慧（関芸）、一九五八年＝溝田繁（関芸）、一九五九年＝波田久夫（関芸）、一九六〇年＝北村英三（くるみ座）。**［女優演技賞］**一九五六年＝小見満里子（五月座）、一九五七年＝広野みどり（関芸）、一九五八年＝河東けい（関芸）、一九五九年＝中畑道子（くるみ座）、一九六〇年＝太田千代（明日）・島三代子（青猫座）。**［その他］**功労賞＝辻美智（青猫座）。**審査員**＝大岡欽治、清水三郎、辻部政太郎、永井正三、猪飼淑蔵。

第十一章　一九六一年から一九六五年までの劇団活動

（イ）一九六一年（昭和36）の劇団活動

〈大阪　一九六一年〉

■一月　関西芸術座『呉王夫差』（山崎正和作、道井直次演出）、朝日会館。

＊劇評　「演出者はこの本を〈状況のドラマ〉と断じた。つまり夫差の単なる悲劇というより、状況が生んだ夫差の悲劇と見なしている。この考えは作者のねらいとその間隔のあるわけでだはなかったが、さて舞台の上でこの〈状況〉が少しも巧く創られていないのである。夫差（楠年明）も西施（杉浦明子）も伯嚭（溝田繁）も伍員（藤沢宏）も、越の勾践（千葉保）、范蠡将軍（酒井哲）も、いたずらにセリフに振り回された空々しい形骸のような人間にしかなっていない。」（「新劇」一九六一年四月号　No.93　清水三郎）

■二月　劇団2月発足（後に、コーロと如月舎になる）

■三月　月光会『自動小銃の銃口からのぞいた風景』（中島陸郎作・演出）・『狂言・川上座頭』（平原芳夫演出）・『一家風』（森本薫作、矢吹善之演出）、日立ミュージックホール。（中島陸郎＝第14回大阪府芸術祭応募演劇脚本入賞作品）

■四月　劇団明日『誤解』（カミュ作、正田武弘演出）、ＡＢＣホール。

月光会『アパートの壁が教えてくれた』（中村信一郎作、平原芳夫演出）・『赤追い』（谷伊平作）・『雲の原っぱの幻想』（中島陸郎作）、吉詳閣。

青年演出劇場『村の保守党』（伊藤貞助作、伊吹恭介演出）、『勇者』（ホール・ミドルヌス作、伊吹恭介演出）、成育小学校。

かもめ座・道化座合同公演『卵』（マルソー作、岡村嘉隆演出）。海員会館。

■四月　青年舞台研究所発足。

■五月　関西芸術座『ルリュ爺さんの遺言』（ガール作、岩田直二演出、板坂晋治装置）・『ピエール・パトラン先生』（鈴木力衛翻案、一杉忠演出、板坂装置）、朝日生命ホール。水曜劇場

＊関西芸術座が〈水曜劇場〉をはじめた。水曜日四回公演を行なう。数日の短期間ではなく、中６日空けてヤルわけだ。その間に、反省などして練り直せるか。

大岡演劇研究会『反応工程』（宮本研作、大岡欽治演出）、ＳＡＢホール。

■六月　関西芸術座『制服』（安部公房作、道井直次演出）、朝日生命ホール。水曜劇場２。

■七月　関西芸術座『はたらき蜂』（東川宗彦作、岩田直二演出、板坂装置）、大阪労演例会、朝日会館、大阪府民劇場賞。

＊いつもの重い関芸と違って、爽やかな関芸の舞台。主人公市原を演じる山本弘が蒸留水のような青年を好演。

▼東川宗彦　一九二九〜二〇一四年。奈良県生まれ。『はたらき蜂』の作者。五四年阪中正夫に師事。五五年頃からラジオドラマ、ＮＨＫ、朝日、毎日放送でオンエアー。『牛』で労演例会（関西芸術座、くるみ座、道化座合同。『はたらき蜂』で全国公演。『東川宗彦作品集１』（二〇一四年四月）。

■七月　劇団明日『危険な曲り角』（プリーストリー作、湖崎克演出）・『みごとな女』（森本薫作、内山策郎・梅田修一演出）、日立ホール。（習作発表６）。

■九月　劇団明日『アンチゴーヌ』（アヌイ作、正田武弘演出）、毎日ホール。
関西芸術座『礼服』（秋元松代作、岩田直二演出）、朝日生命ホール、水曜劇場3、大阪市民文化祭芸術賞。
■十月　関西芸術座と大阪労演が共催して戯曲募集。
■十月　青猫座『欲望という名の電車』（ウイリアムズ作、辻正雄演出）、大手前会館。
■十一月　関西芸術座『白鳥の歌』（橘正巳演出）・『結婚の申込』（道井直次演出）・『披露宴』（岩田直二演出）、すべてチェーホフ作。朝日生命ホール。水曜劇場4。
大阪市民文化祭新劇合同『礼服』中央公会堂。
大阪新劇合同公演『あわもりの村』（青江舜二郎作、西康一演出）、中央公会堂。
＊参加劇団＝うずしお、大岡演劇研究会、月光会、青年演出劇場、テアトロQ。
劇団アングル『俺たちは天使じゃない』（ユッソン作、菊田朋義演出）、ＡＢＣホール。

〈京都　一九六一年〉

■一月　くるみ座『呉王夫差』（山崎正和作、北村英三演出）、京都会館。
＊劇評　清水三郎　演出は関芸のように〈状況のドラマ〉と断じてはいず、むしろ〈相剋のドラマ〉というか〈悲劇のドラマ〉というか、そんな描き方がされているようであった。それだけに全体の悲劇感が強く、ドラマとしての起伏と流れを可なりはっきりと押し出していた。古典劇の格調を、セリフの積み重ねの中で果たそうとした作意を関芸はその格調ゆえに若い役者を硬化させたのであろうが、くるみ座は思切って世話にくだいた手法でおし進める。スタイルとか創造とかの上で、それほどリアリティが鋭くなく、むしろ、いくばくかのにぶりがあったが、芝居の運び方は巧みであった。西施に中畑道子を配し、夫差に宮村一幸、伯爵に北村英三というキャストは、中畑道子が関西で有数な柔軟性と個性を持つ女優だけに、若い宮村の夫差より、より多くアクセントを持つことになった。夫差の演技を極力おさえ、西施と伯爵の側から夫差の人間像を突き進めていくという風になったのは、この劇団の主力が中畑と北村の腕にかかってい

る現状から是非もないことであった。（「新劇」一九六一年四月号　No.93　関西芸術座の『呉王夫差』の劇評と合わせて）

■二月　人間座『失われた青春』（寺島アキ子作、小沢文也演出）、毎日ホール。（第三回小劇場）
演劇集団ドラマ工房『じゅぬ・えぽっく』（山本春生作、戸田節三演出）、祇園会館。

■演劇集団**ドラマ工房**が、一九六一年二月、祇園会館で山本春生作、戸田節三演出の『じゅぬ・えぽっく』を上演した。「ドラマ工房」は京都府立桃山高校演劇部ＯＢの伊藤暢哉、小松辰男らをメンバーにして創られ、三月、六月、七月、九月、十二月と精力的に公演し、演技陣にはのちに映画俳優として活躍する近藤正臣も加わった。しかし小松は退団し、六二年十二月に劇団「現代劇場」を結成、主宰した。

■**現代劇場**は一九六三年六月、太田代志朗作、小松演出の『小喝食』を祇園会館で公演、以後、創作劇を基本に幅広い舞台活動をめざし、六四年四月には寺山修司作の『白夜』を小松の演出により京都山一証券ホールで公演した。六五年三月には太田作、小松演出で『孤独がぼくたちの瞼を閉じる』を山一証券ホールで公演、十二月には青山孝志作『恐怖の朝』を小松の演出により山一証券ホールで公演した。六七年には別役実作『ＡとＢと一人の女』、ベケット作『芝居』を、共に小松の演出により山一証券ホールで公演した。学生運動や反戦運動が強まった六八年八月、「現代劇場」は小松作・演出『世界はオシャカを待っている―三つのオムニバスよりなる劇精神の現象学』をプレイスポットＫＹＯＴＯで公演。六九年四月、小松作・演出の『サロメの羊水より蘇生したＹＯＴＳＵＹＡ-ＩＥＭＯＮの呪術によるノゾキカラクリ劇』を射手座で、九月深井道典作『蛇海』を小松演出により射手座で公演したほか、小松は京大西部講堂の企画イベントにも関わる。七〇年には、小松作・演出『大人のための童話集70―腹も汚辱でとろけたか、おお勝ちほこった連中め』を西部講堂で公演した。小松を中心にする「現代劇場」は、新劇の枠を超えて舞踊や詩や映像を含む実験的な演劇を試み、若者の人気を得たが、七一年に解散した。

■三月　くるみ座『おふくろ』（田中千禾夫作、小畑和夫演出）、毎日新聞ホール、小さい劇場。

■四月　すわらじ劇園『法然上人』（山田隆也作、井上脩演出）、祇園会館。
劇団京芸『暗い夜のしるし』（伊藤共治作、蟻圭介演出）、京都会館。

＊「新劇でメシが喰えるか」〈新劇の職業化〉と云う事がいわれ出しているようだけれど、職業化ということはどういう事なのだろうか。むつかしくいうといろんな規定が出てくるだろうけれど要は新劇で、舞台で生活していこうという事なのだろう。それが出来るかどうかという事なのだろう。わが劇団の場合、生活しているとはいえないだろうけれど創立以来十二年間、とにかく舞台でメシを喰ってきた。劇団創立時の規約にも〈職業的専門劇団〉と劇団性格がうたわれている。だから今更職業化という言葉を聞くと、どれだけの生活水準を基礎に考えられているのか気になってくる。闘かっている組織労働者の賃金は吾々より多い。夏期手当や越年資金などというものも劇団では何時も話しに出るが、実際に出た事は一度もない。それどころか、生きて行くためのギリギリの月給すら出ない事がある。それでも生きてきた事だけは本当だ。（「テアトロ」一九六一年四月号No.２１１に、「劇団京芸の場合」（岡崎 繁）の発言があった）

■五月　テアトロ・トフン『危険な曲り角』（プリーストリー作、田中弥市郎・望田義朗演出）、祇園会館。
■六月　人間座『誘拐』（馬淵実作・演出）、京都会館。（初の創作）
すわらじ劇園『高瀬舟』（森鴎外原作、宇野信夫脚色）、京都会館。
■七月　劇団京芸『反応工程』（宮本研作、蟻圭介演出）、京都会館。
■九月　テアトロ・トフン『動員挿話』（岸田國士作、近藤公一演出）・『堅塁奪取』（福田恒存作、望田義朗演出）、祇園会館。

＊五月の『危険な曲り角』と九月の『堅塁奪取』に、後日テレビなどで活躍する近藤正臣の名が見える。

くるみ座『三人の盗賊』（八木柊一郎作、北村英三演出）、毎日新聞ホール。小さい劇場。
■十一月　人間座『チェーホフ短編集』（チェーホフ作、森崎浩司演出）、毎日新聞ホール。（第四回小劇場）

鷹取工場演劇部『天ぺけ』（滝ノ内吉一作、大村宏演出）1962

くるみ座『にんじん』（ルナール作、毛利菊枝演出）、毎日新聞ホール。

■十二月　くるみ座『リチャード3世』（福田恒存訳、北村英三演出）、京都会館。

〈兵庫　一九六一年〉

■一月　四紀会『天使が二人天降る』（ヴァイゼンボルン作、新木祥之演出）、海員会館。

■三月　鷹取工場演劇部（職演連）『さび』（滝ノ内吉一作、樋口和準演出）・『喪服の村』（浅野良二作、市村智孝演出）、海員会館。

■六月　四紀会『靴をつくる』（久保孝志作、岸本敏朗演出）、海員会館。（民衆劇場運動三劇団競演）

北島演劇研究所『遠い夜明け・鬼太鼓』、海員会館。

■八月　四紀会『ボランの広場』（久保孝志作、新木祥之演出）、須磨浦公園。

■十一月　四紀会『広い黄色い土地』（木谷茂生作、久保孝志演出）、仏教会館。

■十二月　鷹取工場演劇部（職演連）『天ぺけ』（滝ノ内吉一作、大村宏演出）、海員会館。

＊演劇雑誌「テアトロ」に**関西の劇団のリスト**が掲載されている。

滋賀	「くるみの会」	昭和21年5月（創立）	20人（在籍）	大津市
京都	「くるみ座」	昭和21年	33人	左京区
	「花の会」	昭和32年7月	24人	中京区
	「人間座」	〃	20人	南区
	「ドラマ劇場」	昭和32年11月	15人	北区
	「ドラマ工房」	昭和34年4月	40人	伏見区
	「前衛芸術劇場」	昭和35年8月	8人	下京区
奈良	「ほうき座」	昭和11年11月	23人	天理市
	「にをいがけ劇場」	昭和28年1月	15人	〃

大阪	「やまいもの会」	昭和31年12月	10人	〃
	「月光会」	昭和26年5月	30人	北区
	「かもめ座」	昭和28年2月	45人	東区
	「うずしお」	昭和28年3月	9人	東成区
	「くるま座」	昭和28年4月	27人	西成区
	「明日」	昭和32年6月	40人	南区
	「息吹」	昭和33年4月	31人	東大阪
	「青年演出劇場」	昭和34年2月	10人	大淀区
	「やわらぎ」	昭和34年6月	22人	天王寺区
兵庫	「テアトロ・パン」	昭和26年5月	21人	神戸市
	「北島演劇研究所」	昭和28年4月	15人	灘区
	「虹の会」	昭和30年2月	5人	西宮市
	「Qの会」	昭和32年10月	19人	生田区

（「テアトロ」一九六一年七月号　No.２１４）

（ロ）一九六二年（昭和37）の劇団活動

〈大阪　一九六二年〉

■一月　月光会『恐れ』（中川裕明作）『葵上』（三島由紀夫作）、若いグループシリーズ。

＊演劇集団息吹誕生（東大阪自立劇団息吹改称）。

■二月　関西芸術座『息子たち』（アルブーゾフ作、道井直次演出）、朝日生命ホール。水曜劇場5。

＊地元作家の創作も生み出した関芸だが、外国戯曲の本邦初演も試みる。

■三月

劇団明日『地図のない旅』（矢代静一作、正田武弘演出）、ＡＢＣホール。

青年演出劇場・うずしお合同公演『日本の幽霊』（古島一雄作、酒井光雄演出）阪急ホール。

大岡演劇研究会『天国に旅する学生』（ザック作、大岡欽治演出）・『熊』・『悪党』（チェーホフ作、村川徳直演出）、日立サルーン。

劇団２月『ドモ又の死』（有島武郎作、副島昭彦演出）、阿倍野高校。（旗揚げ）

■四月

月光会『葉桜』（岸田國士作）・『愛の話説』（茂木松男作）、川内・中島演出。

関西芸術座『はたらき蜂』、砂防会館、初の東京公演。創立五周年記念。

＊劇評・藤田洋――ある日、新たに配属された新入市原（山本弘）を中心に劇は展開される。サイコロで全逓の職場委員を決めようとしたり、積立貯金の期間内払いを頼みにくる貧しいおかみさんを、冷酷に断る主事の態度をはじめ、毎日その職場でおこっているような、卑近な出来事が連続する。職場対全逓という対立のなかで、保身だけを考えて仕事を続ける人間のあわれさがこの職場演劇の身上であろうかと思う。職場演劇というのは、関西芸術座のことではなく、「はたらき蜂」が一種の集団制作に近い改修がほどこされていることを指す。つまり作者の強い主張なり、批判なりが、いくつもの膜の内側に後退しているように推測できるからだ。そこに、劇的な振幅度のひろがりをみることができる反面、深く掘り下げた思想背景が、乏しくなったことは考えられる。（中略）序幕で、新人を蔑視しながら、それぞれが自分本位の生き方をずばりと表現している出だしは、実にみごとであった。その上、練りあげられた会話が、劇をよどみなく進行させている。主人公の市原を中心に、先輩に当たる七人の外務員（中西、楠、溝田、千葉、北見、藤山、松田）の性格も、画然と描かれている。それなのに、職場大会を開く組合と、それを阻止する局側との攻防のなかで、自己を確立して行く外務員の姿が、現実につきすぎた。つまり、最後の部分で作者の主題なり、主張なりを思い切り鮮明にする必要があったのではないか。現実の職場の実体を、再現する意味ではこの芝居はたしかに成功した。（「新劇」一九六二年六月No.１０８）

■五月　関西芸術座『はたらき蜂』（再演）、朝日会館。

＊（合評より）――主人公市原に向かって和枝と云う女性が言う「あんたは蒸留水みたいな人や。私はやっぱり普通の水の方が好きよ」と。だが、このせりふの部分が、「後でゆっくり話ましょう」に、変わっていったとか。この問題はどうなったのだろうか。作者の最期に出した作品集の「はたらき蜂」には、最初の「私はやっぱり普通の水の方が好きよ」になっているが。

関西新劇場『おーい、救けてくれ！』（サローヤン作）・『悲願』（高橋昇之助作）、第1回火曜劇場、大同生命ビル8階ホール。

さざ波＋テアトロＱ『海賊島』（華房良輔作、西康一演出）、大手前会館。

＊西日本リアリズム演劇会議発足。

関西以西の専門・業余の各劇団、演劇サークルの運動を結集し、新しいリアリズム演劇の確立を計ろうと、長い間準備されていた西日本リアリズム演劇会議の結成が、一九六二年七月二十八日・二十九日の両日、大阪市教育会館で創立総会を開催して実現された。今後の方針として、全体の統一と活動の目標ともいうべきこととして五つの事柄が確認された。五つの骨子は、１独立・平和・民主主義を疎外する文化支配と闘う。２民族と近代との相互関連を捉える。３リアリズムを、現実を変革する態度とする。４大衆とのつながりの中で学んだものを形象化していく。５全国的な視野と地域的なものを統一していく。議長・岩田直二、副議長・諸井条次。参加劇団十六。

なお、東日本リアリズム演劇会議の結成は、一九六三年の夏。

＊西日本リアリズム演劇会議での出来事――山口・劇団はぐるま座のこと

一九六六年、中国北京で、文化大革命勝利の一〇〇万人集会が開催され、山口・劇団はぐるま座が〈反修正主義決起〉をかかげて、民衆の生活をたたかいの糧とする演劇創造普及のために農村に入る。

一九六七年二月、劇団はぐるま座は、全国の劇団と演劇鑑賞団体宛てに「反共産党演劇統一戦線（プロレタリア文化大革命支持）を提唱する声明書」配布する。

一九六八年一月、一年半ぶりに開かれた「西日本リアリズム演劇会議・第六回総会（十四劇団参加、傍聴二劇団、二日間延べ二〇三人参加）」において劇団はぐるま座から「各劇団は独自の見解を発表する自由をもっている」「争点は、日本共産党を修正主義とみるかどうかという点であって、演劇をやっていく上で、大切な観点である。」という見解が出されたが、「日本共産党とも演劇統一戦線を組んでやっている例」が数多く示された。結果は、はぐるま座代表が退席し、多くの劇団が、はぐるま座を批判し、「組織から排除すること」になった、という出来事があった。

＊大阪労演・関西芸術座共同戯曲募集選考結果発表。該当作品なし。

■六月

劇団明日『罠』（ウイリアムズ作、森本幸子演出）・『薔薇』（森本薫作、小山太朗演出）・『綾の鼓』（三島由紀夫作、梅田修一演出）日立ホール。（習作発表7）。

青猫座『葉山一色海岸』（有馬頼義原作）。

＊青猫座は、〈五人委員会〉というやり方を用いたが、続けられなかったようだ。

大岡演劇研究会・青年演出劇場・うずしお合同『まだ、今日のほうが』（八田元夫作、大岡欽治演出）、ＡＢＣホール。

＊テーマの積極性は評価があったようだ。

劇団麦『小さい根っこ』（和田和佐作・演出）。

月光会『綾の鼓』

＊月光会が秋に解散する。

劇団青年舞台『裁判きちがい』（ラシーヌ作、久野正博演出）、大手前会館。

＊「劇団青年舞台」第一回公演。

■七月

関西新劇場『火山の見える別荘』（野上彰作）。

劇団アングル『ペン』（グレディ・バリエ共作、菊田朋義演出）、ＡＢＣホール。

劇団明日『われらの同居人たち』（椎名麟三作、梅田修一演出、阪本雅信装置）1962

■八月　大岡演劇研究会『武悪』（かたおかしろう作、大岡欽治演出）、大手前会館。「関西舞台美術展」開催。舞台美術協会による美術展が意欲的に催された。

■九月　関西芸術座『キューポラのある街』（早船ちよ作、道井直次演出、板坂晋治装置）、朝日生命ホール。水曜劇場6。

＊原作者が感動して、著書の後書きに観劇記を書いたとか。関西芸術座の水曜劇場が、この6回目で終わりを告げた。毎週舞台を創り、大変なことは理解できるが、残念な気がする。

＊「劇団未来」が、大阪演劇教室研究会と新生会と現代座との合併で生まれる。

■十月　関西芸術座『湿地帯』（小林ひろし作、岩田直二演出）、大阪労演例会、産経ホール。

劇団2月『教育』（田中千禾夫作、深海ひろみ演出）、大同生命ホール。

■十一月　劇団明日『われらの同居人たち』（椎名麟三作、梅田修一演出、阪本雅信装置）、ABCホール。

＊作者の椎名麟三が稽古場に来て、劇団の人と仲良しになって、劇団員の人をモデルに小説を書いたという後日談があったとか。

関西新劇場『幻を釣る人』（サルマン作）。

劇団アングル『おろかな女』（アシャール作、菊田朋義演出）、ABCホール。

大岡演劇研究会・青年演出劇場・うずしお合同勉強会「チェーホフボードビルの夕べ」（『下士官プレシコフ』（村川徳直演出）・大岡演劇研究会『雄羊とお嬢さん』（伊福恭四郎演出）・青年演出劇場『煙草の害について』（酒井光雄演出）・うずしお『アニュータ』（辰巳よしのぶ演出）日立ミュージック・ホール。

劇団未来『差別』（和田澄子作、森本景文演出）、国民会館。

■十二月　青猫座『象とかんざし』（再演）。
大阪新劇合同公演『荷車の歌』（山代巴原作、大岡欽治演出）、毎日ホール。
＊出演・関西新劇の会（アングル、泉、うずしお、大岡演劇研究会、大阪放送劇団、関西芸術座、クラルテ、土、テアトロＱ、青年演出劇場、関西美術協会、大阪放送児童劇団）
＊十二の劇団の協力で上演されたのは画期的と評価された。

関西芸術座のなかでも印象に残る舞台になった『はたらき蜂』の東京公演が行なわれ、大阪でも再演した年、関芸は、この年、『キューポラのある街』、『湿地帯』と成果の上がる公演をした年であった。

大阪の新劇運動史上に永遠に記録される大阪朝日会館が、一九六二年十月をもって三十七年の歴史を閉じて閉館した。ＡＢＣホールもマスコミ専用となった。毎日ホール、サンケイホールの莫大な使用料金は、新劇団にとっては負担が大きすぎる。失った二つの会場に代わる会場の確保が重要な課題。

〈京都　一九六二年〉
■一月　劇団京芸『ロシア問題』（シーモノフ作、蟻圭介演出）、京都会館。
■二月　人間座『幸せな人々』（上芝広作、ふじたさとし演出）京都会館。（第8回公演）。
すわらじ劇園『トタンの穴は星のよう』（藤本義一作）・『ビルマの竪琴』（竹山道雄原作、藤原卓脚本）、祇園会館。『青銅の基督』（長与善郎原作、井上脩演出）、京都会館。

くるみ座『リチャード三世』（シェイクスピア作、北村英三演出）、京都会館。
■三月　京都新劇団合同公演『変転の時代』（アルブーゾフ作、蟻圭介演出）、京都会館。
■五月　テアトロ・トフン『マンダラーゴラ』（マキャヴェルリ作、鈴木久弥演出）、ＡＢＣホール。
■六月　すわらじ劇園『青銅の基督』（長与善郎原作）、京都会館。
■七月　くるみ座『笛』（田中千禾夫作、小畑和夫演出）・『彦市ばなし』（泉野三郎演出）、京都毎日ホール。

『彦市ばなし』は翌日、祇園会館でも。

くるみ座『北風のくれたテーブルかけ』(久保田万太郎作、北村英三演出)、祇園会館。

人間座『わたしの兄弟』(クブリヤノフ作、奥村勝彦演出)、京都会館。

■十月

京都新劇団合同公演『カルタの城』(山崎正和作、北村英三演出)、京都労演自主企画、京都会館。(くるみ座が中心で、京芸、人間座)。

＊劇評・辻久一――「『カルタの城』の、作者のもくろみは、明瞭である。人間の純粋な生き方(そういうものが現実にあるか、ないかは、別問題としても、人間は、いつもそれを望み、夢み、手にとろうとしている)と、物質を中心に構成された、人間の純粋さを押しつぶそうとするさまざまな欲望(実はそれがもとも人間的な属性かも知れない)との対決である。純粋な生き方は、積極的な志津(中畑道子)と消極的な一輝(北村英三)がたてようとする「カルタの城」に象徴される。現実派の大人たちは、それを〈青年の夢〉として嗤う。ぶちこわそうとするものも、のりづけして、からかってみようとするものも、立場は一つである。(中略)山崎氏の劇作家としての特色は、近代写実劇とたもとをわかち、古典劇を踏まえた自由な視角から、人間と世界を構成しているところにある。」(「新劇」一九六二年十二月号 No.115)

■十一月

くるみ座『オイディプス王』(ソフォクレス作、北村英三演出)、京都会館。

＊劇評・新田博衛――「ドラマが展開するに充分な広さと堅牢さをもった世界をつくりだし、台詞に一つ一つに正確な枠づけをあたえていった演出(北村)の努力は、高く評価されねばならないであろう。(中略)しかし、この同じ北村が、こんどは劇の主役として、自分のつくりあげた世界の要の位置に坐るとき、その予想を超えた重みに耐えかねて、決定的な瞬間にいたり、ついにその姿勢を崩す。(中略)かれの唇は台詞の一語一語を明瞭に発音しない。唇はいつも半ば閉じられ、声は歯のあいだから出てくる。その結果、舌や呼吸をすこし調節することによって、容易に言葉の速度や声の強弱を変えることができる。これは微妙に揺れ動く心情の変化に即して、それを敏感に伝達するに適した方法であっても、言葉がそれ自身で翼をもち、人間の心情というようなものを無視して、まっすぐにドラマの核心めざして飛んでゆく世界に適した方法ではない。」(「新劇」一

（一九六三年二月号　No.１１７）

■その他

ドラマ劇場『熊』（チェーホフ作、林想演出、板坂晋治装置）、祇園会館。

ドラマ劇場『ピエールパトラン先生』（鈴木力衛翻案、林想演出、板坂晋治装置）、祇園会館。

〈兵庫　一九六二年〉

■二月　道化座『夜の来訪者』（プリーストーリ作、内村直也翻案、阿木五郎演出）、神戸新聞会館ホール。

＊道化座も水曜劇場。

■三月　道化座『予告された心中』（榊原政常作、小津敏演出）、神戸新聞会館ホール。

道化座『知恵子しょう』（高村幸太郎作、阿木五郎演出）、神戸新聞会館ホール。

四紀会『楠三吉の青春』（大橋喜一作、新木祥之演出）、海員会館。

鷹取工場演劇部（職演連）『タバコの害について』（チェーホフ作、菊地照一演出）・『娘とダイヤ』（浅野良二作、樋口和準演出）、鷹取工場食堂。

■四月　道化座『太陽レンズ』（モーガン作、夏目俊二演出）、水曜劇場、神戸新聞会館ホール。

■五月　四紀会『ロビンフッドの冒険』（村山亜土作、新木祥之演出）、ＫＣＣホール。

■六月　道化座『マクベス』（シェイクスピア作、夏目俊二演出）、水曜劇場、神戸新聞会館ホール。

■十月　道化座『火』（木谷茂生作、小津敏演出）、道化座スタジオ。

■十一月　道化座『ファニー』（パニョル作、夏目俊二演出）、水曜劇場、神戸新聞会館ホール。

＊劇評「ファニー」喜志哲雄――『ファニー』について根本的なのは、それが人情劇だということである。人情劇の行動原理は一口にいえば「顔で笑って心で泣いて」といったことになる。つまり心理と行動にずれがあるということである。これは別にプロットの上で決定的な行動の場合に限らない。一つ些細な例をあげれば、郵便配達がファニーの母のところへ来て酒をねだる。ねだりながら、「こんなことを云うとねだっているように

聞こえるからやめよう」などと云う。要するに人物が自分を意識し、客観化しているということである。俳優にとっては、この場合、明確に距離を保って役の人物を演じることが普通以上に要求される。夏目俊二氏の演出による道化座の舞台には、そういう種類の演技がなくはないが不足している。（「新劇」一九六三年二月号No.117）

■十二月　四紀会『はだしの青春』（宮本研作、北島三郎演出）・『違った朝を迎えるために』（久保孝志作、岸本敏朗演出）、茸合公会堂。

京都労演が、地元劇団を例会にするだけでなく、自主企画を行い、地元作家の山崎正和に作品を委嘱するという画期的なことがあった（『カルタの城』の劇評は、合同公演の章で）。

神戸では、道化座の頑張りが目を引く。

「道化座」第二期（一九六〇〜一九六九年）の十年間は、代表が阿木五郎に。映画から帰座した夏目俊二が、古典劇を中心に精力的に動く。『ハムレット』『オセロー』『リア王』『マクベス』などシェイクスピア連続公演を果たす。一九六四年、『リチャード三世』で大阪府民劇場奨励賞受賞。他に、『守銭奴』『スカパンの悪計』『タルチェフ』（モリエール作）、『おんによろ盛衰記』『赤い陣羽織』（木下順二作）、などなど、さらには、〈道化座水曜劇場〉をはじめる。

岡村嘉隆、宮井道子が、かもめ座を退団して劇団「プロメテ」を創立する。

▼**岡村嘉隆**　一九三五〜二〇一五年。兵庫県明石市生まれ。演出家・俳優。関西学院大学文学部心理学科卒。第二次かもめ座、岡村演劇研究会を経て、六二年劇団プロメテ結成。六五年フランス・ナンシー「世界大学演劇祭」に於いて審査員特別賞を始めとして、大阪文化祭賞、大阪新劇団協議会作品賞等多数受賞。芸術性の高い演出作品で評価を得る。関西小劇場のメッカ、島之内小劇場を本拠地として意欲的な公演をする。

＊**（東京ニュース）**　演劇評論家・菅井幸雄が六二年の新劇界を「リアリズム演劇における反動」として総括した。〈表現形式万能論の具体的展開〉と名付けた——『真田風雲録』（福田善之）、『城塞』（安部公房）、『メカニズム作戦』・『明治

の柩』（宮本研）――この菅井の意見には、反論がかなりあった。関西には、まだそのような潮流を見せる作品上演はなかったようだ。

なお、菅井幸雄は、自身の単行本（『リアリズム演劇論』）に、この文章を載せているが、再刊された書籍には、なぜか、この文章を外して、掲載していない。

（八）一九六三年（昭和38）の劇団活動

〈大阪　一九六三年〉

大阪の劇場難は深刻だ。「大阪府市民のための会場建設をすすめる会」が出来たが、効果はどうか。

■一月　演劇集団息吹『三年寝太郎』（木下順二作、かたおかしろう演出）

■二月　南大阪劇研『貝の詩』（木原孝一作、赤松比洋子演出）、森ノ宮労働会館。南大阪劇研創立。

■三月　劇団青年舞台『最前哨にて』（フライヤー作、久野正博演出）、大手前会館。劇団プロメテ『我が町』（ソートン・ワイルダー作、岡村嘉隆演出）、旗揚げ公演。

■四月　劇団明日『修羅』（田中千禾夫作、梅田修一演出）・『おお作者にぶっ放せ』（ガースデンバーグ作、早川洋一演出）、稽古場。（習作会）

■五月　関西芸術座『大麦入りのチキンスープ』（ウエスカー作、小松徹演出）、大手前会館。劇団2月『結婚の申込』（伊賀山昌三作、金岡健二演出）・『骨を抱いて』（田中千禾夫作、深海ひろみ）、日立ホール。

■六月　劇団未来『差別』（和田澄子作、森本景文演出）、砂防会館。東京公演。

＊劇評・宮本研――ぼくがこの作品とその舞台にひかれたのは、前半の部分であった。そこには、身分的＝社会

的な疎外を強いられている〈青春〉の一見ヤクザな、ヤケッパチの、ゆがんだエネルギーのたくわえがあった。おそろしいほどだった。素状の知れない異様な演技が不気味な世界をつくっていた。核爆発をおこすエネルギーとはこんなものだろうか、とおもわせるほどのものであった。だが、事件の発展にともない、青年たちが〈起ち上がっていく〉にしたがい、つまり、未定型のエネルギーに方向があたえられるにつれ、青年たちは次第に尋常普通の〈若者〉におさまっていく。（中略）そして、幕切れの大拍手である。これはいったいどういうことであるのだろう。ということについて、大橋喜一さんがいろいろ書いている（最近では「文学」十二月号）。すなわち、「劇的感動とはなにか」という問題である。ナマの感動と劇的感動とのちがい、およびその関係についての問題である。木下順二さんは、中国のドラマを解析するなかから、シュプレヒコールとドラマの関係という新しい問題を提起している。同じ問題である。（「テアトロ」一九六三年二月号　No.232）

■八月　劇団未来『差別』（和田澄子作、森本景文演出）、大手前会館。

▼和田澄子　一九三二年、大阪生まれ。劇作家。劇団未来・西日本劇作家の会。『川向う』『差別』『玄界灘に架ける橋は…』（大阪文化祭奨励賞）、『昏れてなお銀杏黄葉の…』（大阪新劇フェスティバル特別賞）、二〇一一年、三十本の戯曲創作活動に対して大阪府知事文化芸術功労表彰。『和田澄子ドラマコレクション』Ⅰ・Ⅱ・Ⅲ出版。

▼森本景文　一九三六～二〇一八年。大阪生まれ。六二年創立の劇団未来代表・演出家。大阪新劇団協議会合同公演・宮本研『夢・桃中軒牛右衛門の…』、清水巌『1995こうべ曼荼羅』、ほとんどの和田澄子創作劇、『ダモイ』をはじめ十本のふたくちつよし作品の他九十七本の舞台演出。二〇〇五年大阪府知事文化芸術功労表彰。

■九月　関西芸術座演劇集団息吹『三年寝太郎』（木下順二作、片岡司郎演出）再演。

『米どころの報告』（宇津木秀甫作、岩田直二演出）、大阪労演例会、毎日ホール。

＊「米どころの報告」が四九年秋から五〇年初にかけておきたアメリカ占領軍の強制供出に対する闘争の経緯をえぐりだしたことは、たんにそのときどきの事件であるのみならず、今なお安保体制下にあるこの国の構造に密着した意義を把持する。この舞台をただ単に政治的プロパガンダとみなすことはできない。なぜならそれら

は同時に演劇スタイルの課題を出来不出来は別としてになったからだ。「米どころの報告」の演出家は、ルポルタージュ・ドラマと規定した。ドキュメンタリーとどこが違うかとの疑問もすでに出ているが、わたしはあえて演出家の言を肯定する。というのもドキュメンタリー・ドラマがしばしば作者の調べた記録の模写であるのに対し、これは作者みずからの事件参加からの〝報告〟だからだ。かつ、作品の厚みは通常の報告文学の形態を脱して戦闘状況の推移を階級の必要から考察しぬいたと考える。しかしながら、それらはまた大きな宿題を残した。十分な熟成には遠かった。「米どころの報告」では映画的カメラ移動の欠陥があるため、武装解除された農民の闘いの基礎をつきさすに至っていない。かたがた敵権力を明確にすることと、明確にしえなかった真の原因をぼやかしている。（「テアトロ」一九六四年一月号　No.２４３　野村喬「思想の劇と劇の思想」より）

■十月　劇団明日『泥棒たちの舞踏会』（アヌイ作、正田武弘演出）、御堂会館。
劇団２月『夜の祭典』（椎名麟三作、深海ひろみ）、日立ホール。
アングル『吟』（吉田剛・菊田朋義作、菊田朋義演出）、朝日生命ホール。
＊大岡演劇研究会が「新劇研究」を発刊。

■十一月　大阪新劇合同公演『明日を紡ぐ娘たち』（三期会・生活を記録する会作、道井直次演出、阪本雅信装置）、御堂会館、十劇団参加（関西芸術座、明日、アングル、うずしお、大岡演劇研究会、仮面座、関西新劇場、クラルテ、土、青年演出劇場）。

＊劇評・日比野諦観――「脚本は劇団三期会と四日市の紡績工場の女工さん。つまり現実の中から、記録する中からドラマを引き出そうとする姿勢はよくわかるのであるが、これが、充分引き出しえてなかった。ルポルタージュであるからそうなったのだけれども、あまりにも話題を並べすぎていて、それを再構成する力が不足しているのである。対立するものがもっとはっきりして欲しいし、未来に対する見通しも、〈あと二十年ぐらいすれば、わしもほんとに自由になると思うのえ。……それまでの辛抱や。と農家の嫁になった娘がいう

と、みんなで仲間の歌がうたわれるというように、サークル活動が一つの慰めになってしまっており、結果としては、忍従に甘んじるようであって、もの足りない。（略）演出はこういう脚本であることをふまえて、一本の線にまとめ上げていた。」（「新劇」一九六四年二月号　No.１２９）

■十二月　関西芸術座『ひとりっ子』（家城巳代治・寺田信義作、一杉忠演出）、大手前会館。東北、関東、四国、九州など広く各地公演。大阪府民劇場奨励賞。

＊テレビ放送を中止されて問題となった作品を劇団の橘正巳が脚色して上演。河東けい（とも役）は、夫人と息子の間にはさまれ、おろおろする農民らしさ、おさえつけられ、発言を封じられしながら生きて来た女が、息子のために、もがき、苦しみ、ぶたれても尚、発言する演技が見事だと言う人があった。

南大阪劇研『やさかのおんば』（竹内勇太郎作、赤松比洋子演出）、労働会館。

劇団2月『瓜子姫とアマンジャク』（木下順二作、坪井敦演出）、日立ホール。

青猫座『言葉なき一幕』（ベケット作）・『授業』・『椅子』（イヨネスコ作）

■その他

やわらぎ『愛の伝説』（ヒクメット作）創立五周年記念公演。

青猫座『皇帝ジョーンズ』ミュージカル版（オニール作）、再演。

青猫座『巷談宵宮雨』（宇野信夫作、辻正雄演出）、再演

雑誌「新劇」一九六三年二月号　No.１１７の、「新劇ニュース」という欄に、「関西在住の新進劇作家人見嘉久彦、徳丸勝博、藤本義一、山崎正和、若手評論家の喜志哲雄ら、関西の劇作家・評論家たちを中心にして、関西新劇人の話し合いの場をつくられようとしている。これには、装置家の阪本雅信氏らや、くるみ座の北村英三、明日の正田武弘、道化座の阿木五郎氏などの劇団関係者も参加のようす。世話人の山崎氏らはそのほかの多くの人たちの参加を求めている」とあったが、その後、この集まりは、発展したのか？

〈京都　一九六三年〉

■一月
人間座『ある恋の物語』（中川裕朗作、馬淵[田畑]実演出）、京都会館。
くるみ座『幽霊やしき』（福田恒存作、小畑和夫演出）、関電ホール。

■三月
くるみ座『父親学校』（アヌイ作、鬼頭哲人訳、山崎正和演出）毎日新聞ホール、土曜劇場。
＊京都労演の主催で、京都でも「土曜劇場」がはじまった。京都労演が地元新劇団に寄与するため、会場費を労演が負担しての企画。入場料￥１００。各劇団の持ち廻り方式。会場、毎日新聞ホール、盛り場の新京極にも近い場所、それ故に寄席的な気軽さで新劇が市民に親しまれるようにしたいネライ。
人間座『孤客』（モリエール作、馬淵[田畑]実演出）、京都会館。
テアトロ・トフン『亭主学校』（モリエール作、鈴木久弥演出）、京都会館。

■四月
くるみ座『にんじん』（ルナール作、毛利菊枝演出）、毎日新聞ホール、土曜劇場。
＊稽古を見た。にんじんが〈いい顔〉をするところの稽古だった。演出の毛利菊枝のダメ出しは、〈いい顔〉になってない、ということであった。「ダメよ、もう一度」、役者が努力してやるが、「ダメ、もう一度」と言われる。何回も同じところが繰り返しての稽古だ。遂に役者は、いい顔どころか、泣き顔になっていく、できないから。この先どうなるのか？　不安に想いながら、厳しい稽古だなと思った。

■五月
京都合同公演『装甲列車』（イワーノフ作、林想演出、板坂晋治装置）、京都会館。スタニスラフスキー生誕百年記念（京芸、人形京芸、ドラマ劇場、自立演劇協）
人間座『お花のノイローゼ』（加藤衛作、ふじたさとし演出）・『草原のうた』（チャクトナレン作、小沢文也演出）、毎日新聞ホール、土曜劇場。（第五回小劇場）

■六月
くるみ座『老人と十姉妹』（徳丸勝博作、北村英三演出）、京都会館。

テアトロ・トフン『例外と原則』（ブレヒト作、近藤公一演出）・『未来は卵の中にあり』（イヨネスコ作、大木久雄演出）、祇園会館。
＊「三期会」時代（現・東京演劇アンサンブル）に近藤公一が「例外と原則」を初めて翻訳している。今回は千

田是也の訳で上演している。

京都自立劇団　土曜劇場（劇団、演目省略）。
すわらじ劇園『ここに泉の源がある』（島田君緒作、井上脩演出）、四天王寺会館。
現代劇場『小喝食』（太田代志朗作、小松辰男演出）、祇園会館。

■七月
すわらじ劇園『雨月物語』（上田秋成原作、井上脩演出）、京都会館。

■十月
くるみ座『幽霊』（イプセン作、北村英三演出）、京都会館小ホール。サンケイホール。（毛利菊枝還暦記念）
劇団京芸『嫌われ者』（東川宗彦作、藤沢薫演出）・『日本と朝鮮を結ぶうた』（増永昭人構成、演出）、毎日新聞ホール、土曜劇場。
テアトロ・トフン『男性動物』（サーバー・ヌージェント共作、田中弥市郎演出）。

■十一月
人間座『人間裁判』（乾一雄作、小沢文也演出）、京都会館。
＊公演後に創造上の問題が起こったとか。公演後、森本薫の勉強会をすることになったそうだが、劇団内部の問題と観客の問題は、残ったようだ。
ドラマ劇場『三角帽子』（アラルコン作、林想演出、板坂晋治装置）、毎日新聞ホール。土曜劇場。

■十二月
劇団京芸『三年寝太郎』（木下順二作、藤沢薫演出）・『ポオテル』（谷伊平作、谷ひろし演出）、毎日新聞ホール、土曜劇場。

昨年、京都労演が自主企画した山崎正和作『カルタの城』に続き、委嘱していた『世阿弥』が俳優座に譲ることになった。京都新劇団合同公演は中止である。作品が関西では手に負えない理由もあったろうが、関西の実力が見えて、残念と言えようか。お蔭で、千田是也の世阿弥役を見ることができると期待したが、舞台から足を踏み外し、関西公演は、代役でということになって、これまた残念な出来事であった。
劇団京芸に六月脱退者騒ぎがあった。脱退した蟻圭介は、翌年（六カ月後）「京都小劇場」を設立するが、宇津木秀甫が「テアトロ」（一九六四年七月号No.２４９）に書いた「関西新劇の情況と当面の課題をさぐる」の中に記された「京芸からずるずると出てしまったメンバーによる京都小劇場の設立」に、蟻圭介が同じ「テアトロ」九月号（No.２５１）に宇津木秀甫への反駁〈劇団京芸脱退の真因〉を〈ずるずると出てしまった〉とは、何故の表現か、と食いついている。そこには、劇団京芸脱退の真因が示されているが、演劇論に深めて行く環境にはならなかったようである。

この年に「学生劇評」という雑誌の創刊号がある。「京都学生連盟」が機関誌を発行することになったようだ。学生雑誌なのに、近藤公一（テアトロ・トフン）、小畑和夫（くるみ座）、馬淵実（人間座）の京都新劇人のことばがある。この頃に学生と交流があったことは、少し関心がもたれる。

〈兵庫　一九六三年〉

■四月　四紀会『カンカラ広場に集まれ』（山崎欣太作、新木祥之演出）、海員会館。
鷹取工場演劇部（職演連）『駅裏』（浅野良二作、樋口和準演出）、海員会館。

■八月　四紀会『風化』（こばやしひろし作、北島三郎演出）、海員会館。

■その他
道化座『マクベス』能形式の批判あり。『リア王』で大阪文化祭賞。

＊**〈東京ニュース〉** 文学座分裂。一月『クレランバール』公演中に、芥川比呂志ら二十九名が大量脱退。「現代演劇協会・雲」の創立、代表は福田恒存。続いて翌年の一月公演予定で稽古されていた三島由紀夫『喜びの琴』が突然中止を伝えられた。『喜びの琴』事件である。〈松川事件〉を連想させ、左翼が転覆事件を起こしたようなせりふがあって、問題がおこり中止となる。芸術至上主義を標榜してきた劇団が思想上の理由で上演とりやめに疑問の声も上がった。三島、矢代静一、松浦武夫などが退団する。

＊山崎正和「世阿弥」で、第九回岸田戯曲賞受賞。

▼**山崎正和**　一九三四年、京都出身。劇作家、評論家。演劇研究者。サントリー文化財団副理事長、大阪大学名誉教授、経済産業省参与。文化功労者。日本芸術院会員。一九七六年から一九九五年まで大阪大学文学部教授を務める。東亜大学学長にも就任する。大学院在学中から戯曲を執筆し、一九六三年に『世阿彌』で岸田国士戯曲賞を受賞。その後、評論家としても活動。数々の賞を受賞した。

＊**演劇界十大事件**を記している人がいた。

1 文学座分裂。　2 労演、労音に対して国税庁の課税攻撃。　3 大阪劇場の深夜稽古で踊り子43名負傷事故。　4 全国労演連絡会議結成。5 日生劇場完成こけら落とし。6 財団法人文楽協会の出発と不祥事事件。7 上演権問題をめぐって俳優団体連絡会議設置審議。　8 松竹側歌舞伎新派等俳優と契約制に移行。　9 地方劇団の提携活発化（リアリズム演劇会議）。10 ユネスコ国内委員会主催で国際演劇シンポジウム。この他にも、「大阪でも公共ホールの設立運動が展開されている」という発言していた。（「テアトロ」一九六三年十二月号　No.２４２、野村喬「演劇情勢の変質」）

（二）一九六四年（昭和39）の劇団活動

〈大阪　一九六四年〉

■一月　大岡演劇研究会・劇団息吹『新猿蟹合戦』（村山亜土作、大岡欽治演出）、四天王寺円型ホール、大手前会館。

■三月　大阪放送劇団『欲ぼけ報告書』（茂木草介作・演出、湯浅辰馬演出）。
関西芸術座『ひとりっ子』（九段会館）東京公演。
劇団青年舞台『混血児』（ヒューズ作、久野正博演出）、大手前会館。

■四月　劇団プロメテ『アルルの女』（アルフォンス・ドーデ作、岡村嘉隆演出）。

■五月　関西芸術座『狐とぶどう』（フィゲレイド作、小松徹演出）、大手前会館。大阪府民劇場奨励賞。

■六月　劇団明日『長子』（フライ作、松村敏明演出）、大阪屋証券ホール。（習作会）
■七月　劇団2月『火山島』（木谷茂生作、副島昭彦演出）、日立ホール。
■九月　大岡演劇研究会・劇団息吹『異説うばすて』（梅林重太郎作、大岡欽治演出）、八尾市民会館。
■十一月　関西芸術座『北京の茶館』（老舎作、岩田直二演出、板坂装置）、産経会館。
大阪自演連第1回合同公演『季節風』（中谷稔作、森本景文演出）国民会館。
＊**劇評・大橋喜一**（劇作家）――「この夜の劇場は冷静な昂奮のなかにあった。手に汗を握り胸おどらせるのではない、といって舞台に他人事を、絵空事をみているのではない。怒りや共感やはある、が感傷や怒号はない、淡々とした事実の進行。それでいて舞台客席のあの強い一体感。ブレヒト劇の真似。そういった批評がどこかできっと言われるであろう。事実ブレヒトが示した劇形式への借用はある。だが、わたしは、それらの言葉にこう答えよう。〈われわれ労働者は、自分たちのおかれた現実を、現実のもつ意味を仲間たちに伝えたいという欲求を、ブレヒトの方法によって触発されたのである〉と。わたしもブレヒトにひかれた。作者の中谷君もそうだった。ブレヒトは流行でなく、労働者の現実認識を、そしてその劇的表現の可能性を、強烈に刺激する精神をもっているのだ。そしてブレヒト精神はその劇形式とも深いつながりがある。（「大阪労演機関誌」No.189）
劇団2月『恭しき娼婦』（サルトル作、深海ひろみ演出）、関電ホール。

劇団青年舞台『息子』（小山内薫作、平野一夫演出）、「天国への遠征」（椎名麟三作、久野正博演出）、大手前会館。
＊わだち発足。
■十二月　大阪新劇合同公演『女の勤行』（菅竜一作、大岡欽治演出）、大手前会館。
＊出演・関西新劇の会（明日、アングル、うずしお、大岡演劇研究会、仮面座、関西芸術座、京芸、クラルテ、土、青年演出劇場、人間座、関西美術協会、大阪放送児童劇団）
＊**劇評**「智光院のひとり娘〈須原つね〉の一九三一年から一九六一年まで、三十年間の女の一生を中心に舞台

は進行する。仏教の愛と慈悲にすがる〈つね〉は味方同志の憎しみや闘いを革命運動の中に見て、自分の生きる道を、その中に見出し得ず確信を失う。各所にさわりの面白さはあるが、現代の中で仏道を求めるきびしさもドラマもない。仏教の立場、革命の立場、真の人間の立場、檀家の人間、戦争責任等に作者の目のむけ方に興味をそそられるが、可成り戯曲の破綻がみられる。(「テアトロ」一九六五年二月号 No.256 東川宗彦劇評から)

劇団明日『不安な結婚』(椎名麟三作、梅田修一演出)、大手前会館。

南大阪劇研『老骨』(古川はじめ作、赤松比洋子演出) 1964

南大阪劇研『老骨』(古川はじめ作、赤松比洋子演出)、大手前会館。

■**その他** 仮面座『京都三条通り』(田口竹男作、海老江寛演出)、仮面座小劇場。

〈京都 一九六四年〉

■**一月** くるみ座『アンチゴネー』(ソフォクレス作、北村英三演出)、京都会館。

＊劇団京都小劇場発足。

■**四月** 現代劇場『白夜』(寺山修司作、小松辰男演出)、山一証券ホール。

■**五月** くるみ座『つづみの女』(田中澄江作、田中千禾夫演出)、京都会館。(十一月に京都労演例会に、狂言大蔵流の茂山家を加えた舞台)。

＊**劇評・阿部好一**(記者)――田中澄江の戯曲「つづみの女」は、近松の「堀川波鼓」を一応の原作としながら作者の主張を鮮明に刻みこんだ作品である。古典の単なる現代化ではない。原作の女主人公は過失のうえに不幸な偶然がかさなって死に追いやられるが、ここでは男のエゴイズムに絶望し、みずから死を選ぶ女として再生している。女を外側からせめたてる責め道具の数々よりも、男に期待し裏切られた女自身の悲痛な心理をク

ローズ・アップされている。江戸詰めの夫の留守中、おたねは出入りの鼓師とあやまちを犯した。だがおたねに子どもができると知って、鼓師は女を捨て京に去る。帰国した夫は事情を知りながら妻の不義にふれようとしない。寛大に見せて実はことなかれを願う心からだ。やりばのない怒りを抱いたままおたねは自殺し、夫は仇討ちに旅立つ。くるみ座の公演は、おたねに中畑道子、夫と鼓師に狂言の茂山七五三、千之丞兄弟というかわった配役の舞台である。当然、新劇俳優と共演した茂山兄弟の成績が焦点となる。結果は二人とも新劇の舞台にうまくのらなかったといえるだろう。女のはげしくゆれる心理を、中畑がかなりキメこまかくたたみこんでいくのに対して七五三、千之丞の演技は割りきれすぎている。大味で、屈折した内面までは描ききれていない。中畑もふくめていずれも力演だが、力みすぎたためにかえって新劇と狂言の演技の質の違いが目立ってしまった。恐らくけいこではまとまっていたのに、本番で逆にすき間がひろがった不運な例ではないだろうか。おたねの義姉、義兄にも毛利菊枝、北村英三、ほかは劇団の若手である。演出は作者の夫君、田中千禾夫。

（「毎日新聞」一九六四年五月七日）

■六月　人間座『白鳥の歌』（チェーホフ作、馬淵実演出）・『結婚申込』（伊賀山昌三作、奥村勝彦演出）、毎日新聞ホール、土曜劇場。（第六回小劇場）

テアトロ・トフン『オルフェ』（コクトー作、大木久雄演出）、京都会館。

自立劇団　毎日新聞ホール、土曜劇場。（演目省略）

■七月　すわらじ劇園『その灯は消えず』（タカクラテル原作、藤原卓脚色、井上脩演出）、京都会館。

■九月　くるみ座『家政婦物語』（野島勝美作、北村英三演出）・『アペリティフ』（徳丸勝博作・演出）、毎日新聞ホール、土曜劇場。

■十月　ドラマ劇場『気で病む男』（モリエール作、林想演出）、毎日新聞ホール、土曜劇場。

■十一月　京芸『駅裏』（浅野良二作、藤沢薫演出）、毎日新聞ホール、土曜劇場。

テアトロ・トフン『カーヴ』（ドルスト作、近藤公一訳・演出）、京都会館。

■十二月　くるみ座『アンチゴネー』（ソフォクレス作、北村英三演出）、サンケイホール。

〈兵庫　一九六四年〉

■一月　四紀会『機械の中の青春』（小松徹作、梶武史演出）

■二月　四紀会『ポーテル』（谷伊平作、新木祥之演出）

■四月　鷹取工場演劇部（職演連）『広い黄色い土地』（木谷茂生作、大村宏演出）、海員会館。

■五月　四紀会『不知火』（大牟田合唱作、新木祥之演出）、海員会館。

■七月　四紀会『職場をとりでに』（中村信司作、新木祥之演出）、中央体育館。

■十一月　四紀会『龍鬚溝』（老舎作、北島三郎演出）、海員会館。

〈滋賀　一九六四年〉

滋賀県草津市本町三丁目　堀池悟方に事務所をおく劇団「あらぐさ」が五月にできる。七月「葦の集い」の際に『すみっこ』（創作）上演予定（「テアトロ」一九六四年八月号　No.２５０テアトロニュースにある）

関西新劇の舞台批評は、あまり掲載されない。例外は「テアトロ」くらいである。例外中の例外と思われるのは、「新劇」の一九六三年と一九六四年に、数回、関西新劇の舞台批評が掲載された。関西芸術座とくるみ座と合同公演であったが。

＊人見嘉久彦『友絵の鼓』に岸田國士戯曲賞。

＊（東京ニュース）山本安英とぶどうの会が、解散した。山本安英の解散宣言で。劇団内部で、作品の選定の問題など派に別れての抗争も交えたもののようだった。山本安英〈と〉ぶどうの会という組織的な問題も尾を引いていたようである。

（ホ）一九六五年（昭和40）の劇団活動

〈大阪　一九六五年〉

■三月　関西芸術座『小麦色の仲間たち』（早乙女勝元作、仲武司・橘正巳演出）、大手前会館。
大阪放送劇団『まぼろし部落顛末記』（茂木草介作・演出、山田勝美演出、板坂晋治装置）、御堂会館。

大岡演劇研究会『天国に旅する学生』（ザック作、小松威夫演出）・『狂言・花子』（大岡欽治演出）、大阪婦人会館。

■五月　劇団未来『身検』（浜田紀男作、和田澄子潤色、寺下保演出）・『やまざき山の稲女』（宇津木秀甫作、森本景文演出）国民会館。

■六月　大岡演劇研究会『ばら色の靴下』（チェーホフ作、小松威夫演出）・『三家福』（丘揚作、大岡欽治演出）、大阪婦人会館。
関西青年劇場『商船テナシティ』（ヴィルドラック作、菊川徳之助演出）、大手前会館。
＊旗揚げ公演。関西芸術座研究所七期卒業生が中心になって創立。
南大阪劇研『老骨』（古川はじめ作、赤松比洋子演出）、八尾市民ホール。再演。

■七月　劇団2月『老人と十姉妹』（徳丸勝博作、道井直次演出）、関電ホール。
＊8月、アングルと劇団2月合併。

■九月　関西芸術座『タービン工場』（内田昌夫作、岩田直二演出、板坂晋治装置）、大阪労演例会、毎日ホール。西日本巡演。
＊関西芸術座の劇というと〈ああ、また労働争議みたいな重苦しいのではないか〉と見もしないうちから敬遠する向きもあるが、この舞台は、関芸〈漫才調リアリズム〉であった。演出者岩田の苦心が察しられる舞台だったと感じた。
やわらぎ『娘たちの現代』（鶉野昭彦作、道井恵美子演出、阪本雅信装置）、四天王寺会館。
＊作家・演出者を招いて飛躍を目ざした公演であったが、貴重な失敗と言える。

かもめ座『海抜3、200メートル』(リッシュール作、志摩靖彦演出)、労働会館講堂。

＊かもめ座の勉強会だが、これほどの人がかかわっているのは、驚きでもある。この当時は、これが普通であったかもしれない。因みに列挙すれば、1夜＝藤崎照彦、景山元一、北原友吉、土橋春美、古谷雄策、西原利也、永井ヒロシ、宮本淑子、渡口信子、中村伸子、浅野公恵、池内久美子、弓谷育子、言美健市、福島圭三、山本紀久子、井崎久子、村島せつ子、鈴木章子、橋本好江、長友順一、近江美代子、福井欣子、堀尾郁子。

■十月

仮面座・大岡演劇研究会協同公演「ベトナムに平和をねがう演劇の夕」【『基地のかもめ』(キエン作、大岡欽治演出)・『おふくろの銃』(ブレヒト作、大岡欽治演出)】、大手前会館。

劇団未来『身検』(浜田紀男作、和田澄子潤色、寺下保演出)、『やまざき山の稲女』(宇津木秀甫作、森本景文演出)、神戸・海員会館。

劇団青年舞台『女房学校』(モリエール作、久野正博演出)、大手前会館。

■十一月

劇団2月『僕らが歌をうたうとき』(宮本研作、菊田朋義演出)・『火』(木谷茂生作、坪井敦演出)・『学校』(井関義久作、深海ひろみ演出)、日立ホール。(三作品、月曜劇場開始)

＊「学校」＝現在の進学教育・テスト教育を痛烈に風刺している。処理もよく、ラストの夜光塗料を使っての仮面陳列の着想もきいている。「火」＝真面目に演出されているためか、人物に個性が感じられず人間関係が不鮮明。「僕ら」＝サークル演劇の本質を追究するテーマだが、テーマが掴みきれていない、という手厳しい評価があった。

関西青年劇場『例外と原則』(ブレヒト作、菊川徳之助演出)、大手前会館。

■十二月

大阪新劇合同公演『デルタの夜明け』(宇津木秀甫・東川宗彦・かたおかしろう・中谷稔共作、岩田・道井演出)、厚生会館大ホール。(関西芸術座、劇団2月、ともだち劇場、大岡演劇研究会、未来、南大阪演劇研究会、息吹、集団土、青年演出劇場)

■その他

山羊の会『驟雨』(岸田國士作、粟津収夫演出)・『堅塁奪取』(粟津収夫演出)、日立ホール。

山羊の会『白夜』（寺山修司作、辻正雄演出）・『逃亡者』（茂木草介作、辻正雄演出）、大手前会館。
仮面座『ひげ』（茂木草介作、海老江寛演出）・「チェーホフ一幕物」（海老江寛演出）、大阪屋証券ホール。
仮面座「ベトナム演劇の夕」、大手前会館。
青年演出劇場『墓場なき使者』（サルトル作、伊藤恭四郎演出）、大手前会館。
プロメテ『愛情は深い海の如く』（ラディガン作、鈴木英允演出）、関電ホール。
状況芸術の会『逃散』（坪川健一作、松田茂機演出）・『巡礼』（ヴィルドラック作、壱岐透演出）、大手前会館。
サンケイ新劇『狼は生きろ、豚は死ね』（石原慎太郎作、辻正雄演出）、サンケイホール。（青猫座、山羊の会、プロメテ、合同）
テアトロQ『ジョジュル・ダンダン』（モリエール作、西康一演出）、労働会館。
テアトロQ『運河——一九五〇年』（西康一作・演出）、大阪屋証券ホール。

〈京都　一九六五年〉

■三月　**人間座**『海の女』（田中茂作、馬淵実演出）、山一証券ホール。
＊この公演から、後の中心者・菱井喜美子の名が配役表にある。
現代劇場『孤独がぼくたちの瞼を閉じる』（太田代志朗作、小松辰男演出）、山一証券ホール。

■四月　**劇団京芸**『獅子』（三好十郎作、谷ひろし演出、板坂晋治装置）・『テントからの報告』（岡崎繁作、藤沢薫演出）、京都会館。
＊**劇団京芸〈久しぶりの大劇場〉**——意欲作の「獅子」。（一九六五年）四月十六・十七日、午後六時半から京都会館第二ホールで三好十郎作「獅子（しし）」などを公演する。久し振りの大公演なので、総力をあげて意欲的に取り組んでいる。「獅子」は日本人の典型的な姿を農村にとらえ、家を中心にした家族制度の中で苦しむ

人たちをえがいている。同劇団が十年前に西日本各地などを巡演して好評だったもので、早見栄子が十年ぶりに母親を再びやるほか、恋人（上野仙吉）がありながら家のために結婚させられようとし、最後に恋人とかけ落ちする娘に新人の織部千恵子が抜てきされている。娘の気持に同情しながら、煮え切らない父親を藤沢薫、さらに牧野澄子、増永昭人、小沢文也、中内道子、谷ひろし、小原純子、入江和などが出演する。演出は人形劇団京芸の谷ひろしで「日本は表面的には近代化されたようにみえるが実はそうでなく、この作品にあつかわれているのは都会でも共通の問題だ。伝統的な芝居づくりも学び、観客が笑ったりして楽しく見ているうちに、直接感じることのできるような舞台にしたい」といっている。（「京都新聞」一九六五年三月二十九日夕刊）

くるみ座『可児君の面会日』（岸田國士作、人見嘉久彦演出）・『骨を抱いて』（田中千禾夫作、毛利菊枝演出）、毎日新聞ホール。土曜劇場。

■**六月**　**すわらじ劇園**『奉教人の死』（芥川龍之介原作、井上脩演出）、京都会館。

ドラマ劇場『五月』（宮本研作、林想演出、板坂晋治装置）、京都会館。

＊ドラマ劇場は、四月より昼間体制に切り替える。稽古場を伏見にもうける。

京都自立劇団の土曜劇場（演目、劇団省略）。毎日新聞ホール。

■**九月**　**劇団京芸**『貨物船武勇丸』（東川宗彦作、藤沢薫演出）、毎日新聞ホール、土曜劇場。

＊南ヴェトナムの米軍基地ダナンへ武器輸送を強いられた日本の一貨物船の船員たちが、郵送拒否に立ち上がるというアクチュアルな問題を描いた作品。政治的な物の見方、考え方の正しさだけで芝居が作れるものでないということを考えさせる舞台であったようだ。

くるみ座『空騒ぎ』（シェイクスピア作、北村英三演出）、京都会館。

■**十月**　**ドラマ劇場**『最前哨にて』（フライヤー作、林想演出、板坂晋治装置）、毎日新聞ホール。土曜劇場。

■**十一月**　**人間座**『生き残った人びととの物語』（田畑実作・演出）、毎日新聞ホール、土曜劇場。

＊人間座が、昼間活動に転換。

■**十二月**　**現代劇場**『恐怖の朝』（青山孝志作、小松辰男演出）、山一証券ホール。

〈兵庫　一九六五年〉

■一月　四紀会『赤い陣羽織』（木下順二作、北島三郎演出）、国際会館。
■四月　職演連合同公演『俺たちが原告だ』（田中清治原作、伊達純・職演連創作グループ改定、大村宏演出）、海員会館。
■八月　四紀会『南ベトナム』（久保孝志作、新木祥之演出）、海員会館。
■十月　四紀会『雷神長者』（黒沢参吉作、新木祥之演出）、須磨浦公園。

一九六四・六五年ころ、道井直次の関西芸術座での演出数が減っているが、この頃、〈じゃり屋〉になったとよく発言していた。じゃり屋とは、具体的には、子ども芝居をやる、つまり、児童劇の演出家になったという意味のようだった。その後、児童劇の世界で中心的な存在にもなる人だから、その卑下したような言い方はなくなったが。ただ当時、研究所生に劇団をつくらせようとする身振りがあった。ある時期には、演劇で生活をする学校公演の収入プランまで示していたが、一カ月後くらいには、「突然、劇団など作れない、学校公演の収入プラン表は、いかに困難かという事を示したものだ」と言われて、研究生たちは、梯子を外されたようで、唖然としていた。理由はよくわからないが、「研究所は劇団へ入る人材をつくっているので、他劇団をつくるためではない」といった苦情を言われたのか。そのためか、この期の研究所生に、すでに一本釣が始まっていた。だが、一人も劇団には入らなかった（委託生の人があとで一人入団した）。東京では、俳優座の研究所が、出身者（卒業生）で衛星劇団をつくらせていた。道井直次は、関西にもこのような衛星劇団をつくりたかったのかもしれない。これを断念したのか、後年は、創作劇で関芸の中心的演出者に帰って行く。

第十二章　合同公演は、何を生んだか

岩田直二の回顧によれば、戦後の混乱のなかで、バラバラにされていた人たちが、バラバラのままに劇団をつくっていた。だから、どの劇団も力が弱かった。分散され、孤立していた力を一つに収集する必要があった。――という想いが、合同公演や劇団合同に向かったのだ。この意味では、関西新劇には、合同公演が必要であり、劇団合同も必要であったのだろう。

大阪労演が出来て、当初は、劇団単独の例会も持たれていたが、観客の注目度からみれば、東京からの劇団の方が強く、関西の劇団は、束になってかからねばならなかった。それまで続いていた関西新劇団の労演例会は、一九五二（昭和27）年に姿を消している。しかし、「青年演劇クラブ」（制作座・民衆劇場・五月座・大阪放送劇団）を結成し、合同公演で、ふたたび労演例会を実現させる。最初が、一九五三年『阿Q正伝』で、一九五四年『富士山麓』、一九五五年『街の風景』、一九五六年は二本で『終末の刻』と『畸型児』で五回まで続けられた。例えば、第三回目の『街の風景』（エルマー・ライス作、中西武夫演出）三幕は、三十人を越える役者が登場している。一つに纏めるその苦労は、大変なものと想像されるが、この合同公演での交流を核にして、劇団合同が生まれ、労演例会も再開し、劇団形態は、その後、「関西芸術座」へと大合併を生んでいった。

関西新劇団合同青年演劇人クラブ『富士山麓』(福田善之・藤田朝也作、岩田直二・道井直次演出)1954

戦後のはじめ、合同公演『罪と罰』があった。ここから「劇団芸術劇場」が生まれた。色々な弱さと歪みをもちながら、戦後の分散を何とか収集しようとする動きであった。だが、この当時は、失敗に終わっている。離合集散が続く。それを避けるためには、劇団体制を強力なものにするための合同公演が必要だったと思わざるを得ない。勿論、合同公演には、一つの劇団ではできない作品を助け合い、補うことによって成立させる側面もある。ただ、大阪の場合は、足腰の強い、大きな劇団、質のよい舞台をつくれる劇団が、求められての合同公演なのであった。

これにくみしない、我が路線を行く人も、劇団もあったろう。劇団合同が実現して関西芸術座が成立して後、合同公演がなくなったわけでもない。一劇団だけでの能力では不足するので、お互いに協力し合う。だが、それで何を得たか、その後の点検ができたかなど、作業は先へ持ち越されているが、今後に期待がかかる合同公演もある。一九五八年十一月の大阪新劇団合同『破戒』(島崎藤村原作・村山知義脚色・大岡欽治演出)、四天王寺会館(関西新劇場・月光会・創作劇場・潮座・未来劇場・みみづく座)。大阪新劇合同公演『あわもりの村』(青江舜二郎作、西康一演出)、中央公会堂。一九六二年十二月の大阪新劇合同公演『荷車の歌』(山代巴原作、大岡欽治演出)、毎日ホール。同年六月の大阪演劇研究会・青年演出劇場・うずしお合同『まだ、今日のほうが』(八田元夫作、大岡欽治演出)、ABCホール。一九六四年十二月の大阪新劇合同公演『女の勤行』(菅竜一作、大岡欽治演出)、大手前会館。その他に、二劇団のみで協力する提携公演もあった。

俳優たちが意義あるものと思い参加する合同公演は、運動的、政治的な行動をともなう合同公演であろう。一九六〇年十一月の安保打破大阪各界懇談会主催・関西新劇人の会合同公演『石の語る日』(安部公房作、道井直次演出、板坂晋治装置)、中央公会堂(関西芸術座、道化座、テアトロQ、劇団うずしお、かもめ座、劇団あかつき、月光会)。一九六五年十二月の大阪新劇合同公演『デルタの夜明け』(宇津木秀甫・東川宗彦・かた

京都合同公演『装甲列車』（イワーノフ作、林想演出）
1963

おかしろう・中谷稔共作、岩田・道井演出）、厚生会館大ホール（関西芸術座、2月、ともだち劇場、大岡演劇研究会、未来、南大演劇研究会、息吹、集団土、青年演出劇場）。

協同行動的な合同公演にも注目させられる。一九六三年十一月の大阪新劇合同公演『明日を紡ぐ娘たち』（三期会・生活を記録する会作、道井直次演出）、御堂会館、十劇団参加（関西芸術座、明日、アングル、うずしお、大岡演劇研究会、仮面座、関西新劇場、クラルテ、土、青年演出劇場）。

その他のものでは、自立劇団の作者たちを巻き込んだ合同公演もあった。一九六四年十一月　大阪自立劇団第一回合同公演『季節風』（中谷稔作、森本景文演出）、国民会館。一九六七年十一月の合同公演『零余子』（長谷川伸二作、酒井光雄演出）、新朝日ビルホール（大阪協同劇場、関西芸術座、集団土、劇団2月、ともだち劇場）。一九六九年六月の大阪自立劇団合同第二回公演『怒りのウインチ』（長谷川伸二作、寺下保演出）、産経会館もあった。

大阪は、「青年演劇人クラブ」の合同公演のように将来の劇団合併を考えながらの合同公演が、五回も続けられたところに特徴を持っていたと言える。

京都はその点、表立っては、大合同への動きは無い中での合同公演であったろう。古くは、一九五二年七月、東京から土方与志を演出に招いて『検察官』で合同公演をもった（京芸、喜劇座、こうもり座、自立劇団協議会、学生劇団）。一九六〇年五月の京都新劇団合同公演『湖心荘』（田口竹男作、岩田直二演出）は、京都会館こけら落としであった。記念日や劇団相互の力を付けるために、一九六二年三月の京都新劇団合同公演『変転の時代』（アルブーゾフ作、蟻圭介演出）、スタニスラフスキー生誕百年記念で、一九六三年五月の京都合同公演『装甲列車』（イワーノフ作、林想演出、板坂晋治装置）を京都会館で公演（京芸、人形京芸、ドラマ劇場、自立演劇協）。

京都新劇団合同公演『カルタの城』（山崎正和作、北村英三演出）1962

全神戸劇団合同公演『ツーロン港』パンフレット表紙　１９５５

京都で注目したい合同公演は、京都労演が中心になって、勿論、労演例会にする企画であるが、一九六二年十月の京都新劇団合同公演『カルタの城』（山崎正和作、北村英三演出）、京都労演自主企画、京都会館（くるみ座が中心で、京芸、人間座）。劇作家山崎正和に委嘱しての作品企画であった。京都労演例会では、劇団京芸と人間座の合同公演『金魚修羅記』（黒沢参吉作）が、一九六八年九月にあった。その意味では、大阪の合同公演も、大阪労演の例会にとりあげられるためには、劇団単独では駄目で、合同公演が半ば強制された。さらには、大阪労演が、一つの質・量ある大きな劇団を求めていた。そのお蔭であろうか、合同公演が実現されていた一面があった。

神戸でも一九六〇年五月の合同公演『検察官』（ゴーゴリ作、北島三郎演出）、国際会館があり、神戸労演の要請もあったか、一九六八年十月の兵庫劇団協議会合同公演『大正七年の長い夏』（竹田芳一原作、小田和生脚本、北島三郎演出）、一九六九年十二月の兵庫劇団協議会合同公演『友達』（安部公房作、夏目俊二演出）、葺合公会堂で行われている。観客動員にも結び付くことも大きな理由であった。

少し違った形では、一回だけの合同公演もあった。一九六九年四月の月曜劇場合同公演『支配民族の私生活』（ブレヒト作、菊川徳之助演出）、御堂会館での公演は、複数での劇団参加の月曜劇場で再出発の気勢を上げるための合同公演であった。

結果的に、合同公演は、マイナス面もあるが、関西では、プラス面を出すことができたと言えよう。

第十三章　京都労演と土(金)曜劇場、大阪の月曜劇場、と神戸労演

(イ)京都労演土曜劇場のこと

＊**「京都労演土曜劇場のこと」柄戸辰雄（京都労演）**――「京都労演は、一九五六（昭和31）年十二月にその前身である〈京都演劇くらぶ〉を発展的改称し誕生した。〈新劇不毛の地〉といわれ、また〈京都ほど芝居好きのところはない〉などいわれながら過去八年にわたる組織づくりや、それ以前の〈演劇くらぶ〉当時の様々な苦労は、各地労演での組織づくりの諸経験と大差はありません。（略）京都新劇団の発展に寄与するところが少なかった……という反省から、ようやく京都新劇団に眼をむけられるようになりました。この間、一九五九年九月例会として劇団京芸、仲武司作「西陣のうた」を上演し、さらに、一九六二年十月、京都労演自主企画として作家と京都労演の共同作業で生まれた「カルタの城」山崎正和作、北村英三演出＝京都新劇団合同公演＝を例会にとり上げましたが、日常的なつながりが不充分で〈数年間に一回の例会ではいけない、もっと積極的な協力の方法はないだろうか〉という意味合いから京都労演土曜劇場が生まれたわけです。（略）劇団は１００円の入場料で、舞台費などに充当、会場費のみ、京都労演が負担してきました。」（「テアトロ」一九六五年六月号　№２６０）

〈土曜劇場〉は、一九六三年三月からはじまった。毎日新聞京都支局の三階のホール。ホールと言っても設

備があるわけではない。講堂のようなもの。間口三間、奥行二間。新劇劇団に自立劇団も加えて、寒いときと暑い季節は避けて、担当した。かつて関西芸術座が水曜劇場を企てたが、六回で終わってしまった。一劇団で毎週こなすのは大変なことであったろう。各劇団が担当月を決めてやるのが賢明だ。それ故か、京都労演土曜劇場は、一九六五年まで毎日新聞ホールでおこなわれたが、一九六六年からは、何らかの事情で、会場が山一証券ホールへと変わり、金曜日が公演日になったので、一九六六年からは、〈金曜劇場〉に改称された。一九七〇年はじめまで続き、それ以降は、新しい会館、〈京都府立文化芸術会館〉が出来て〈京都府民劇場〉へと引き継がれていった。

(ロ)大阪の月曜劇場のこと

大阪では、どこの補助もなく、劇団の努力で〈月曜劇場〉というものを立ち上げた。一九六五年のことである。京都と違って、一年間、月曜日にはお芝居をやっている、という企画であった。一カ月一劇団でも、十二劇団必要である。〈劇団2月〉が、音頭取りの中心であったが、関西青年劇場、新舞台、集団土、仮面座、プロメテ、大阪協同劇場、自由座、などで廻していった。

関西新劇が、演劇雑誌や新聞の劇評に取り上げられることは、ほとんどなく。たまにあるのは、関西新劇でも大手の劇団のみであった。しかし、〈月曜劇場〉がスタートして、毎月一劇団が毎週月曜日、四日間も公演するということで、話題性があって、毎月のように批評が掲載されるようになった。このことだけでも、大きな変化であり収穫であった。だがしかし、突然の会場費値上げ宣告でブレーキがかった。大阪の会場難は、こんなところにも、大きな影響を及ぼしていたのだ。

＊「月曜劇場のこと」〈月曜劇場〉というのは、ご存じのように、大阪の若い劇団が集まって、心斎橋の日立ホールで毎月曜日に芝居をやってゆこうとした、また、曲りなりのもやって来た。そのことを指しているわけですが、三年前の（一九六五年）六月からはじまって、いまちょっと頓挫しています。日立ホールの会場費値上げが直接の原因です

が、内容的には反省の時期に来ていたとも云えるのではないでしょうか。（中略）いまの大阪の若い劇団の力では年一回か二回、一晩か二晩の芝居をやるのが精一ぱいですが、月曜劇場の形だと月四回は芝居が出来る。それがぼくらには大変魅力だったというところから出発したのでした。（中略）いまやっと北浜の大阪屋証券ホールをみつけて、ここは月曜はよくふさがっていて借りにくいのですが、そこで息をつないでいます。来年になれば御堂会館の小ホールができるそうなので、そこを本拠にして再出発しようと、相談しているわけです。今の状態が一ぺんに変わるわけではなく、また変えることは大変むつかしいことだろうと思いますが、やる限りは、若いぼくらの主張を若々しくうたいあげてゆく場にしたいと思います。（「大阪労演」機関誌No.２３５　一九六八年十一月／語る人・菊川徳之助）

（八）神戸労演のこと

神戸労演は、一九五四年七月に、〈ぶどうの会〉の『夕鶴』・『スカパンの悪だくみ』で始まった。会場は、御影公会堂。会員数は、予想外の千二百名。会の名称で紛糾した。〈労〉の字を入れないようにという意見があったようだが、「神戸勤労者演劇協議会」（神戸労演）と決定した。反対者は、その場で脱会したとか。適当な会場（劇場）がなく、会場難で苦しむが、新聞会館（一九五六年六月）と神戸国際会館（一九五六年十二月）がオープンして好転する。六〇年代は、高度経済成長期で、新劇の黄金期とも言われ、『イルクーツク物語』（一九六〇年十二月）・『セチュアンの善人』（一九六一年二月）・『荷車の歌』（一九六一年九月）・『火山灰地』（一九六一年十一・十二月）など素晴らしい舞台が続き、『女の一生』（一九六九年四月）では、七千名を超える最高の会員数になるが、その後は、会員数の減少となって行く。それでも、当初から地元劇団との結びつきを大切にして、例会に取り上げ、関西地域の劇団へ眼を広げていた。創立から例会に取り上げた一九六九年までのリストを見てみると、

一九五四年九月　青年演劇人クラブ『富士山麓』（藤田朝也・福田善之作、道井直次演出）
一九五五年一月　くるみ座『肝っ玉おっ母とその子供たち』（ブレヒト作、田中千禾夫演出）

一九五五年三月　劇団京芸『獅子』（三好十郎作、山本能男演出）・道化座『夜の来訪者』（プリーストリー作、角野源平・森秀人演出）
一九五五年五月　大阪小劇場『森は生きている』（マルシャーク作、岩田直二演出）
一九五五年九月　神戸地元劇団合同公演『ツーロン港』（ブロック作、北島三郎演出）
一九五五年六月　道化座『森の野獣』（ヴォルフ作、中西武夫演出）、特別例会。
一九五六年五月　道化座『白蟻の巣』（三島由紀夫作、中西武夫演出）
一九五七年五月　大阪新劇合同公演（関西芸術座）『そら、また歌っている』（フリッシュ作、岩田直二演出）
一九五八年十二月　関西芸術座『岬の町の町会議員』（杉浦明平原作、村山知義脚色・演出）
一九五八年二月　関西芸術座『長い墓標の列』（福田善之作、道井直次演出）、特別例会。
一九五八年十月　神戸小劇場『われらのナターチャ』（カソーナ作、北島三郎演出）
一九五九年八月　劇団京芸『西陣のうた』（仲武司作、岩田直二演出）
一九五九年十月　関西芸術座『鎖のひとつの環』（藤本義一作、道井直次演出）
一九六〇年五月　神戸新劇合同公演『検察官』（ゴーゴリ作、北島三郎演出）
一九六〇年六月　関西芸術座『渦』（小堀鉄男作、岩田直二演出）
一九六〇年十一月　関西新劇団合同公演『牛』（東川宗彦作、岩田直二演出）
一九六〇年十一月　北島演劇研究所『みんな我が子』（ミラー作、北島三郎演出）、特別例会。
一九六一年七月　関西芸術座『はたらき蜂』（東川宗彦作、岩田直二演出）
一九六二年十月　関西芸術座『湿地帯』（小林ひろし作、岩田直二演出）
一九六三年九月　関西芸術座『米どころの報告』（宇津木秀甫作、岩田直二演出）
一九六四年十一月　関西芸術座『北京の茶館』（老舎作、岩田直二演出）
一九六五年九月　関西芸術座『タービン工場』（内田昌夫作、岩田直二演出）

一九六六年九月　関西芸術座『書けない黒板』（こばやしひろし作、小松徹演出）（民芸と並列例会）
一九六七年九月　関西芸術座『政商伝』（多田俊平作、岩田直二演出）　（劇団民芸と並列例会）
一九六八年九月　関西芸術座『おりん口伝』（松田解子作、道井直次演出）
一九六九年九月　関西芸術座『仏さわぎ』（東川宗彦作、岩田直二演出）（俳優小劇場と並列例会）

大阪、京都、神戸の三都市統一例会の影響もあったのか、六〇年代は関西芸術座のみの例会となった。そして、この年（一九六九年）で関西の劇団が例会に取り上げられることがなくなった。翌年、神戸地元劇団合同公演『小さな駅のある物語』（島源三作、早川昭二演出）が例会になるが、これ以降、一九七一年から大阪労演と同じように関西新劇団の例会は、消えて行った。だが、神戸労演は地元劇団の合同公演にも協力し、一九五五年には『ツーロン港』、一九六〇年には、『検察官』を成立させている。

第十四章　一九六六年から一九六九年までの劇団活動

（イ）一九六六年（昭和41）の劇団活動

〈大阪　一九六六年〉

■三月　大阪放送劇団『踏切の目』（茂木草介作・演出、山田勝美演出）。
■四月　劇団未来『身検』（浜田紀男作、和田澄子潤色、寺下　保演出）、労働会館ホール。
劇団黒『ユダヤ生まれの妻』『スパイ』（ブレヒト作、川桐信彦演出）、北御堂会館。（旗揚げ公演）
■五月　関西青年劇場『花咲くチェリー』（ボルド作、上森勲演出）、大手前会館。
■六月　劇団2月『はだかの王様』（道井直次作、菊田朋義演出）・『オキナワ県』（大橋喜一作、深海ひろみ演出）、日立ホール、月曜劇場。
■七月　関西青年劇場『夜の来訪者』（プリーストリー作、菊川徳之助演出）、日立ホール、月曜劇場。
■八月　大岡演劇研究会『ブレヒト没後10年記念・第三帝国の恐怖と貧困より』（ブレヒト作、桜沢正勝、船越克巳、長橋芙美子、大岡欽治演出）、大手前会館。
■九月　大岡演劇研究会『三家福』（丘揚作）・『父帰る』（菊池寛作）、大岡欽治演出（両作品）、大手前会館。

関西芸術座『書けない黒板』（こばやし・ひろし作、小松徹演出、阪本雅信装置）、毎日ホール。大阪労演例会。

＊力作だが、人物が類型的になってしまっている。演技陣は緊張感を持ってかなり高いアンサンブルを示した。

やわらぎ『あさがやってきて』（徳丸勝博作、道井恵美子演出）、四天王寺会館。

大阪協同劇場『たたかいのうた（構成劇）』（村川徳直構成）・『怒りの島』（霜多正次原作）、日立ホール。月曜劇場。

■十月

南大阪劇研『玄界灘の怒り』（古川はじめ作、一芝竹夫演出）、中央公会堂。

劇団未来『だけどわたしのせいじゃない』（和田澄子作、森本景文演出）、大手前会館。

劇団２月『第三の証言』（椎名麟三作、副島昭彦演出）、日立ホール。月曜劇場。

＊作者の原罪追究に食い下がって、ある程度の成果をあげているが、作品が大きすぎたか、宗教的なところが、合わなかったか。どうしてこの作品が選ばれたのか、という疑問があった。

創作集団黒『黒いバラの月』（もりたかんじ作・演出）、大阪電子会館。

劇団青年舞台『積乱雲』（木谷茂生作、久能正博演出）、『ピエールパトラン先生』（久能正博演出）、大手前会館。

アカデミー小劇場『黒い太陽』（林黒土作、筒井好雄演出）、百人劇場。

＊業余劇団、アカデミー小劇場が創立される。

■十一月

大岡演劇研究会『東は東』（岩田豊雄作、大岡欽治演出）、大手前会館。

劇団２月『学校』（井関義久作、深海ひろみ演出）、大手前会館。

関西芸術座『大阪城の虎』（かたおかしろう作、道井直次演出、阪本雅信装置）、大手前会館。大阪府文化祭賞。

＊劇評　**清水三郎「関芸カブキの味」**　太閤秀吉の権力と圧制に立ち向かう大阪町人のエネルギーを、虎をかみ殺す犬の姿におきかえて民話劇に仕込んだのだが、演出者は〈演出の基調をカブキにおいた〉という通り、民

関西芸術座『大阪城の虎』(かたおかしろう作、道井直次演出、阪本雅信装置) 1966

話劇としての新しい様式をなぞらえたために、カブキまで引き出してきた。登場する六匹の犬、リキ（浜崎憲三）、ハチ（楠年明）、クマ（原将人）、チン（北尾はるみ）、チヂ（千葉保）、おギン（藤山喜子）は、なかなかのもの。人間のいる時は四つんばいでワンワン鳴くだけ、仲間だけになると人間並みに立ち起こってしゃべる。この演じ分けが大変、歯切れがいい。この犬ども、日ごろは、からっきし意気地がなく、虎の餌にされるため捕えられても、泣いたり、兵卒に媚を見せたりするのが精一杯。今までの民話劇だと、ここまで筋が運ぶと、あとは易々決起するキッカケを出してくるのだが、この芝居ではもう一つ、伏線を張っていて、それが成功した。リキの飼い主（寺下貞信というのが餌取り――賎業についてる河原百姓のことだが――で、侍たちにリキらを殺して皮を剥げと拷問責めにあう。とどのつまり、リキでない犬の皮を剥ぐことになるのだが、これを見ていたリキは今まで一番信じていた主人のザマに怒りを爆発させる。餌取りが拷問にあい、犬の皮を剥ぐあたりの描出が凄絶なので、後につづく虎退治が生きてくる。（「テアトロ」一九六七年一月号　No.281）

▼かたおか しろう　一九二八～二〇〇五年。大阪生まれ。関西芸術座に提供した『大阪城の虎』の作者。勤務する布施市立中学校演劇部に提供して集団創作『どこかで春が』に纏めて、映画化。一九五八年自立劇団息吹創立に参加。『天満のとらやん』『牛鬼退治』などで受賞作多数。『大阪の劇作　三人の戯曲集』をテアトロ社から出版。

▼阪本雅信　一九三二～二〇一五年。大阪出身。大阪市立大学在学中から演劇に熱中し、五三年に関西新劇団合同公演『阿Q正伝』の装置を板坂晋治と共同で担当。卒業後、五六年に大阪テレビ（ＯＴＶ）入社、第一期生として美術を担当し、のち朝日放送美術部長を勤めた。各劇団の舞台美術を数多く製作し、日本舞台美術家協会副理事長を歴任した。

■十一月　集団土『少年と自動小銃』（中島陸郎作、原田貞夫演出）・『煙突のあるオアシス』（大橋喜一作、木下サヨ子演出）、日立ホール。月曜劇場。

アカデミー小劇場『ピエール・パトラン先生』（鈴木力衛翻案、島米八演出）・『道化』（岩場一夫作、高谷昌男演出)、百人劇場。

■十二月　テアトロQ『三つの世界』(西康一作・演出)

アカデミー小劇場『結婚の申込』(伊賀山昌三作、田中康介演出)・『開幕30分前』(小幡欣治作、高谷昌男演出)、百人劇場。

■その他　仮面座『世間胸算用』(井原西鶴より、藤本義一作、海老江寛演出)、大手前会館。

〈京都　一九六六年〉

■二月　すわらじ劇園『思い出を売る男』(加藤道夫作)、山一証券ホール。

■四月　くるみ座『エレクトラ』(ソホクレス作、宮村一幸演出)、サンケイホール。創立二〇周年記念。

■五月　京都小劇場『仮処分の家』(井上俊介作、蟻圭介演出)、公演No.1

▼蟻　圭介　一九二七〜一九七八年。演出家。大丸に勤めながら演劇活動。職場劇団「八月座」「ふぶき」。五四年に専門劇団「こうもり座」へ。人間座結成。五九年「京芸」入団。六二年、京都新劇団合同公演『変転の時代』(アルブーゾフ作)を演出。六三年脱退。六四年「劇団京都小劇場」結成。七七年『椅子と伝説』が最後の演出。

■五月　ドラマ劇場『二人で狂う』・『授業』(イヨネスコ作、林想演出)、山一証券ホール。

■六月　すわらじ劇園『糸車の祈り(ガンジーの生涯)』(藤原卓脚本)、京都会館。

『嫁取り歌』(青山静樹作、井上脩演出)、京都会館。

くるみ座『ヘッダ・ガブラー』(イプセン作、泉野三郎演出)、京都会館。

＊強烈な自我を持ち、解放された女性ではありながら、近代女性として本当の生き方を見い出せないヘッダを中畑道子が、しっかりと表現していた。エルヴィスッド夫人の加藤三紀子が力演だった。創立二十周年記念公演。

■九月　劇団京芸『狐とぶどう』(フィゲレード作、増永昭人演出)、山一証券ホール。金曜劇場。

＊私の短評／里井陸郎同志社大教授・談――(前略)当時の掟はこうだ。罪を犯したものが奴隷なら、主人に引

き渡して処罰させる、自由人ならガケの上から突き落とす。クサントスはイソップに「いまでも私の奴隷だといえ。命はきっと助けてやるから」とすすめたが、イソップはガケに向かって歩いて行った。「私は自由なのだ」といい切って……。さる九日京都市中京区大丸百貨店東側の山一証券ホールで、劇団京芸が上演した「狐とぶどう」だ。こんど新しくスタートした京都金曜劇場の皮切りで、この「狐とぶどう」が上演された。舞台には、皮肉なせりふがしょっちゅうとび出す。目先の欲にとらわれ、いうことがつぎつぎ変わる連中と、イソップとのことばのやり取りが実に面白い。藤沢薫のイソップは味のある好演で、舞台をぐんぐんひっぱって行った。（中略）〈京都にいては、どうせ何をやってもダメだ〉という無気力なふんいきを打破るファイトが、なにより大切だと思う。（「朝日新聞」一九六六年九月十三日）

くるみ座『菊とかいがら』（徳丸勝博作、加藤泰演出、阪本雅信装置）、京都会館、毎日ホール。大阪労演例会。創立二十周年。

＊「この作者の作劇術はたしかなものである。だが、主人公のイメージがもう一つさだかではない。主水は武士階級の終末と民衆の台頭を予測し、自らは酒色におぼれている人間だが、そのような人物がなぜ重臣襲撃に加担したか、その点の心理があいまいである」という指摘に納得するものがあった。

■十月　劇団京芸『黙秘』（勝山俊介作、藤沢薫演出）、勤労会館。

ドラマ劇場『ピエールとリュース』（ロラン原作、林想演出）、山一証券ホール。金曜劇場。

＊せっかくのリアルな演技、はっきりした発声が充分に生かされなかったのが惜しまれた。それは、ただ、筋を運ぶのに追われていたからか。スライドの使用も劇の流れを妨げているようで疑問であった、という声があった。

■十一月　人間座『霰の谷に』（田畑実作・演出）、山一証券ホール。金曜劇場。

■十二月　テアトロ・トフン『アルトハイデルベルク』（フェルスター作、近藤公一訳・演出）、京都会館第二ホール。「鈴木久弥一周忌追悼公演」。

くるみ座『落葉日記』（岸田國士作、人見嘉久彦演出）、ＳＡＢホール。

＊京都労演主催の〈土曜劇場〉が〈金曜劇場〉に変わる。劇場も毎日新聞ホールから山一証券ホールになる。

〈兵庫　一九六六年〉

■一月　四紀会『彦市ばなし』（木下順二作、北島三郎演出）・『神戸港を平和の海に』（中村信司作、新木祥之演出）、中央体育館。

四紀会『月の出の脱走』（グレゴリー作、新木祥之演出）・『南ベトナムの旗』（久保孝志作、北島三郎演出）・『子ねずみ』（堀田清美作、北島三郎演出）、児童文化会館。

■三月　四紀会『赤い陣羽織』（木下順二作、北島三郎演出）、千種町。

道化座『ベニスの商人』（シェイクスピア作、夏目俊二演出）、

■五月　四紀会『太郎当年十六才』（木谷茂生作、岸本敏朗演出）・『沖縄は叫んでいる』（大橋喜一作、新木祥之演出）、生田公会堂。

＊今さら珍しい形式でもないが、生田公会堂という小さなホールのど真ん中に、円型舞台を架設し、観客は三方から眺められる仕組みにしたこと、観客を目と鼻の先にして、俳優が集中し、役を生きようとしていることに驚いた、と評価している人がいた。

四紀会『沖縄は叫んでいる』（大橋喜一作、新木祥之演出）1966

道化座『リチャード三世』（シェイクスピア作、夏目俊二演出）

＊劇団のエネルギーだろうか？　長時間、よくやりぬいた公演だった。

■六月　劇団どろ『僕らが歌をうたうとき』（宮本研作、池田伊津男演出）、王子児童文化会館

■九月　神戸自由劇場『怒りの夜』（サラクラー作、今泉修演出）、王子児童文化会館。

＊神戸の二つの高校の演劇部が寄って一昨年秋に結成。

■十月　四紀会『ろんしゅいごう――北京の夜明』（老舎作、北島三郎演出）、海員会館。
＊七年前のものの再演。上方漫才の味を持っていた。チョンに扮した仲比呂志の柔軟な演技を中心に、登場人物の掛け合いが実にユーモラスにかもし出されていた、と認める評者がいた。

テアトロ・パン『フェエドル』（ラシーヌ作、牧慎三演出）、神戸市立児童文化会館。

■十一月　道化座『ハムレット』（シェイクスピア作、阿木五郎演出）、厚生年金大ホール。

(ロ)一九六七年（昭和42）の劇団活動

〈大阪　一九六七年〉

■一月　大阪新劇集団るつぼ『三家福』（丘場作、大岡欽治演出）

アカデミー小劇場『天国泥棒』（加藤道夫作、脇田日路志演出）、百人劇場。

■二月　青猫座『動物園物語』（オルビー作）・『瀕死の王』（イオネスコ作）、演出は、辻正雄、朝日生命ホール。青い劇場第十五回公演。（昨年は全く公演がなかった）

アカデミー小劇場『還魂記』（飯沢匡作、高谷昌男演出）、百人劇場。

■三月　土曜小劇場『山羊が島の犯罪』（ウゴ・ベッティ作、小林由利演出）、日立ホール。（第一回公演）

劇団2月『花刀』（多田徹作、坪井敦演出）、日立ホール。月曜劇場。

南大阪劇研『黙秘』（勝山俊介作、赤松比洋子演出）、大手前会館。

■四月　青猫座『なよたけ』（加藤道夫作、辻正雄演出）、サンケイホール。第四十五回公演。

劇団２月『花刀』（多田徹作、坪井敦演出）1967

＊「いまや新派役者の金田竜之介や放送タレントの志摩靖彦あたりに若い演技者が食われている。詠嘆調や思い入れたっぷりという感はあるにしても金田や志摩は、実にはっきりセリフを言う。ところが、若手は詰まったり、うわずったり、何を言っているのかわからない。なよたけ役の河村百合子は、一生懸命だが、ギスギスしていて、夢を誘わぬ」という批評に、演者たちは、当時、異議申し立てをしただろうか？

大岡演劇研究会『止動方角』（狂言、藤本栄治演出）・『雑貨屋の籠』（ザックス作、川崎元演出）、能楽会館。

わだち『ど根性の旗』（実村和己・あずまさとる作・演出）、吹田市民会館。

劇団青年舞台『夜の来訪者』（プリーストリー作、久能正博演出）、関電ホール。

＊推理社会劇を打ち出そうとした意図はよくわかる。しかし、演技者に滑舌など基礎づくりを望む、という声があった。

■五月　プロメテ『他人に首』（エーメ作、岡村嘉隆・宮井道子演出）、朝日生命ホール。

＊達者な役者が揃っているが、達者に溺れていては、どうなのかという、疑問がささやかれていた。

大阪協同劇場『明日という日に』（村川直作、酒井光雄演出）、日立ホール。月曜劇場。

＊真面目な志向が評価されている。例えば、「同人雑誌に載った小説を参考にしてつくったもの。素材をじっくり取り組もうとする劇団であり、座付ももっているのだから、貧しさと闘う人々の姿をさらに深く追究した劇を創って欲しい。」という期待がある。ただ、真面目さだけでは演劇は作れないところに難しさがあろう。

▼酒井光雄　敗戦直後から大阪新劇にかかわり、「うずしお」「大阪協同劇場」など一貫して演出の道を行った人。一九九六年十二月、食道ガンにて逝去。七十四歳。

■六月　関西芸術座『壊れ甕』（クライスト作、小松徹演出）、御堂会館。

集団土『筑豊の少女』（林黒土作、原田貞夫演出）・『蒼空の彼方から』（中島陸郎作、木下サヨ子演出）、日立ホール。月曜劇場。

■七月

関西青年劇場『制服』（安部公房作、菊川徳之助演出）日立ホール。月曜劇場。

大岡演劇研究会『雨宮ちよの処分』（押川昌一作、大岡欽治演出）、朝日生命ホール。

劇団明日『天の川をご存じですか』（ヴィトリンガー作、道井直次演出）、大阪屋証券ホール。（￥300）
＊登場人物は十数名。それを二人で演じる。役者冥利につきる。巧さが感じられる。

■八月

関西芸術座『政商伝』（多田俊平作、岩田直二演出）、サンケイホール、大阪労演例会。
＊そのまま埋もれて終うのではないかと思われた『政商伝』だが、やっと日の目を見た。関芸が、岩田直二が、この一作にかけた執念のほどといっていいだろう。
新舞台『虚影』（津山啓二作・演出）、日立ホール。月曜劇場。

大阪放送劇団『無辺の一人』（沖蒲京子作、人見嘉久彦演出）、関電ホール。

■九月

大岡演劇研究会『オモニの銃』（ブレヒト作、大岡欽治改修・演出）、厚生会館。
＊ブレヒトの『カラール』を朝鮮戦争に移し替えて、民衆の姿を描く。祖国の母ものとなるが、そのためにか、アジ・プロ的になりすぎたか。
新舞台『西瓜猿』（西村貞雄作、前田甫演出）・『花房の狸』（竹内勇太郎作、前田甫演出）、日立ホール。月曜劇場。
＊新狂言と名づける『西瓜猿』は、どのような新狂言を目ざしているのか、不明の部分が多いようであった。『花房の狸』は若者ふたり、狸に酒を振る舞われて小器用に踊る。それは劇団の持ち味だと思う。
仮面座『初恋』（村山知義作、英岡晧造・海老江寛演出）、日立ホール。月曜劇場。
＊三十年前の、鮮やかな、家族制度批判も、もはや当たり前になっている。それ故にか、舞台にあるのは庶民の日常生活を風俗的にとらえているだけになっているのではないか。

■十月

劇団2月・関西青年劇場合同『セチュアンの善人』（ブレヒト作、菊川徳之助演出、阪本雅信装置）、新朝日ビルホール。大阪文化祭奨励賞。

劇団２月・関西青年劇場合同『セチュアンの善人』（ブレヒト作、菊川徳之助演出）1967

＊劇評　清水三郎――シェン・テとシュイ・タの性格づけ、その周囲にいる水売りワン、失業飛行士ヤン、寡婦シン、女家主、床屋などの位置づけも周到なのだが、はっきり言って〈歴史性〉に探ろうとして探りきれない〈もどかしさ〉を残している。幕切れのワンの言葉が、もう一つ空しい。セチュアンの虚構の劇の世界と平行する現実の資本主義社会への掘り返しが効いていないのだ。だが、この劇が謎解き劇のような、カラクリ劇のようなものにならなかったのは成功である。間狂言を加えた〈場〉の多い劇だけに、よほど全体のリズムを考えていかないと感動が寸断する。ここでは、一つ一つの場が案外しっかりしているので流れにひどいムラはなかった。努力賞だ。（「テアトロ」一九六七年十二月号　No.２９３）

大阪協同劇場『霰の谷に』（田畑実作、村川直演出）、日立ホール。月曜劇場。

＊人間座・田畑実の新しい侵略戦争シリーズの第二話。未亡人（高津絹代）が娘に手紙を書く幕切れが、ドラマティックだ。ただ、全体にもっと状況の太さが欲しい。

劇団アカデミー『真夏の夜の夢』（シェイクスピア作、矢部章演出）、産経ホール。

＊森の中で正気とも、うつつとも分からない若者たちが、あやしく乱れ合うあたりの幻想感は美しい。職人たちの茶番劇にたくまぬ良さがあった、という感想に納得する。

■十一月　演劇集団息吹『巣ばなれ』（黒沢参吉作、坂手日登美演出）・『異説うばすて』（梅林重太郎作、大岡欽治演出）市民ホール。

大阪新劇合同公演『零余子』（長谷川伸二作、長谷川伸二・酒井光雄演出）、新朝日ビルホール。（大阪協同劇場、関西芸術座、集団士、劇団2月、ともだち劇場）

＊共働きについて回る多くの障害は、家庭や職場から出て、もっと社会的な、政治的な広い場で解決されるべきだが、現状は個人的な形で解決せざるを得ないではないかと呼びかける。第一幕はまとまっていたが、第二幕は平板で盛り上がり不足。

劇団未来『金魚修羅記』（黒沢参吉作、寺下保演出）、国民会館。

劇団潮流『雷雨』(オストロフスキー作、大岡欽治演出)
1967

＊劇評　清水三郎――印象から云えば、大変巧く、自立劇団のワクを越えた力を示した。聞けば、劇団創立五周年の今日も、メンバーの入れ替わりが少なく、ずっと腰をすえている人が多いらしい。働きながら、働くものの劇をつくる基本が出来ているのである。〈金魚修羅記〉は京阪工業地帯の埋立地に四千数百坪の細長い金魚池をもつ養魚場が舞台。〈大事なのは、掌にのる程のちっけぇ命だが、命をつくりだす仕事だってこと〉に生き甲斐を託しているような人たちが新種づくりに夢中になったり、池を築いた先祖の話に打ち込んだりするところから始まる。それに製薬会社の買収が絡んでくるのだが、その波紋はまだ微かに揺れているだけで、劇はちっけぇ命づくりの業者たちが時代にひしがれていく挫折と抵抗の姿を辿るものに見えた。ところが、問題はそこにあるのではなくベトナム特需あふれる製薬会社を捉えてきて、戦争協同体制への反対闘争へ主題をすり変えていく。(「テアトロ」一九六八年二月号　No.295)

やわらぎ『青い麦』(鶉野昭彦作、広野みどり演出)、四天王寺会館。

テアトロQ『長子』(フライ作、西康一演出)、北御堂会館。

プロメテ『風の中の人々』(インジ作)・『二つの月曜日の思い出』(ミラー作)、関電ホール。

劇団麦『ガラスの動物園』(ウイリアムズ作)、厚生会館ホール。

劇団若者『自由とモラル』(武治司作、高見国生演出)、厚生年金小ホール。

■十二月　劇団潮流『雷雨』(オストロフスキー作、大岡欽治演出)、新朝日ビルホール。

＊劇団潮流誕生(大岡演劇研究会を改名)

＊劇団潮流の旗揚げ公演。大岡欽治の創立の演説の意気込みがすごかった。

＊藤本栄治の話――戦後すぐは、女優がいなく、女子高校から女性を借りても、出演の許可は降りなった。誤魔化して声の出演でやったこともある。戦中、戦後は新劇でなく歌舞伎小屋へ行く方が多かった。親は興行主であった。演劇の研究所へ通い、そこで講師に来ていた大岡欽治と出遭い、大岡演劇研究会から劇団潮流の俳優になって

いった。(二〇一四年六月三日、天下茶屋でインタビュー)

プロメテ『芝居』(ベケット作)・『禿の女歌手』(イオネスコ作)

＊不条理なムードの中で人生に関する果てしない弁解の繰り返しや、言葉の屈伸運動という筋立てを追っているうち、イロニカルな不条理なムードが、知的な誇張を帯びてくるよう、と書かれていたが、評価しているのか疑問を投げかけているのか不明。

青年舞台『恐怖』(ソリア作、鈴木基允演出)、関電ホール。

自由座『話してくれ、雨のように』(ウイリアムズ作、葉山英之演出)、日立ホール。月曜劇場。

劇団左手『バラード=注文の多い料理店』(ピンター作〔原題『ダム・ウェイター』〕、大沢紘一演出)、厚生会館小ホール。

■その他

青猫座『ダイヤルMを廻せ』(ノック作)

「新劇公演と名づくるもの、数えて二十三。関西では、ちょっとした月間記録。一回きりで蒸発するような正体不明のものもかなりあった。問題はそれと知れた劇団が七日間に十公演と重なり合った。ただ、プロとアマの区別がつきにくい関西で、対比性を探る公演が多かったのは、昭和四十三年につなぐ、せめてもの希望であった」といったような発言があった。

〈京都　一九六七年〉

■三月　京都小劇場『傘をさせば雨にぬれない』(宇野薫之作、蟻圭介演出)

すわらじ劇園『産業日本行進曲』(武藤山治作、井上脩演出)、国民会館。

■六月　すわらじ劇園『土塊(大原幽学伝)』(藤原卓作)、京都会館。

『夜明け』(伏見丘太郎作、井上脩演出)、京都会館。

■七月　京都小劇場『殼をぬいだでんでん虫』（土方鉄作、蟻圭介演出）山一証券ホール。金曜劇場。
くるみ座『ヴェニスの商人』（シェイクスピア作、山崎正和演出）、京都会館。
＊山崎正和の演出での手直しが成功。序幕に付け加えがあったり、道化をいかす、シャイロックの人間性を匡したり、箱えらびの筋を整えた、という劇作家であり評論家である山崎を演出でたたえたものが目についた。

■九月　劇団京芸『雪崩』（下戸明夫作、藤沢薫演出）、山一証券ホール。金曜劇場。
＊村を離れまいとする農夫の執念を探っているところが評価されたようであるが、離村する農夫を追うところに新しさが芽生えたかもしれないという指摘があった。

■十月　人間座『影のない夏』（田畑実作・演出）、山一証券ホール。金曜劇場。
くるみ座『一家風』（森本薫作、徳丸勝博演出）・『退屈な時間』（森本薫作、人見嘉久彦演出）、完成した稽古場でのアトリエ公演。森本薫歿後二十年。
＊『一家風』は、森本薫の処女戯曲と言っていいだろう。関西言葉で書いた森本の珍しい作品となる。例えば、親子という世代の違う登場人物の特徴をどう演じわけられるか。戯曲と演技の間に断層があったらしい。『退屈な時間』は、森本のなかでは、難しい作品と言われている。が、くるみ座の和芸が活かされた作品ともいえるか。

■十二月　くるみ座『詩の夕べ——島崎藤村詩集』（北村英三演出）、けいこ場。

■その他
ドラマ劇場『ヴェニスの商人』（シェイクスピア作、林想演出）
現代劇場『AとBと一人の女』（別役実作）・『芝居』（ベケット作、演出はともに小松辰男）、山一証券ホール。

〈兵庫　一九六七年〉

■一月　四紀会『南京虫のうた』（佐藤文夫作、新木祥之演出）、神戸海員会館。

■三月　四紀会『モルモット』（寺島アキ子作、新木祥之演出）、葺合公会堂。
■五月　わらべ『踏みにじられたペチュニア事件』・『坊やのお馬』（ウイリアムズ作、高崎秀夫演出）、西宮市立勤労会館。
■七月　道化座『争わぬ男』（江上照彦作、柴田修作演出）、神戸海員会館。
■十月　テアトロ・パン『アンドロマク』（ラシーヌ作、牧慎三演出）、神戸児童文化会館。
＊せりふの長いフランス古典劇は、相当に熟練した役者でないと無理だろう。俳優は静止して、明かりで支えず、せりふに託す演出は、せりふに頼れる俳優がいないと苦しい。
四紀会『酒と老婆と役人』（ふじたあさや作、梶武史演出）、修法が原。
道化座『傀儡師』（徳丸勝博作、夏目俊二演出）、神戸海員会館。
■十一月　劇団どろ『カラールのかみさんの銃』（ブレヒト作、米田武夫演出）、葺合公会堂。
■十二月　四紀会『陸橋』（小島真木作、新木祥之演出）、神戸海員会館。

この年、大阪では、低料金だった大手前会館が閉館で痛手。大阪の月曜劇場、京都の金曜劇場という二つの代表的な活動が継続されたのが一つの前進か。

（八）一九六八年（昭和43）の劇団活動

〈大阪　一九六八年〉

■一月　仮面座『ルリュ爺さんの遺言』（ガール作）・『夫の正体』（モルナール作）・『陪音』（ガスティンバーグ作）、演出は、海老江寛。日立ホール。月曜劇場。
演劇グループ獏『ダム・ウェイター』（ピンター作、藤村洋一演出）、厚生年金会館小ホール。

■二月　劇団2月『可愛い女たち』（チェーホフボードビル、坪井敦演出）、日立ホール。月曜劇場。

＊『二人だけの劇場』発足。

■三月　関西青年劇場『三角帽子』（アラルコン作、上森勲演出）、日立ホール。月曜劇場。

アカデミー小劇場『太鼓』（木谷茂生作、内藤栄造演出）、百人劇場。

■四月　劇団潮流『地熱』（三好十郎作、大岡欽治演出）、朝日生命ホール。

＊お雪の真情に打たれて、泣き笑いする幕切れまで、その展開には、どうしょうもない新派的身振りがついてまわる、と書いていた人がいたが、新派的ではいけないのかしら。藤本（留吉役）に、金にとりつかれた男の執念がこもり、朝吹（香代役）に、心の裏に隠された女の真実がにじんでみえた、という評価の方は納得がいくが。

新舞台『カッコイイ・えんたあぷらいず』（前田甫作・演出）、日立ホール。月曜劇場。

＊劇評　清水三郎――ねらいは面白い。日本を、るつぼに叩き込んだエンタープライズを、どこかのアングラ酒場で、〈すごくかっこいい〉と若者たちが騒いだ話によっている。この原子力空母が、佐世保にやってきた時点で、当時のマスコミを揺さぶった一連の事件――佐世保、全学連、基地、デモ、ベトナム。脱走兵、ベ平連、それにアングラ、ゴーゴーなど街の風俗まで取り込んだ作品だが、結果としては、二時間足らずの舞台に納まりきらず、ニュース的素材を列記したかの感が強い。（「テアトロ」一九六八年六月号　No.２９９）

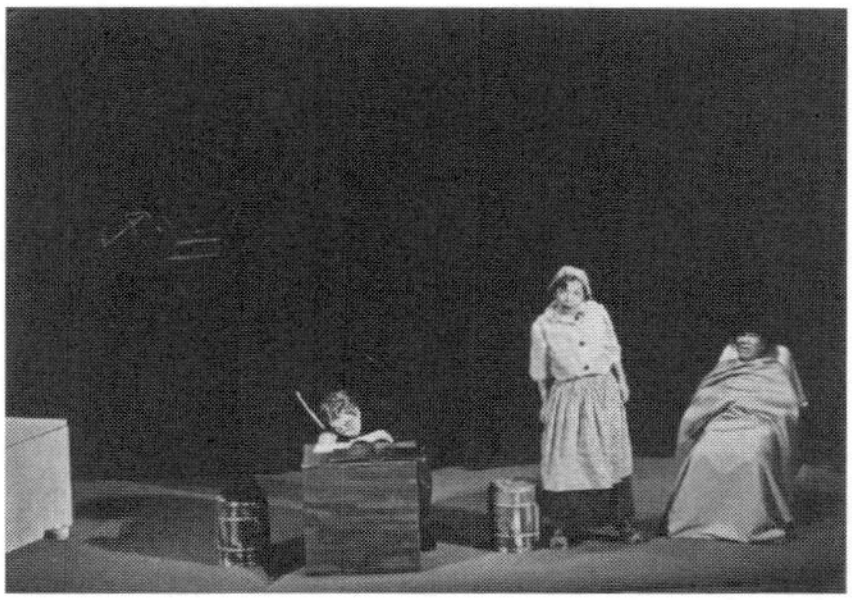

仮面座『ルリュ爺さんの遺言』（ガール作、海老江寛演）1968

劇団潮流『地熱』（三好十郎作、大岡欽治演出）1968

■五月　青猫座『象と簪』（矢代静一作、辻正雄演出）、サンケイホール。（三演目）
劇団息吹『ゆるぎなき審判を』（山崎喜正作・演出）、八尾市民ホール。

南大阪劇研『おふくろの歌』（黒沢参吉作、赤松比洋子演出）、国民会館。

劇団アカデミー『唖の女房をもらった男の喜劇』（フランス作、島米八演出）、百人劇場。
■六月　関西芸術座『赤い陣羽織』（木下順二作、岩田直二演出）・『天満のとらやん』（かたおかしろう作、上利勇三演出）、御堂会館。
大阪放送劇団『タルチュフ』（モリエール作、西山辰夫演出）
仮面座『水仙と木魚』（三好十郎作、酒井光雄演出）・『しんしゃく源氏物語』（榊原政常作、敷口敞子演出）、大阪屋証券ホール。月曜劇場。
*劇評　清水三郎――女心を一ひねりしている『しんしゃく源氏物語』を、もう一つひねり上げようとしたのが演出のねらいらしく、乾いた手法で、このセンチメンタルを切りさいなもうとする。姫（加納彰美）にキナ臭い声を出させたり、少将（安野広美）を思い切りひっくり返してサイケな声をあげさせたり、……まだ写実芸にしがみついている連中に、リアルを超えろと要求しても無理であった。（「テアトロ」一九六八年八月号No.３０１）
プロメテ『マリウス』（パニョール作、山像信夫演出）、島之内小劇場。
*プロメテ、島之内小劇場初公演。
*島之内小劇場開場。「〈荒野に水が湧きいで、砂漠に川が流れる〉（イザヤ書35章）。私たちも不毛の砂漠を開拓し、都会の孤独からぬけ出て、対話の花をこの都会にさかせよう。……人間であることの哀しみと喜びとをみつめ、人間になるために励まし合って問い続けて行く。礼拝堂の中のこの小劇場を、そういう場所にと育ててほしいのです」（島之内教会・西原明牧師　会場パンフレット）。これ以降、三十年間、東京、関西を問わず、多くの劇団が公演することになる。
■六月　青猫座『渇きと飢え』（イオネスコ作）

演劇グループ獏『動物園物語』（オルビー作、門川勝、藤村洋一演出）、茶房シーホース。

＊いわゆる喫茶店を利用しての小舞台だが、場所が喫茶店だから劇が成り立つというわけのものではない。ただ、不条理劇に取り組む意欲はあった。期待したい劇団だが、この後、どうなったか。

劇団炎『三人の盗賊』（八木柊一郎作、河田昇演出）、厚生年金会館小ホール。

＊大阪放送劇団を離れた若者。小さいとか狭いとかいうことにおかまいなくではないが、ソフィスティケーションの喜劇では、力がはみ出している。

■七月

集団土『夜の歌』（中島陸郎作、木下さよ子演出）、大阪屋証券ホール。月曜劇場。

自由座『ゲルニカ』（アラバール作）、日立ホール。月曜劇場。

アカデミー小劇場『広島の女』（長谷川行男作）・『ヴイテルボの娘たち』（アイヒ作）、演出は筒井好雄、百人劇場。

■八月

劇団潮流『泰山木の木の下で』（小山佑士作、大岡欽治演出）、御堂会館。

＊「原爆被災二十四年を迎える時点で公演を持つのは単に時流にのることでなく、その歴史的現実を深く反省しようとの意図をもっている。」と劇団自身が記す。

劇団2月『花刀』（多田徹作、深海ひろみ演出）・『小さいお城』（マルシャーク作、菊田朋義演出）、新朝日ビルホール。

■九月

関西芸術座『おりん口伝』（松田解子原作、道井直次演出）、サンケイホール、大阪労演例会。

＊劇評　清水三郎――「おりん口伝」は明治の後半期、独占資本主義が労働者を駆使し、搾取していった経過の中で炭鉱夫の苦悩を描いている。舞台は明治三十四（一九〇一）年から三十九年にかけ、秋田県の山奥にある荒川鉱山を背景に展開するが、ここの土方請負業の家へ嫁いできたおりん（小道むつみ）を通して、語りつたえられた鉱山労働者の真情をたずねている。演出の道井直次は〈おりんの半生を通じて、働く者たちが苦渋の中から連帯して団結する、その人間の尊厳、働く者たちの真情こそ、〝口伝〟は伝えようとしているのだ〉としるす通り、おりんを中心にした群衆劇として演出されている。労働者の目覚めなどいうと、闘争へスト

レートに繋がっていくような、問題意識が先走るものが多いのだが――この劇団にも今までにそれがあった――ここでは一人一人について人間感情を呼び起こすような描写がある。四十数人の大家族を切りもりするおりんが、忍従の生活を通して訴えてくる息吹きが、ときには舞台の片隅に凍りついているような切々さが感じられた。関芸が手がけてきたこれまでの群衆劇の中では、よくまとまったものの一つであろう。といって手放しで賞めるわけにはいかない。初日の秋田弁が全く聞きとれなかったし、思い入れの芝居が多かったのも、身振りの大仰さともあわせて気になった。（『テアトロ』一九六八年十一月号　No.３０５）

■九月　プロメテ『スカパンの悪だくみ』（モリエール作、村田隆史演出）島之内小劇場。

＊上方弁に翻案されていたようだが、このことを聞けば、ちょっと見てみたい気を起こさせただろう。

■十月　青猫座『マリアへのお告げ』（クローデル作）〈クローデル百年祭〉

大阪協同劇場『橋のある街』（村川直作）、日立ホール。月曜劇場。

■十一月　集団息吹『嫌われ者』（東川宗彦作、山崎喜正演出）、八尾市民ホール。

新劇合同公演『ぼくはエルサレムのことを話しているのだ』（ウエスカー作、大岡欽治演出）、大手前会館。（参加劇団＝潮流、仮面座、大阪協同劇場、集団土）

プロメテ『小狐ども』（ヘルマン作）、島之内小劇場。

青年舞台『恭しき娼婦』（サルトル作、久野正博演出）、関電ホール。

南大阪劇研『メコンデルタ』（浅見祐治作、林田時夫演出）、国民会館。

■十二月　劇団未来『日本の教育１９６０』（ふじたあさや作、森本景文演出）国民会館。

■その他

テアトロＱ『ロミオとジュリエット』能舞台。

＊ウエスカー68で、ウエスカー大阪へ来る。

集団息吹『嫌われ者』（東川宗彦作、山崎喜正演出）1968

＊ウエスカー68のよびかけ――「アーノルド・ウエスカーが来日します。いうまでもなく、ウエスカーは英国の現代劇をになっている一人であり、〈調理場〉〈大麦入りのチキンスープ〉〈根っこ〉〈僕はエルサレムのことを話しているのだ〉〈みんなチップスつき〉〈彼ら自身の黄金の都市〉〈四季〉などの諸作品、センター42の活動などによって、ひろく知られている作家です。ウエスカーと同じ時代を生きつつ、ウエスカーの作品や活動に関心をいだかずにはいられないわたしたちは、ウエスカーの来日を機会に、別記のようなプログラム原案を用意しました。〈三部作の上演と討論＝討論1〈われわれの時代にとって演劇とはなにか〉、討論2〈われわれの演劇にとって時代とはなにか〉。」

〈京都　一九六八年〉

■二月　ドラマ劇場『大麦入りのチキンスープ』（ウエスカー作、林想演出）、山一証券ホール。金曜劇場。

＊劇評　清水三郎――荒っぽい表現だが、この作品を人間主義の劇としたのが文学座のアトリエ公演（一九六四年）、政治主義の劇としたのが関西芸術座の公演（一九六三年）と見做していいだろう。こんどの舞台は、先の二つに捉われず、一見オーソドキシィな身振りを思わせる。いや、捉われずというより、二つの行きすぎや不満を医《いや》す方法をとっていると考えていい。もちろん、現代のただなかで、バラバラに散らばっていく人間たちのコミュニケーションを必死に追う一面で、現実変革の願いをかかげ、闘いの連帯を深めていく手順は配慮されているが、もう一つ物足りなく思えたのは、演出（林想）と演技が混然としていないところがあるからだ。（中略）舞台は幕を一切使わず、最初から開けっ放し、ボーダーや袖の照明も道具をむき出しにしたまま、次元をひろげて単なる家庭劇でないことを提示するのだ、どうかすると、その視点がぼやけてくる。演技が粒立たないからだ。松村英子のサラに体を張った一本気な女が出てたし、シシィ（江口京子）の、有能なオルガナイザーから逃避者に落ち込んでいく人間不信の姿を、激しい目つきで演じたのが面白かった。（「テアトロ」一九六八年四月号　No.２９７）

くるみ座『詩の夕――石川啄木・高村光太郎』（大浜豊演出）、くるみ座稽古場。

＊くるみ座の北村英三は〈この小さな劇場を、輝く言葉の鳴る場にしたい〉と言っている。

▼野淵昶が一九六八年二月一日死亡。一九一八年に京都で新劇運動を始めた〈エランビタール小劇場〉の創立者。奈良に生まれ、京大を経て同志社高商教授。〈エランビタール小劇場〉の後、一九三一年、大阪松竹に入り舞台演出、一九三四年から新興キネマ、大映などの映画演出を行なってきた。化け猫で有名になった入江たか子は、エランビタールの出身女優。

■三月　テアトロ・トフン『第三帝国の恐怖と貧困――白墨の十字・スパイ・ユダヤ生まれの妻・職業斡旋』(ブレヒト作、近藤公一演出)、山一証券ホール。金曜劇場。

＊『ユダヤ生まれの妻』は、〈ユダヤ〉出身の危険を感じ、友人や医者、妹に別れを告げる電話をする。その心理のアヤを出すのはむつかしい。『職業斡旋』の、戦争にかりだされた弟への哀しみ、怒りを、姉役の俳優が真っ向すぎる演技。『スパイ』は外形的な演技のためか恐怖感へ繋がっていかない。『白墨』は演技が一本調子で弱かったのではないか。

■三／四月　くるみ座『翁家』(田口竹男作、徳丸勝博演出)、けいこ場。

劇団京芸『でっちあげ』(さわだ・あきら作、小沢文也演出)、教育文化センター。

すわらじ劇園『刑事』(藤本義一作)、山一証券ホール。

■六月　すわらじ劇園『沼津兵学校』(八木隆一郎作)、京都会館。

『刑事』(藤本義一作、井上脩演出)、山一証券ホール。

『乱』(松本幸一作、井上脩演出)、京都会館。

くるみ座『聖なる悪魔』(コクトー作、人見嘉久彦演出)、けいこ場。

＊俳優に俳優役を充分に演じさせようとする作者の試みが豊かに実るには、演者自身が心の屈折を照らし出す力が必要であると、注文がつけられていた。

京都小劇場『ゲームは終わりから始まる』(梅木喜寛作、蟻圭介演出)、山一証券ホール。金曜劇場。

＊**劇評　清水三郎**――〈七〇年安保〉は目前にある――と、いうよりすでに闘争がはじまっていることは参議院選挙を見るまでもない。その問題提起にひっかけていったこの劇は、新しい創作劇として注目していい。あ

る朝、若い工場主（中田武）が血にまみれて死んでいた。その死因をさぐっていく過程で六〇年安保のデモ闘争、反戦、産業スパイ、ベ平連、人間変革などが説き明かされる。前半は死体をめぐってミステリーめくが、思わせぶりな繰り返しに終わっているところが前半を凡調にしている。後半は人間関係の中に主題が浮き彫りにされることから緊張感は昂まってくる。（「テアトロ」一九六八年八月号　No.３０１）

■七月　くるみ座『劇と詩の夕べ――達治の詩』（三好達治作、大浜豊演出）・『芝居』（ベケット作、大浜豊演出）、山一証券ホール。金曜劇場。

■八月　現代劇場『世界はオシャカを待っている――三つのオムニバスによる劇精神の現象学』（小松辰男作・演出）、プレイスポットＫＹＯＴＯ。

■九月　テアトロ・トフン『危険な曲り角』（プリーストリィ作、田中弥市郎演出）、山一証券 ホール。金曜劇場。

＊サスペンス的問題劇を目ざした作品。自殺した男の死因をさぐるが、怠惰で不信な人間関係が浮き出てくる。真実に目をむけようとしない人間に批判。シリアスとサスペンスの混合は、演技的にもむつかしかったようだ。当主（近藤公二）と義弟（近藤正臣）、重役（茂山千五郎）たちの、幕切れと、次の頭（幕開き）の、せりふの連続の使用が、繰り返しにならず、狂いを見せ、その調子が全体のトーンにも影響しているようであった。

劇団京芸・人間座合同『金魚修羅記』（黒沢参吉作、藤沢薫演出）、京都会館、京都労演例会。

＊地元二劇団による久しぶりの京都労演例会。力一杯の舞台から地元劇団のもつ純粋性が大きな救いになっていた。

＊京芸、伏見区淀に稽古場を持つ。

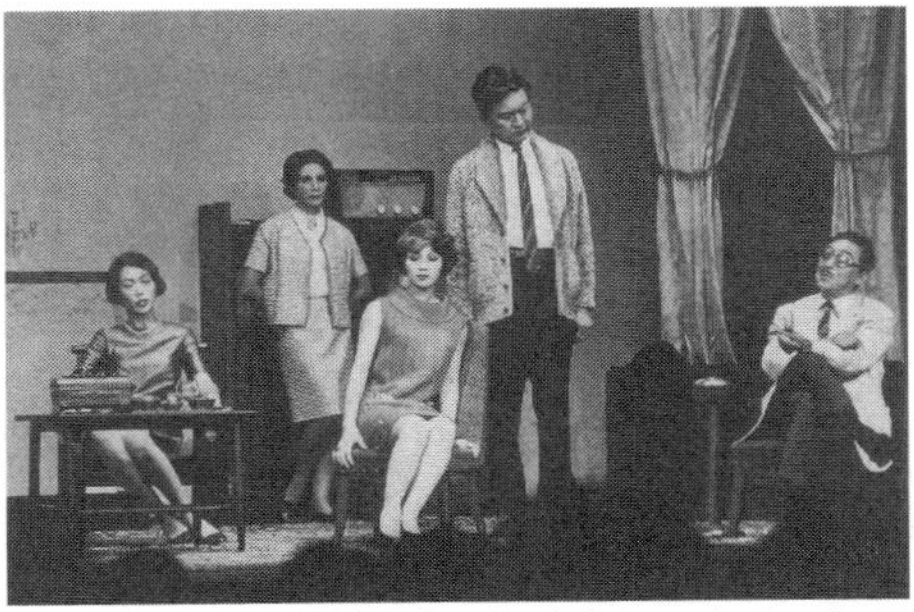

テアトロ・トフン『危険な曲り角』（プリーストリィ作、田中弥市郎演出）1968

■十月　ドラマ劇場『森の野獣』（ヴォルフ作、林想演出）、山一証券ホール。金曜劇場。
くるみ座『セーヌ・エ・オワーズの陸橋』（デュラス作、人見嘉久彦演出）、けいこ場。
■十一月　テアトロ・トフン『嬰児ごろし』（山本有三作、近藤公一演出、板坂晋治装置）、勤労会館。
くるみ座『劇と詩の夕べ――愛と老年の詩』（シェイクスピア〜ビートルズ）・『クラップ最後のテープ』（ベケット作、喜志哲雄演出）、稽古場。

〈兵庫　一九六八年〉

■一月　四紀会『明日を呼ぶ俺たち』（不詳、岸本敏朗演出）、中央公会堂。
■三月　劇団どろ『おかかえ猟師』（チェーホフ作、合田幸平演出）、教育会館。
■五月　四紀会『煙突のあるオアシス』（大橋喜一作、岸本敏朗演出）、葺合公会堂。
劇団どろ『われらが内なるベトナム』（大橋喜一作、池田伊津男演出）、神戸労演の集会場。
■七月　四紀会『グスコーブドリの伝記』（宮澤賢治原作、新木祥之演出）、海員会館。
＊第一幕が快調である。そのあとのブドリは科学者となり、人間の科学技術の中にある本当の人間の思想をつかみとり未来をつくる認識と行動へつながっていくのだが、その重要な過程より、第一幕にひかれるのは作者のもつ人間凝視が温かいからだろう、という暖かい批評に久しぶりに触れた。
■九月　道化座『恭しき娼婦』（サルトル作、阿木五郎演出）、神戸国際会館小ホール。
＊上院議員（阿木五郎）が隠然たる抑圧ぶりを見せる。が、娼婦リッジー（山田淑子）が少しあどけなさすぎたか、アメリカ社会の恐怖を見せるサルトルの意図が今一つ生まれなかった。
■十月　兵庫劇団協議会合同公演『大正七年の長い夏』（武田芳一原作、小田和生脚本、北島三郎演出）、西宮市民会館。
＊合同に参加した兵庫の劇団・道化座、四紀会、自由劇場、どてかぼちゃ、劇団六甲、ともしび、西宮市民劇場、芦屋・わらべ、明石あかしあ、西脇の市民演劇研究会、加古川の劇研くさび、姫路の姫人座、混沌、淡路

兵庫劇団協議会合同公演『大正七年の長い夏』（武田芳一原作、小田和生脚本、北島三郎演出）1968

洲本市のともしび会、など。

＊劇評　富衣幸雄「歴史劇のカラ破る――成功だった合同公演」――昨年十月、兵庫県下の劇団が初めて結集してから一年。兵庫県劇団協議会の合同公演、小田和生作、北島三郎演出『大正七年の長い夏』が十月二十六日、西宮市民会館で上演された。米騒動初の舞台化、全国初の県域合同公演――と初めてづくしだが、なんといっても、この合同公演は、運動の側面で大きな意味がある。西宮から淡路、西脇を加えて姫路まで、参加劇団は十八を数え、プロ劇団、二十年の劇団史を誇るアマ専門劇団、職域劇団と兵庫県の戦後演劇活動の集大成といった感じだ。（中略）十八劇団、六十四人もの出演者が、どうアンサンブルをなすかが、最も大きな問題だったろう。もう一つは、作品が六つの構成舞台で、照明によって次々に場面転換するむずかしさを、どんなにこなすかということ、そして、日本の近代化の起爆剤となった重大な歴史事件を、戦後の世代が芝居にできるか――など。（中略）北島演出の手堅さもあって見やすい芝居になった点が買える。歴史劇の重々しさを脱して、笑いあり、ペーソスありの軽妙さは得がたい。なんといっても、夏目俊二、阿木五郎といったベテランが要所を締め、さらに鳴尾よね子ら女優陣が予想以上の好演をみせたのがよかった。（「神戸新聞」一九六八年十一月六日）

〈和歌山　一九六八年〉

■一月　劇団いこら『呑んだくれ』（宇田真三作、畠中貞治演出）、和歌山市民会館。

■ブルク劇場日本公演　四月『たくらみと恋』（シラー作、リントベルク演出）・『楽しき哉うさ晴らし』（ネストロイ作、アンペッカー演出）フェスティバルホール。

プロメテ『正義の人々』（カミュ作、岡村嘉隆演出）1969

（二）一九六九年（昭和44）の劇団活動

〈大阪　一九六九年〉

■**一月**　**プロメテ**『おーい、救けてくれ』（サローヤン作）・『休憩室』（八木柊一郎作）、島之内小劇場。

■**二月**　**アカデミー小劇場**『人身売買』（秋元松代作、小倉徳七演出）、百人劇場。

■**三月**　**仮面座**『大阪ＬＵＭＰＥＮ譚』（茂木草介作、東条明構成、海老江寛演出）、大阪屋証券ホール。月曜劇場。（入場料￥４００）

＊エビエ演劇研究会発足。

プロメテ『正義の人々』（カミュ作、岡村嘉隆演出）、島之内小劇場。

二人だけの劇場『太鼓』・『白と赤と黒の幻想』（木谷茂生作）

■**四月**　**青猫座**『夜明けに消えた』（矢代静一作、辻正雄演出）、サンケイホール。

劇団潮流『ききみみずきん』『わらしべ長者』（木下順二作、大岡欽治・高松昌治演出）、御堂会館。

月曜劇場合同公演『支配民族の私生活』（ブレヒト作、菊川徳之助演出）、御堂会館。（劇団2月、大阪協同劇場、仮面座、関西青年劇場、自由座、新舞台、集団士、演劇研究センター広場）

＊劇評　岩田直二——ブレヒトの「第三帝国の恐怖と貧困」（「支配民族の私生活」の原題）はこれまでしばしば大阪で上演されている。それらがたいてい演技の勉強を主眼だったのにくらべると、今度の月曜劇場参加八劇団による合同公演は、上演の今日的意図がはっきりしているという点で特徴的だった。何故にこの芝居を上演するのか、ということが不明又は不向のままのものが多すぎるのだ。芝居の面白さは上手下手の問題ではない。上演する主体のその上演にかける燃焼度の問題だ。その点、合同公演というかたちはどうしても散漫になりやすい。今度も、選ばれた各十場それぞれをとりあげれば、参加劇団の状態を反映してか、出来上がりに可なりの差がある。しかし、各場をつなぐのに、当時のナチス独裁での情況と日本の現代風俗という二種類のスライ

ドを、一方は人間的自由の極端な圧殺、一方は無制限なまでの自由の謳歌の記録として対照的に提出することによって、いわゆる支配民族の私生活の内面生活という各場のもつ意味に充分な重さを与え、散漫になりがちな舞台をしっかりと繋いでいた。（「大阪労演機関誌」一九六九年六月　No.２４２）

■五月
かもめ座『おふくろ』
劇団るつぼ『尊属殺人』
関西芸術座『花咲くチェリー』（ボルト作、小松徹演出）、青少年会館。
劇団２月『信太の狐火』（かたおかしろう作、副島昭彦演出）、島之内小劇場。
プロメテ『海抜三千二百メートル』（リュシエール作、岡村嘉隆演出）、大阪屋証券ホール。。
大阪協同劇場『ベトナムを見ている』（川延誠彦・丸山一夫・村川直演出）、御堂会館小ホール。月曜劇場。
舞台空間創造グループ『ゴドーを待ちながら』
＊不条理演劇と呼ばれた作品を関西で初上演した劇団であった。
＊演劇評論家（元・朝日新聞記者）の清水三郎さんが亡くなった。一九六九年五月四日、胆石症、享年五十八歳の若さであった。心を籠めて、親切に関西新劇の劇評を書いた人だった。

■六月　テアトロＱ『愛の伝説』（ヒクメット作、西康一演出）、津村別院講堂。
＊演技陣の力量不足からくる破綻のためだろうが、現代の愛の不毛に古典的な愛を対置してみただけのような印象が強い舞台だったと言われていた。
大阪自立劇団合同公演『怒りのウインチ』（長谷川伸二作、寺下保演出）、産経会館。
＊予告ではタイトル『Z旗異聞』だったが。職場作家である長谷川伸二の作品は、合同公演でも複数作を越えたか。

劇団２月『信太の狐火』（かたおかしろう作、副島昭彦演出）1969

▼**寺下保**　一九三二〜一九九七年。大阪生まれ。演出家・舞台美術家。五三年大阪府職員演劇研究会設立。六五年府職劇研（第一次）解散までの間に十八本の演劇を演出。六五年劇団未来入団。三十二年間に、演出作品三十一本・舞台美術二十四本を担当。主な作品としては、合同公演・長谷川伸二『怒りのウインチ』、宮本研『明治の柩』『ザ・パイロット』など。

▼**長谷川伸二**　一九三二年生まれ。劇作家。ＮＴＴに就職。第二次の職場演劇の中で、全電通演劇集団も内部合併し、〝へちまの会〟が発足。長谷川による戯曲創作は、企業と働く者の間に横たわる諸々が扱われた。作品『零余子』、『迂回路』、『怒りのウインチ』、『よろしゃんの山河』、『一休外伝』など。かたおかしろう・東川宗彦と『大阪の劇作家・三人による戯曲集』出版。

■**六月**　**大阪放送劇団**『守銭奴』（モリエール作、西山辰夫演出）、
プロメテ『俺たちは天使じゃない』（ユッソン作、岡村嘉隆演出）、島之内小劇場。

■**七月**　**高橋正夫の会**〈朗読によるリサイタル〉『今昔物語・日本の近代詩』・『素性吟味』（井伏鱒二作）、御堂会館小ホール。
新舞台『熱い氷』（前田甫作・演出）、御堂会館小ホール。月曜劇場。
劇団潮流『鎌腹・止動方角・狐山伏』（狂言、木下順二作、大岡欽治・高松昌治、藤本栄治演出）、能楽会館。
プロメテ『カルロ』（ムロジェック作、岡村嘉隆演出）、島之内小劇場。
くるま座『逃散』（坪川健一作）
＊釜ヶ崎の住民を対象として活動する「くるま座」は、創立二〇周年を迎えた。
劇団青年舞台『泰山鳴動鼠一匹』（キッション作、久野正博演出）、関電ホール。

■**八月**　**劇団2月**『信太の狐火』（かたおか・しろう作、深海ひろみ演出）、御堂会館小ホール。月曜劇場。
仮面座・劇団水脈『次郎案山子』（榊原政常作、海老江寛演出）・『赤いろうそくと人魚』（小川未明

■九月

原作、大麻秀男演出）・『さっぱ夜ばなし』（竹内勇太郎作、出本弥介演出）、大阪屋証券ホール。

関西芸術座『仏さわぎ』（東川宗彦作、岩田直二演出）、毎日ホール。大阪労演例会。

＊大阪労演の機関誌（例会パンフレット）に岩田直二の『大阪の作家たちと東川君』という文章がある。

「これまで私たちが上演した創作劇（この名称はあまり使いたくないが）のなかで、大阪の作家の名前をあげると、今度の東川（うのかわ）宗彦君を筆頭に、かたおか・しろう、宇津木秀甫、小田和生、それに藤本義一君ということになる。ほかに中谷稔、長谷川伸二の両君が職場に腰をすえて精力的に作家活動をやっているし、劇団未来の和田澄子、集団土に近い中島陸郎、テアトロＱの西康一君らも充分に力量をもって仕事をつづけている。その他まだ上演の機会には恵まれないがこつこつと金にもならぬ戯曲を書いているひとたちが何人もいる。これらの人たちに年に一作か二年に一作書きあげてもらうだけで次から次へと新しい創作劇が大阪で上演できるわけである。ところがなかなかそういうふうに運ばない。たとえば、東川君だが、前作〈はたらき蜂〉からこの〈仏さわぎ〉まで五年以上の空白がある。かたおか君は最近〈信太の狐火〉を書いたが年一作とまでいかないし、宇津木君もこのところ筆がとんと進まぬようだ。小田さんには積極的に戯曲を書くことに力を入れてもらいたいし、藤本君も決して芝居から手を引いたわけではないと思っているが、中谷、長谷川、和田、中島、西君らもそれぞれの集団のために創作するに精一杯で、それもそんなに度々ではない。小田さんは職業的に作家として活躍している人だが、ほかに同じく茂木草介、土井行夫、それに鴇田忠元氏らがいるし、この人たちも〈私たちの〉作家への仲間入りを願わねばならないが、いつも企画の段階でとどまるだけで実現できないでいる。大阪の戯曲作家の数は、このように決して乏しくはない。といって、創作戯曲の数は決して多いとはいえない。今年は長谷川君の〈怒りのウインチ〉が自立演劇合同公演として、かたおか君の前記の作品が劇団2月で、そして〈仏さわぎ〉と三本の創作劇が上演された。これでも多い方である。大阪の劇団が上演したその他数多くの作品は、翻訳劇か既にどこかで上演されてきたものかである。（中略）とにかく、大阪の作家が作品をどしどし書き、大阪の劇団がそれを次ぎ次ぎ上演するということにならなければ、演劇がその存在権を主張することは不可能であると断定してよい。大阪の劇団全部で一ぺんそんなとりきめでもやって、みんなが創作劇しかやらないことにでもなったらさぞ面白いだろうなぁと考える。(「大阪労演機関誌」一九六九年九月　No.２４５)

■九月　仮面座『チェーホフ――ヴォードビルの夕べ』(下村、八田脚色)・『ルリュ爺さんの遺言』(デュガール作)、御堂会館小ホール、月曜劇場。

プロメテ『上方ことばによる〈守銭奴〉』(モリエール作、岡村嘉隆演出)、島之内小劇場。

■十月　舞台空間創造グループ『さらばベケット!さらばイヨネスコさらば白雪姫!』公演＝『E・イヨネスコの授業による四二番目のシーソー・ゲーム』、浪花教会。

＊この集団は、後年「日本維新派」から「維新派」になる。大阪で先頭をきる前衛集団になる。舞台空間創造グループのときに、関西では初の『ゴドーを待ちながら』を上演している。関西に小劇場ブームがくるのは、ずっと後の、一九八二年、「オレンジ演劇祭」になってからであろう。

劇団潮流『ある労働者作曲家の生涯』(村山知義他作、大岡欽治演出)、国民会館。

無名劇場『雨の降る日は天気が悪い』(須田純子作、植田康夫演出)・『約束』『ハオニー』『鬼に出会った女』(夏目俊二パントマイム)、大阪屋証券ホール。

大阪協同劇場『小市民』(西島大作、村川直演出)、御堂会館小ホール。月曜劇場。

■十一月　プロメテ『毒薬と老嬢』(ケッセルリング作、岡村嘉隆演出)、島之内小劇場。

劇団左手『バード――その蒼ざめた死』(大沢紘一作、横田日出男演出)、御堂小ホール。月曜劇場。

くるま座『青かん紳士の願い』『胎動』(津田太良作)

南大阪劇研『風が風を、爆弾が、CO60が』(古川はじめ作、赤松比洋子演出)、森ノ宮労働会館。七〇年演劇行動。

＊五月に清水三郎が亡くなって、追悼の集いがあった。奥様が、「亡くなる間際病院で、清水が芝居の稽古をしているよう

に、遅刻する人を怒っている」ような、うわ言だったと言っておられた。演劇評論家であったが、うわ言が芝居の稽古とは、本当に芝居が好きだったのだ。

■十二月　修羅の会『幼児たちの後の祭り』（秋浜悟史作、粟田倘右演出）、御堂会館小ホール。
＊修羅の会が発足。
舞台空間創造グループ『餓鬼餓鬼草紙』（藤野勲作、天野藍演出）、大阪毎日文化ホール。

アカデミー小劇場『海抜３、２００メートル』（リシュール作、小倉徳七演出）、守口市民会館。
＊劇団プロメテの島之内小劇場での活躍が目立った。月曜劇場も四月の合同公演を持って再開した。

〈京都　一九六九年〉
■二月　劇団京芸『赤い陣羽織』（木下順二作、早見栄子・佐々木従演出）、山一証券ホール。金曜劇場。
くるみ座『名作名場面抜粋集』（エウリピデス作その他、毛利菊枝指導）、稽古場。
■三月　人間座『仮の宿り』（田畑実作・演出）、山一証券ホール。金曜劇場。
＊劇評（内）——四十三（一九六八）年度「金曜劇場」七劇団のしめくくり公演。戦後の激動期に青春をおくった男の生き方をめぐって現代を考えるドラマ。「金曜劇場」に出演の地元劇団としてはまずまずのできばえだ。「仮の宿り」は、ある科学研究所につとめる主任技師行田（芦田鉄雄）の部屋へ浅見という旧友（田畑実）が久し振りにたずねてくる。なつかしそうに昔ばなしをするうち、二人の間には越えがたい深いミゾがあることがわかる。二人が大学の研究生時代、反占領軍行為した理由で浅見は大学を追われ、現在は組合の書記局員。研究室に残った行田は大企業の中堅技師。二人の会話は平行線をたどるばかり。これを聞いていた女性の研究室助手（菱井喜美子）がからむ三人だけの舞台。創立いらい十二年間、日本の現実に目を向けた創作劇を手がけてきただけに、ドラマを簡潔な人物構成を平易なことばで組み立て、テーマをわかりやすく観客に投げている。（『京都新聞』一九六九年三月十二日夕刊〈激動期の〝青春〟をえぐる〉より）

■四月　現代劇場『サロメの羊水より蘇生したYOTSUYA―IEMONの呪術によるノゾキカラクリ劇』（小松辰男作・演出）、射手座。
■五月　京都小劇場『闇にただよう顔』（土方鉄作、蟻圭介演出）山一証券ホール。金曜劇場。
青年小劇場『オールデンバーグ』（バーマンジ作、ちゅうたかし演出）、喫茶店松の木。
＊旗揚げ公演か。高校演劇出身、業余劇団「青い麦」を主宰していた、ちゅうたかしの演出。
■六月　すわらじ劇園『さぶ』（山本周五郎原作、菊田一夫脚色）、京都会館。
『夕陽の丘の武将』（青山静樹作、井上修演出）、京都会館。

くるみ座『2人の殺し屋』（ピンター作）・『しんしゃく源氏物語』（榊原政常作、北村英三演出、両作品）、山一証券ホール。金曜劇場。
■九月　劇団京芸『カルラールのおかみさんの銃』（ブレヒト作、佐々木従演出）・『附子』（狂言、小沢文也演出）、山一証券ホール。金曜劇場。
くるみ座『間違いの喜劇』（シェイクスピア作、北村英三演出）、京都会館。
現代劇場『蛇海』（深井道典作、小松辰男演出）、射手座。
■十月　青年小劇場『きりぎりす』（太宰治作）・『シャツ』（メルフィ作）、両演出・川和孝。喫茶店劇場北斗。
＊五月に続いて、喫茶店劇場で青年小劇場が公演。東京から演出に川和孝を迎えている。
■十一月　テアトロ・トフン『誤解』（カミュ作、近藤公一演出）、山一証券ホール。金曜劇場。
京都小劇場『城壁での大いなる弾劾演説』（ドルスト作、蟻圭介演出）、ギャラリー射手座。
■十二月　京都ドラマ劇場『授業』（イヨネスコ作、林想演出）・『カルロ』（ムロジェック作、松村英子演出）、京都瑠美苑ホール。

〈兵庫　一九六九年〉

■一月　四紀会『沖縄は叫んでいる』（大橋喜一作、新木祥之演出）、中央体育館。

■四月　劇団どろ『吾一は死んだ』（田中茂作、酒井祐子演出）、長田公会堂。
四紀会『火山島』（木谷茂生作、新木祥之演出）・『人を食った話』（宮本研作、仲比呂志演出）、葺合公会堂。
■五月　道化座『トロイヤの女』（サルトル作）、国際会館小ホール。
四紀会『獅子』（三好十郎作、岸本敏朗演出）、葺合公会堂。
■六月　自由劇場『袴垂れはどこだ』（福田善之作）、王子児童文化会館。
姫人座・劇団混沌合同『泰山木の木の下で』（小山佑士作、宇佐見吉哉演出）、海員会館。
■七月　神戸職場演劇連絡協議会『三日月の歌』（滝ノ内吉一作）
四紀会『列外三名』（広島芸労文工隊作、新木祥之演出）、海員会館。

劇団六甲『狐とぶどう』（フィゲレード作、小元宣雄演出）、葺合公会堂。神戸土曜劇場。
＊神戸も〈土曜劇場〉をスタートさせた。
■八月　神戸自由劇場『サラリーマン昇天』（浜田義則作、一村晰演出）・『地下室の男』（木谷茂生作、浜田義則演出）、葺合公会堂。神戸土曜劇場。
■九月　道化座『魅惑の夜』『大海原で』（ムロジュック作、夏目俊二・他演出）、葺合公会堂。神戸土曜劇場。
演劇集団西宮市民劇場『イエスマン・ノーマン』（ブレヒト作、小松威夫演出）、西宮市春風公民館。
■十月　四紀会『神島』（大城立裕作、北島三郎演出）、海員会館。
ともしび『キューポラのある街』（早船チヨ作、福島寿男演出）、葺合公会堂。
■十一月　劇団どろ『僕らが歌をうたうとき』（宮本研作、合田幸平演出）、王子児童文化会館。
西宮市民劇場『例外と原則』（ブレヒト作、小松威夫演出）、葺合公会堂。神戸土曜劇場。
＊一九五五年に西宮成人学校演劇科の終了生で結成、十四年の歴史を持つ。
劇団六甲『動員挿話』（岸田國士作）、葺合公会堂。神戸土曜劇場。
■十二月　兵庫劇団協議会合同公演『友達』（安部公房作、夏目俊二演出）、葺合公会堂。土曜劇場。

七〇年安保の前夜であるのにもかかわらず、関西は、大きなうねりがあったとは言えない。大阪は、七〇年万国博覧会に飲み込まれていくのだろうか。兵庫劇団協議会の力によって神戸の「土曜劇場」が七月から開催された。

＊（東京ニュース）劇団新人会が、渡辺美佐子退団の後、七月に解散を決めた。創立以来十六年の歴史をもち、サルトル、ブレヒト、田中千禾夫、福田善之などを上演し実績のある劇団。渡辺の退団、理念の分裂、観客動員の弱体化など注目すべきことがらとされている。

＊（東京ニュース）劇団造型が解散。一九六一年にぶどうの会を離れた六人によって創立され、ラシーヌ、モリエール、コクトーなどを上演してきたが、行きづまりを感じて解散した。

＊秋浜悟史『幼児たちの後の祭り』に岸田國士戯曲賞。

第十五章　新劇ブームはあったか、俳優の生活は、劇団の経済は？

民間放送の開局と新劇

一九五一（昭和26）年九月、関西で初めての民間ラジオ局が誕生する。「新日本放送」（ＮＪＢ）（後に毎日放送）である。放送局は梅田の阪急百貨店の屋上に作られた。

まもなく、朝日放送（大阪）、京都放送（京都）、神戸放送（神戸）なども電波を出し始めた。はじめはスポンサーがつくかどうか心配されたが、コマーシャルによる商品売り上げの増大などもあり、ラジオ局の経営状態も向上してきた。

開局の日も、その翌日も放送劇が放送されているが、まだ歌舞伎俳優や、新国劇のスター中心である。しかし新日本放送は、大正時代に築地小劇場の設立に関わった和田精を迎え入れ、新劇の俳優が出演するドラマを意欲的に制作した。

一九五二年には芸術祭には民放ラジオが初めて参加し、村瀬幸子らが出演した新日本放送の「イーハトーヴォ物語」が芸術祭賞に選ばれた。当時の放送劇の主な主演者は、宇野重吉、山本安英、金子信夫、田村秋子、杉村春子、芥川比呂志、北村和夫、岸田今日子など、東京の新劇俳優が選ばれることが多かったが、関西の新劇俳優も小さな役が回ってくることで、わずかな出演料でも支払われることになった。「芝居の役者は喰っていけない」と言われてきたが、新劇俳優にとっては、はじめて芝居で生活できる希望が生まれたといえる。

一九五四年三月に「ＮＨＫ大阪」がテレビ放送を始め、五六年十二月には、関西ではじめての民間テレビが誕生した。まだ関西では一つの民放しか認められず、朝日系と毎日系が共同して堂島に「大阪テレビ」（ＯＴＶ）が作られた。

テレビ放送が始まった頃のドラマは短かった。「東京ラジオテレビ」（ＫＲＴ）（のちにＴＢＳ）の「東芝日曜劇場」は一時間ものだったが、あとは、長いものでも三十分で、二十分、十五分が標準的だった。生放送であるため、技術的に長い時間の番組は難しい事情もあった。

開局時のレギュラードラマで三十分ものは「大阪の顔」一本だった。この番組は、大阪から東京（ＮＴＶ）へネットで放送された初めての番組でもある。放送は水曜日の二〇時から。脚本は長谷川幸延、茂木草介、香村菊雄が担当した。大阪の下町を舞台に、庶民の哀感を描く人情もので、連続ドラマだが、毎回完結の形をとり、関西の新劇俳優が出演している。

また、ＯＴＶには、開局当初から「コント千一夜」という視聴者が参加するユニークなドラマ番組を毎週水曜日の二一時から放送した。一般の人から写真を提供してもらい、その写真を素材にして、短編ドラマを作るというものだ。脚本は京都伸夫、長沖一、茂木草介らが交代で書き、演出は栗原庄一郎、庄野至が担当した。キャストは、レギュラーの森光子が毎回違う役で出演し、新劇の北村英三（くるみ座）、志摩靖彦（師子座）らの俳優が脇を固めた。

ＮＨＫの放送劇団を辞めて劇団京芸にいた華房洋子（当時は渡辺洋子）は「コント千一夜」で、よく森光子と共演し、テレビの約束事を教えてもらったという。

＊**（華房）**――私の場合は、民放をあてにせんと不安なまま、放送劇団の理由で辞めたんやけど、引っ張りだこやったね、しゃべる人がいてへんかったから、ディスクジョッキーもやらされるは、クイズの司会もやらされ、何でも初めてやん

か、テレビなんか、したことないんやから、テレビの約束事なんか、何も分からへんのに、やってたね。だいぶ、もりみっちゃん（森光子）に教えてもらった。「あの、こうキュー（合図）が来てから始めるのじゃなくて、その前から喋ってる振りしてて、そこから何気なく始めんね」言うて。「ああ、なるほど」と思ったりね。

「コント千一夜」は、その後、ＯＴＶからＡＢＣに引き継がれ、一九六一年まで二四八回放送された。

「部長刑事」は五八年九月に始まり、朝日放送に引き継がれ、二〇〇二年三月三十日まで、四十年以上にわたって放送された超長寿番組である。大阪を舞台に、大阪弁が生き生きと交わされる〈関西ローカル〉の〈刑事ドラマ〉シリーズで、大阪府警察本部の応援を得た。冒頭のヘリコプターやパトカーは大阪府警のものである。スポンサーは大阪ガス単独で、毎週土曜日の午後七時半から三十分間放送された。「部長刑事」のスタッフは、プロデューサー兼ディレクターの中西武夫以下、二十九人だった。中西は宝塚で演出と脚本を担当していたが、レッドパージの影響で宝塚を辞め、五一年に朝日放送に入社していた。中西は新劇の演出もしていたため、関西の新劇俳優が多く出演した。最初のシリーズは「連続アクチュアルドラマ・部長刑事」とされた。アクチュアルドラマと名づけたのは中西である。現実感があるドラマという意味づけだったのだろう。初代部長刑事役は戦前からプロレタリア演劇の経験がある中村栄二が演じ、「デカ長」という名で親しまれた。刑事物に多い血なまぐさいシーンは使わず、犯罪のヒントになるような手口も見せず、刑事たちの人間を描くことに重点を置き、犯人の人間性も表現するドラマは好評だった。生放送であるため、沢山のせりふを覚えねばならず、シーンごとに撮影していた映画俳優がテレビドラマをこなすのは難しかった。テレビに客を奪われるのではないかと怖れる映画会社による俳優の囲い込みもあり、テレビドラマには新劇の俳優が重宝された。また「部長刑事」は関西が舞台であり、関西弁が話せる役者が必要だった。当時、出発したばかりの大阪の新劇団体、関西芸術座の俳優は、テレビに出る機会に恵まれ、刑事のレギュラーや、その他の役でよく出演した。

＊「悪役が多かったけど、刑事役もありました。刑事と犯人は紙一重や、言うたりしてましたな。演出の中西さんは、物

静かで、繊細な神経の持ち主でした。関西芸術座の公演によく観に来てくれて、公演のあと、すぐに役をつけてくれました」（山本弘・関西芸術座）

＊「部長刑事では、殺される役もやったし、犯人の役もやりました。まだ戦後十年余りで、わたしは着物を着てスタジオに行くことが多かったです。中西さんは『着物より、洋服がいいです』と言ってくれました」（路井恵美子・関西芸術座）

「部長刑事」は放送が始まった翌年一九五九年六月の視聴率調査では、関西地区で四二・八％を記録している。このほか、人気があったアメリカの連続ドラマの吹き替えにも、関西の新劇俳優が登場することが多かった。

▼波田久夫　一九二九〜二〇一五年。大阪生まれ。職業専門劇団・関西芸術座の創立メンバーの俳優。マスコミでは、朝日放送テレビで一九五八年から三十二年間にわたって放映された「部長刑事」にレギュラー出演した。存在感のある役柄を演じた。一九七一年劇団未来へ『日本の公害１９７０』。以来四十四年間に三十九公演の主役を担当するとともに、四公演の演出も行った。

一九五八年には「読売テレビ」（ＹＴＶ）と「関西テレビ」（ＫＴＶ）が開局した。「大阪テレビ」は五九年に「朝日放送」（ＡＢＣ）と合併し、「毎日放送」（ＭＢＳ）もテレビ放送を始めた。

＊「毎日放送は関西芸術座を応援してくれたように思います。俳優を確保するためか、関西芸術座と契約を結び、月に何十万円かのギャラを保障してくれました。これは随分助かりました。それを一年分まとめて支給して欲しいと交渉して、そのお金をもとに劇団は、文の里の保育園を土地つきで買い取ることができました」（藤山喜子・関西芸術座）

また、読売テレビ美術部にいた板坂晋治や朝日放送美術部の阪本雅信（共に美術部長を勤めた）は、学生時代から新劇に関係し、テレビ局の仕事のかたわら、新劇の舞台装置のデザインを引き受けるなど、関西新劇を支えたことも指摘しておきたい。

このように五〇年代後半から六〇年代にかけて、ラジオ・テレビの興隆とともに、新劇俳優がマスコミで活躍する機会が増えた。放送局にとっては、関西弁ができる役者がほしく、また関西の役者は出演料が安く、東京のスターより安上がりでもあった。関西の新劇の俳優にとっても、ラジオ・テレビへの出演は、幾分か経済的な保障と、俳優としての認知度を高めることになった。

このように一九五一年に民間放送が開局し、新日本放送（現・毎日放送）、朝日放送が放送を開始、まもなくラジオドラマのブームを迎え、一九五三年になると〈テレビ〉の実験放送が始まったのであった。翌一九五四年テレビの本放送が開始から、これらの出演ギャラと移動公演（学校公演）と合わせた収入は、これまでよりは、豊かな感じを持たせたにちがいない。「上演回数の上でも、観客動員数の上でも、新劇史はじまって以来の膨張をとげ、〈新劇ブーム〉という言葉で表現された」と新劇年表（「新劇」一九六三年八月号 No.１２１）に記されるくらいである。新劇ブームの記事が、毎日新聞一九五四年六月十日の記事にも出たのである。昼間アルバイトで夜、稽古していた劇団も、昼間の活動に切り替えるところが出てくる。それは、マスコミを当てにした劇団体制の変更であった。だが、いつの時代も同じであるが、ブームといったものは、そうそう長続きするものではない。劇団活動と二面の制作力よりも、プロダクションと名乗るマスコミ専門の事務所に盗られて行くことになるだろうし、関西は、東京中心の制作となって行く流れに勝つことは出来ず、劇団経済も、俳優個人の経済も、長く豊かさを保つことはできなかった。いやむしろ、後の時代の調査が示すごとく、新劇人の生活は、怖ろしく苦しいものであった。

後の時代のものだが、一九七五年に日本芸能実演家団体協議会が、日本芸能実演家の生活実態調査を行なった。それによると、関西の芸能人の内で経済的に一番恵まれていないのは俳優だ。平均年齢四十歳で年収三百万円以上はゼロ、二百万円未満が八〇・五％を占め、年収平均は百六十万円と低い。しかも、俳優としての本業による収入はその六二・四％で、ＣＭ出演から飲食店経営、デパート、クラブ、キャバレーの従業員、アクセサリー製作、鉄工場での作業などのアルバイトで食いつないでいる。因みに、東京の場合は、俳優の平均年収は三百三十万円で、芸能人のうちでも一番高かった。年収五百万円以上が一六・五％もいたのと比べると、東西の落差はいちじるしい。貯蓄は、「ほとんどない」も含めて百万円以下が七五・六％もあり、老後の不安が最も高くなる。

関西で異色なのは、落語、漫才などの演芸家の平均年齢四十一・二歳で平均年収三百五万円と、俳優をはるかに引き離し、日本舞踊平均年収三百三十九万円、能楽の三百二十一万円に次ぐ第三位を占めていることだ。東西の演芸家の平均年収二百十万円だから、演芸に関しては関西の方が上位にあるわけで、これは大きな演芸場が多いこととテレビの爆笑番組への出演の機会が多いことが理由だろう。が、年収二百万円以下が四一・五％もあり、貯蓄も「ほとんどない」と百万円以下を合わせると六一％に及んでいる。大阪が生んだ芸能である文楽の技芸員の場合はどうか。平均年齢四十三・八歳で平均年収百八十三万円だから、俳優に次いで低い。しかも収入に大きな格差があり、百万円以下の人が三二％もいるのは見逃せない。（日本芸能実演家団体協議会『日本芸能実演家の生活実態調査報告書・関西編』一九七五年十月 参照）

結局関西では、新劇（舞台）で生活を成り立たせている演劇人は、ほとんどいない。劇団員も夫婦合わせた収入でやっとの生活である。二人の間に子どもが産まれたら、もうお終いである。二〇歳代は出来るが、三〇歳越えたら演劇を続けるのは、苦しい。それ故、三〇・四〇歳代の劇団員が、不在となる。空洞を埋められずに進むことになる。

第十六章　職場演劇から地域演劇へ移行する自立演劇

1　職場演劇（自立劇団）第Ⅰ期（一九四五［昭和20］年～一九五〇［昭和25］年）――レッド・パージ後、終焉へ

大阪の自立演劇の第Ⅰ期は、エロ・グロ・ナンセンスといった娯楽が溢れる中で、「労働者や農民の良心的な、民主的な要求に自ら応え創り出すのだ」という状況が生まれた。民主化促進の一翼でもあった。自立劇団は数少なく（地球座等）創造方法も社会主義リアリズムを基礎としながら、もっぱら旗振り芝居が多かった。一九五〇年の朝鮮戦争、レッド・パージにより労働組合の民主的な活動家追放と機を同じくして、自立演劇も消滅していった。第Ⅰ期の終焉だ。なお、職業劇団（新劇）との交流はほとんどなかったと思われる。

2　第Ⅱ期（一九五二年～）――職場で労組とともに

第Ⅱ期の自立劇団は、一九五五年前後から職場演劇を主体として始まる。五二年日米安保条約発効、朝鮮戦争による特需景気を背景に、資本側の設備拡大、利潤追求と膨張した経済の維持などによる合理化、労働

条件へのしわ寄せが進められたが、一方、弱体化した民主化や労働運動も体制を強化、文化的要求も高まり、演劇運動も活発に展開し始めた。Ｉ期の継承はなく、新しい青年たちによる出発となった。労組からの有形無形の援助があった。当時の劇団を列挙すると、大阪府職、市職、全電通、国鉄、金融、損保、大阪演劇教室研究会・現代座・新生会、息吹、南大阪劇研、わだち等で、上演場所も職場の休憩室、会議室、講堂、小劇場が主な所であり、観客も職場の仲間であり、上演台本も既成の一幕物が多かった。文化活動は芝居だけでなく、ロシア民謡を歌う集い、フォークダンスを踊り、料理講習会をやる等多角的で、これらの活発な活動に劇団も参加した。しかし、悩みがなかったわけではない。

① 劇団員が同時に組合活動家であり、組合を優先、女優は結婚・育児のため退団。
② 既成台本や宣伝色の強い脚本の上演が観客に受け容れられなくなった。
③ 演出、演技が稚拙。スタニスラフスキー・システムの貫通行動、超課題の論議が議論倒れに終始。
④ 観客層が労演(勤労者演劇鑑賞会)による職業演劇の上演に魅力を持ち、仲間の舞台に興味を示さなくなった。

3 総評と労演で演劇教室

一九五五年、大阪総評（労働組合総評議会）と大阪労演の共催で「演劇教室」が二回開催され、サークルや劇団からも多数参加し、後に自立劇団の核となる人を養成した。劇団のあるべき姿勢……などで刺激を与えた。今日的な問題を自分達の言葉で話し、仲間や観客と共有することが大切であると、後に自立劇団が創作劇を生み出す基礎となった。

4 大阪労演の支援

六〇年安保闘争、三池闘争前後に大阪労演の果たした役割が大きかった。思い思いの上演活動が出来る場所、しかも数劇団が同時に年に一回程度上演出来る劇場（旧毎日会館等）を斡旋してくれた。また一幕創作劇祭を企画・実行したこと、劇団相互の理解と交流ができた……ことが自立劇団の出発点となった。さらに質的向上をめざして関西芸術座など職業劇団が協力してくれた。職業劇団が労働組合と密接な関係にあったことに変わりはない。一九六五年頃から労働側も合理化等の攻勢により受け身になるに従い、劇団も虚弱になっていったが、第Ⅰ期のようには消えなかった。劇団間の交流も続き、質的にも「民主的な劇を仲間と共に」という自立を確保していった。一九六四年には第一回の合同公演『季節風』（府職・中谷稔作、未来・森本景文演出）が持たれたり、劇団個々で東京、神戸、京都、岡山と交流していった。労演や労組にそう頼ってもおられず、資金難や劇団員の減少があり、観客動員もままならない中で、自立劇団は一九六〇年代を一つの区切りとして第Ⅲ期へ、非職業の地域劇団として進展していったのではないだろうか。

5 第Ⅲ期（一九六九年）の出発は創作劇合同公演

第二回目の合同公演は、一九六九年『怒りのウインチ』（全電通・長谷川伸二作、未来・寺下保演出）。ここでは劇団未来（大阪演劇教室研究会・現代座・新生会が合同）の活動が群を抜いていた。東京、府下の移動公演まで行った。この間、府職劇研が再出発。金融と損保サークルは合同して「劇団大阪」に。文化サークル・わだちは「演劇集団・わだち」に、南大阪劇研は「劇団きづがわ」に発展。府職劇研以外は職場ではなく、すでに地域や産業を対象に活動していた。

＊職場演劇のこの記録は、東働演の半世紀『人・言葉・劇』＝東京働くものの演劇祭40周年記念誌より、「大阪自演連と劇

団大阪と私の区切りと」熊本一（含む、長谷川伸二）の文章から抜粋、引用したものである。

関係する劇団について少し補足を加えるならば、東大阪に稽古場を持ち、一九五八年創立の劇団息吹は、大阪府東部の旧布施市、八尾市などを中心とした地域に誕生した。生駒山地の西の裾野に広がるこの地域は、戦後、地域青年団活動が活発であり、地域の民主化に大いに貢献したが、その活動の一端を占めていたのが演劇活動である。しかしそれも一九五〇年代後半になると、地域の急速な都市化に伴い減少、衰退して行った。中でも東大阪は都市化が急速であり、多くの東大阪の農村青年は東大阪の中小企業の労働者となっていった。またそれは一九六〇年前後の日米安保条約反対闘争の盛り上がりの時期とも重なっており、いろんな団体や、組織の交流が盛んになっていた。

このような状況の中から東大阪を中心とする労働組合や民主団体、青年組織などに参加する労働者、青年、地域の演劇愛好者が集って、「どんな組織にも属さない」、「演劇が好きなもの、芝居をやりたいと思うものは誰でも参加出来る」という劇団をつくろうと考え、「自立した劇団」という意味を持つ言葉を劇団名に選んで結成されたのが「東大阪自立劇団息吹」である。

やがて活動地域は東大阪のみならず、大阪全体に広がって行き、演劇の内容も、より「演劇的」、いわゆる「芝居」を中心としたものに発展変化して行った。それに伴い一九六二年劇団名を「演劇集団息吹」と変更し、一九七六年「劇団かみがた」との合併を機に、劇団名を「劇団息吹」とした。

また、「全損保大阪地協演劇部」、「全金融演劇サークル」が合同し、劇団未来に匹敵する若手集団を創ろうと、「劇団大阪」を一九七一年に発足させ、大阪の中心部・谷町六丁目のビルの一画を購入して、小劇場も含めた大阪の演劇運動の核なる演劇を創りだすとともに、場所の提供の役割も果たしている。南大阪地域に根をはり、民主団体と連携し、特徴的な演劇活動を続けている「劇団きづがわ」は、地域劇団の範といえるだろう。

大阪職場演劇合同公演『怒りのウインチ』（長谷川伸二作、寺下保演出））1969

第二期の自立演劇運動の中で唯一、職場名を名乗っているのは、「大阪府職演劇研究会」である（が、それも近年「劇団せすん」を併用しており、半地域劇団化していると言えるのではないだろうか）。

以上は、戦後から一九六九年までの大阪自立演劇の概況であるが、その状況が、大岡欽治と「大阪労演」事務局の尾崎信によって紹介が行なわれている。少し補って二つの文章を見ておくと、

イ　大岡欽治（演出家）「大阪の自立演劇戦後の歩み」

戦後、自立演劇の目ざましい発展のまず第一歩は、昭和二十二（１９４７）年四月に、関西自立劇団協議会によって始まった。大阪、神戸、尼崎、和歌山、奈良の各自立劇団協議会の予選を通過した十劇団によって「第一回関西自立演劇コンクール」が催され、審査員には、東京から土方与志、吉田謙吉、陣ノ内鎮、関西から山本修二、大岡欽治、多田俊平が出席した。大阪だけでも、加盟劇団は百二十にも達し、上演脚本の内三十ほどの創作劇が出ていたことも注目に値する。これらの内、平田正幸作「創りゆく人々」（大阪中央電信局「劇団地協」）、水島羊之助作「葱」（関西配電演劇部）、沢田重隆・山田源三郎作「白い道」（松下電器産業演劇集団）の三本は、後に自立演劇脚本集として一冊にまとめて出版された。これらの創作劇は、全部が自らの職場の出来事を劇化しているし、コンクールに提出された山本正夫作「縮図」「ガード下」などの作品は、敗戦直後の混乱した世相をリアルに追求したものだった。翌年十一月にもたれた第四回コンクールは三日間に、大阪、京都、尼崎、阪南（岸和田）、奈良、伊丹の各地の十余の劇団から予選を通った十一の劇団が競演した。福田恒作「ランプ」（電産奈良分店）、園田義雄作「阻むもの」（島津製作所伏見支部）、浅野良二作「亀裂物語」（国鉄鷹取工機部）、木村実作「たたかいの中に」（日本電池）、山本正夫作「地下水」（神戸製鋼「仔熊座」）、高橋正夫作「トラック島」（扶桑製鋼）、高野勢一作「燕」（三共大阪工場）、二宮千尋作「御巡幸」（北大阪協同劇団）、佐々木啓昌作「晩秋」（古川電気、大阪伸鋼）、木下武作「家」（三菱電機伊丹）。これは、ほとんど創作劇で壮観を極めたと言えよう。

この年十二月、自立演劇の全国的な発展に伴い、名古屋において、東京、大阪、京都、東海、の代表劇団による自立演劇合同公演が名宝劇場で催され、大阪から関西配電本店演劇部が水島羊之助作「青灯」、京都からは松下電器の山本仁

作「うで時計」、日本電池の木村実作「明日を待つ人々」の三本が上演された。東京の作品は勤労者の意識を追究するもの、東海の作品は既成作家による舞台効果をねらったものに対して、関西は勤労者の日常生活を描いたという特色があった。各地方での独自性が出ていて、その長所、短所の相互批判は大きな成果と言えよう。その間、大阪自立劇団協議会は、機関誌「自立演劇」の発刊によって、理論的発展と創作戯曲の発表の場を与え、また自立演劇講習会（一週間で、理論と実際指導を加味したもの）も企画された。こうして、次第に盛り上がった大阪の自立演劇の活動は強力になり、二十四（1949）年五月には、大阪朝日会館の舞台で、自立劇団合同公演として、水島羊之助作・演出の「土工」というオリジナル長編戯曲を上演した。これは、敗戦後中国に残された日本軍隊の腐敗と破壊を描いた力作で、当時活動していた自立劇団が一つの戯曲の上演に協力した点意義があった。これはまたメーデー当日上演されたことも記憶されてよい。しかし、この公演を頂点として、この年から次第に反動勢力の圧力が強くなり、職場からサークル活動を追い出し、文化活動家、演劇活動家を追放するようになり、これまで順調に進んできたコンクールの開催も、この年の秋には参加劇団三つという状態にまでなり、一時後退のやむなきに至った。大阪における自立劇団活動が再び活発になってきたのは、二十八（1953）年の末からで、ここから現在の（第二期）「自立演劇連絡会議」の歴史が始まってくる。この戦後の大阪の自立演劇の運動が今日に至ったのは、その支柱となってきた大阪労演の変わらざるバックアップがあったからであることも、他の地方（東京も含めて）には類のない事実として挙げなければならないだろう。（大阪労演機関誌「大阪労演」No.96より）

□尾崎 信（大阪労演事務局）「断片的な感想――職場演劇の現状について――」

「停滞」ということがいわれている。職場演劇の運動についてそれはいわれている。しかし、何がどのように停滞しているのか？――それについては、まだ多くの言葉が費やされていない。本年度も、東京で職場演劇祭が一回ひらかれ、大阪では二回ひらかれ、京都、神戸、名古屋でも二回ずつひらかれている。そして、東京と大阪の間には双方、お互いに観劇し感想を話し合う程度の交流がなされ、京阪神においては、それぞれの相互観賞、終わった後での交流会がもたれている。それらは、しかしはじまったばかりであり、明確な方向があたえられるとはいえない。同時に、また第四回の国民文化全国集会では、サークル運動の討論を経て「企業別、地域別、ジャンル別のサークルの特徴を充分に発揮しながら、その閉鎖性と自然成長性をつき破り、労働者階級を中心とする新しい大衆芸術のイメージを明確にきずきあげよう」という努力目標が掲げられるに至っている。つまり、やはり職場演劇も動いているわけであり、本年度も動いてきた。それは否定し得ない。このような動きの中での、私としての感想、私としての（おぼろげな）考えを、断片的にではあるが、書いてみたい。

一つは、一九五〇年以前の運動――第一次自立劇団活動――に対する無関心、或いは過小評価の問題である。いま活動している人たちの多くは（全部といっていい程）若い人たちであり、過去の運動は知らない。そのための無関心は一応やむを得ない。しかし、東京職場演懇のリーダーであり、大きくいえば全国の職場演劇の連中が一目おいている宮本研が、それについて書いているところは気になる（「テアトロ」１８８号）。彼は、東京自立劇団協議会の活動について、「これらのスローガンは、多少こなれの悪い表現をとっているものもあるが、内容的には大部分がそのまま今日的課題につながるものでもあるのは事実である。――（中略）――東自協が果たした積極的な役割と謬りについても正しい批判と評価が、いまほど必要な時はない」といって、一応問題を正しく（と私には思われる）提出しておきながら、それを具体的に検討することなく、「東自協は、新演劇協会のイニシャティブによって組織されたものであり、……その完全といっていい程の影響下におかれていた。その意味では、東自協を支配した運動理論と創造理論がそのまま、戦前のリアリズム演劇というより、プロレタリア演劇運動のそれと符合した。」そして「東自協は、一九五〇年のレッドパージによって潰滅した、……弾圧という外発的契機によって誘発され解体をとげたのは、第一期の職場演劇運動における組織論、活動理論、創造理論でもある……」といって、つぎのようにしめくくる。「その意味では、一九五〇年に武装解除を行なったのは、東自協の運動理論ないし創造理論というよりは、むしろ日本におけるリアリズム演劇を主流とするリアリズム演劇のそれではなかったろうか」こうして折角、正しく問題を提起しながら、崩壊という事実の中に、組織の問題も創造理論も、すべて埋没させて、実質的には抹殺するような印象を与えている。速断な読者は、恐らく「そんなものか、もう用はない」と思うかも知れない。これでは、現在の職場演劇の運動のなかにある第一次の自立劇団活動に対する無関心を、さらに悪い方向にもってゆくことになるのではないかと私は恐れる。私としては、現在の職場演劇の運動の、方向についての或る種のあいまいさ、或いは、サークル演劇ということについての理解と認識の不統一、創造理論の（批評活動もふくめて）展開の不活発さ――これら一連の、いわゆる停滞という言葉を使うことを誘発している、もろもろの事情は、全体のなかにある運動の歴史的な認識力、把握力の弱さに起因していると考えている。これは、一九五〇年以前と以後を分断してしまった大きな歴史的な事情によるものであることも誰も異議ないところであろうと思う。（中略）「東自協を支配した運動理論と創造理論が、そのまま、戦前のリアリズム演劇、というより、プロレタリア演劇のそれと符合した」というのは、正しいだろうか。プロレタリア演劇というのは、新協、新築地以前のプロットの時代をいうものと思うので、こういい切ってしまうことは、やはり正しくないだろう。（中略）この辺の問題は特に、正しくリアリスティックにとらえていってほしいと思うのである。創造理論についていえば、東自協に影響を与えたのは、正確には「プロレタリア演劇のそれ」ではない。プロレタリア・レアリズムから、唯物弁証法的方法を経て、いくたの論争を伴いながら、実作品としては「火山灰地」にみのっているそれがあり、――それらの理論をうけとめている（筈の）専門人と、戦後の解放で創作意欲を旺盛にもやしていた第一次自立劇団の活動家（作家）たちとの格闘をもう一度リアリスティックに見直す必要があろう。多くの作品や、多くの批評、報告がのこされているし、それは可能であろう。組織論についていっても、戦後の民主主義的文化運動の中で、自協組織のあり方、その運営の問題について詳細に検討しなくてはならぬ。この際、自協自体としての運動のあり方やすすめ方と、政党の問題を別に区別して考え、それぞれの責任を明らかにする必要がある。その中で、戦後すぐの時期に行なわれた勤労者の演劇運動としての積極面として、いまにひきつぐ問題は、明らかにされるだろう。（中略）第四回全国集会でも強調されたように労働者階級の演劇活動としての実質が、今の職場演劇の中心内容とならねばならないし、組織のあり方もそのような観点から見直されなければならないだろう。（中略）職場演劇の全国的交流を――という声もあがっている今日、労働者階級の演劇活動としての発展方向をみつめながら、それぞれのサークルのよってたつ基盤とそれからくる性格のちがいを明確にした上で、正当に位置づけてゆくことは、特に大切な問題となってきているように思われる。

さて大阪の現実に目をむけてみよう。「一九五七年度、大阪自立劇団活動報告集」の発刊の言葉は、次のように書いている。「一九四七年度の……反省会は盛会であって、午後一時から夜の九時まで夕食を一緒にしながら、サークル運営の問題や創造上の問題を、実に綿密に話し合った。自立演劇が相互にお互いの創造成果をこれだけの長時間にわたって批判し合えるということは、私たちの歩みがはじまって以来、前例のないことであった。当初の頃の合評会では、面と向かっては、遠慮しがちであって思うことがなかなか言い得ない。それがお互いにぴしぴしいい合って、しかも快く受け入れられるというふうであった。こういう状態は、一朝一夕に出来上がるわけではなく、ここ二・三年来、いろいろの交流やふれ合いを通じて醸成してきたものである。こういうなかで、サークル運営の問題や、創造上の問題は、複雑にからみ合いながら、多岐にわたって提出された。」。繰り返すまでもなく、一九五〇年の暮れには職場演劇コンクールを行ない、その後、演劇学校、戯曲研究会などをひらいて、いち早く、職場の演劇活動の再建をはかってきた大阪労演が、一九五三年から、発表会を軸にして、職場演劇連絡会議を組織し、その相互交流を通じて、漸く右の感慨を得るまでに七年の年月がかかっている。そして五八年、五九年は、春秋二回にわけて職場演劇祭を行なっている。第一回から第四回の職場演劇祭のなかに、土江桂治「特異家族」、村田（和田）澄子「蛙女房」、亀山玲子「蔵人のうた」、中谷稔「晴れた五月」、花房信夫「赤い腕章」、高松伊久夫「空洞」、中谷稔「求める人」などの作品が生まれ出され、いくつかの舞台が上演された。これらは、そのつど、真剣な批評の対象となり、問題は、つねに前進的な方向で扱われてきた。しかし、この二年間の総括として、どれほどの質的向上を確認出来るだろうか、という疑問を、この辺で出しておくことが大事ではないか、という気がしないでもない。その意味で「創造の方法論」を意識的な問題として俎上にのぼし得るようになってからの、この二年間の歩みはもう一度充分に検討されるに価しよう。（中略）この時点を経てこそ、いうところの労働者階級の演劇の「未来像」もまた、明確に結晶し得るだろう。（「職場演劇」第四号　一九五九年十二月、『尾崎信遺稿集・運動族の発言』一九九九年十一月にも掲載）

■自演連の合同公演は――

一九六四年十一月　中谷 稔作、森本景文演出『季節風』
一九六九年六月　長谷川伸二作、寺下 保演出『怒りのウインチ』
一九七四年三月　岩倉 政治作、熊本 一演出『ばんどり騒乱記』

参考までに後年の自演連の合同公演も示しておくと——
一九八〇年五月　瀬戸　洋作、又川邦義演出『ああ青春高校野球』
一九八〇年六月　ブレヒト作（浅野利昭訳）、小松 徹演出『コンミューンの日々』
一九八五年六月　森村誠一原作（土井大助脚色）、堀江ひろゆき演出『荒野の落日』
一九九〇年六月　佐伯洋・田坪文・林田時夫・山田一己作、田中 実演出『かあちゃんたちが翔んだ』
一九九五年七月　楠本幸男作、堀江ひろゆき演出『海図なき航路』
二〇〇一年二月　清水 巖作、森本景文演出『1995こうべ曼荼羅』
二〇〇五年三月　広島友好作、熊本 一演出『レターオブグラウンドゼロ』
ほぼ五年に一回合同公演を続けてきたが、二〇〇五年以降は、行なわれていない。「新劇フェスティバル」では、プロデュース劇団を決めて合同公演のような形が継続されている。

大阪自立劇団合同『季節風』（中谷稔作、森本景文演出）1964

▼**中谷 稔**　一九三二年生まれ。劇作家。一九五五年大阪府職員演劇研究会入会。『晴れた五月』、『求める人』、『梅雨前線』、合同公演『季節風』を劇作。後年、劇団民芸のために『和子との対話』を創作。

▼**熊本 一**　一九四〇年長崎市生まれ。学生・職場演劇から七〇年「劇団大阪」創立。劇団代表として稽古場兼小劇場創設。大阪自立演劇連絡会議・全日本リアリズム演劇会議議長。井上満寿夫作『浪華一揆大塩乱始末』、岩倉政治作『ばんどり騒乱記』、寺島アキ子作『かあちゃん達の明日』など多数演出。近石ヤス子作『そして、あなたに逢えた』で大阪文化祭賞およびその他多数受賞。シニア演劇大学の演出も。

▼**堀江ひろゆき**　一九四二年東京生まれ。職場演劇出身。劇団大阪演出家。大阪劇団協議会役員。元・日本演出者協会理事・関西ブロック事務局長、現在役員。『エリアンの手記』で十三夜会賞受賞。『教員室』、『谷間の女たち』、『臨界幻想』など数多くの賞を受賞。アジア演劇祭大阪事務

局長。二〇〇三年「大阪女優の会」創立して十五年目を迎える。

■自立演劇が政党・組合・宗教団体などから自立するということ

一九六四年四月一七日に予定されていた「春闘のストライキ」をめぐって、四月八日或る前衛政党が「挑発にのるな」という声明を出した。その考えを支持する労働組合員が「ストをやめよう」と組合のなかで働きかけて混乱し、基幹労働組合等で、そのように動いた組合員が除名された。その後、前衛政党は、七月の中央委員会総会で、「4・8声明の自己批判をする」——という事件があった。

その影響をうけた一例をあげると、全電通労働組合傘下の「演劇集団」は、その事件が起こる以前は、勤務時間中に休憩室で芝居をしたり、会社経営の保険所等への慰問公演もしていた。しかし、それ以降は、それまで稽古場として借りていた会社の会議室が借りられなくなってしまった。公演も労働組合の手をはなれて「自主公演」すると、組合幹部が「こういうグループの芝居は観るな」のビラを会場入り口で配り、〈客数〉がグンと減ったのだった。

革新政党の反目で政治労働戦線が分裂し、それが文化運動にまで及んできた。そうではなく、統一・連携する方向で考え実践していくことが大切なのだが、「自立演劇をやる側は、政党・組合・宗教団体等から自立し、自前の力で、演劇活動を展開していく必要性」を痛感した、ということがあったようである。

■京都の自立演劇

一九四六年の「第一回市民文化祭・勤労者演劇の会」から、「関西自立演劇コンクール京都予選」やら「京自協コンクール」や「京都市勤労者文化祭」「京都自立演劇発表会」などの名称を付けながら、一九五八年の「第一一回京都勤労者演劇発表会」に統一されての発表会は、

1 京都自治労『五月』（宮本研作、中村重信演出）。2 関西電力 蟻の会『偽装』（久保田堅太郎・西邑勝次作、久保田堅太郎・中尾文次演出）。3 専売公社 青雲『文化議員』（田口竹男作、青雲文藝部演出）。4 日

本写真印刷『寒鴨』（真船豊作、塩見忠演出）。５全損保『乞食の歌』（津上忠作、谷嘉寿男演出）。６日本電池『もうすこし』（私立中野工業高校定時制作、斉藤完演出）。７三進特殊電器『笛』（田中千禾夫作、宮腰勉演出）。８全医労宇多野『税吏』（水野稔作、原田四郎演出）。９全逓京簡保『芽ばえ』（大橋喜一作、川島正演出）。10第一工業製薬『僕等が歌をうたうとき』（宮本研作、前田静磨・竹内資宏演出）。

以上のような十劇団の参加があった。これらの活動は、長く続けられて行くが、職場演劇サークルではなく、つまり、職場単位の集まりではなく、業（仕事）の余暇に集まってきた人たちで集団をつくる〈地域演劇〉サークルや地域劇団へ変貌していって、やがて「京都自立演劇発表会」・「京都市勤労者文化祭」は、消えて行く。そして、京都は、大阪と違って地域劇団すら、ほとんど姿を消して行った。

「東働演」（東京働くものの演劇祭）の半世紀を特集した『人・言葉・劇』という冊子が発行（二〇〇六年）されたことがあったが、その中に関西にかかわる箇所を紹介しておきたい。

「〈東京働くものの演劇祭　資料集〉の中に〈労働者の演劇地図――月刊社会党一九七〇年臨時増刊号〉という記事が掲載されている。東京から他地方へ渡って、働く人たちの演劇をする状況というか、紹介がされている。その中で、大阪の演劇状況、自立劇団の存在は語られているが、京都に関しては、専門劇団（京芸、人形京芸、京都小劇場）は紹介されているものの、〈京都新劇団協議会と言うのがあるらしい。人間座とか学校巡演の多い専門劇団だね。全逓の簡易保険局にもあるらしいが働くものの劇団は見当らない〉と述べている（矢部秀一・山村金平というお二人の名前が最後にあった）。全逓の簡易保険局には触れているのに〈働くものの劇団は見当らない〉という発言にはびっくりした。〈京都新劇団協議会というのがあるらしい〉と述べているが、〈京都自立劇団協議会〉という言葉は一言も出て来ていない。〈労働者の演劇地図〉を語る人が〈京都新劇団協議会というのがあるらしい〉というあやふやな発言をなし、〈京都自立劇団協議会〉の存在を確かめることもなく、〈働くものの劇団は見当らない〉と断定するのは、早計ではないか。因みに、この記事の一九七〇年と、その前年の一九六九年と前々年の一九六八年の京都を見てみると、一九六八年は、〈第三四回働くものの演劇発表会〉（第一九回京都市勤労者文化祭）が開催され、参加集団が「日本電池演劇部」「劇団翌檜」「京都簡易保険局演劇研究会」「京都労働学校演劇サークル」「貯金局演劇サークル」「劇団橋」の六劇団。一九六九年には、「日本電池演劇部」「劇団翌檜」「演劇サークル〈泥〉」「京都簡易保険局演劇部」「劇団橋」「グループ壁」、そして一九七〇年には、自立演劇連絡協議会合同公演「零余子」（長谷川伸二作）が行われ、働くものの演劇祭は、「京都簡易保険局演劇部」「劇団橋」「グループ壁」で開催されている。何故、〈月刊社会党〉の記事には、京都には〈働くものの劇団は見当らない〉といった発言が出たのであろうか。（中略）一九四六年に第一回市民文化祭勤労者演劇の会が開催されている。参加団体は、「寿京都工場」『民主糖』（石村哲也作）、「京都市電局」『そら豆の煮えるまで』（島公靖作）、「島津三条」『湖の娘』（八木隆一郎作）、翌年には、〈京都自立劇団協議会〉が結成され〈第一回新憲法施行記念・第一回京自協演劇コンクールが行われている。」（東働演の半世紀『人・言葉・劇』＝東京働くものの演劇祭40周年記念誌より「京都自立劇団協議会や私たちからの思い出」の文章から抜粋、引用したものである。）

■神戸の自立演劇

戦後の労働組合運動のなかで、神戸の職場演劇は一時非常な勢いでひろがり、国鉄鷹取、神戸製鋼、川崎重工、三菱電機、新三菱、神戸工業、日本エヤーブレーキ、大丸、東京海上火災、神戸市役所などの職場ではとくに盛んで戦災の余じんがまだ残るバラック建ての小屋や、小学校の講堂などで、つぎつぎと演劇が発表された。演劇コンクールもたびたび開かれ、国鉄鷹取や神戸製鋼、エヤーブレーキなどは関西の自立演劇コンクールにも入賞した。職場内から優秀な作家を始め、演出、演技にも注目するものが多く出てきた。一九四九年には神戸自立劇団協議会が結成され、合同公演や発表会もしばしば持たれた。

しかし、一九五〇・一九五一年ごろから、労働組合への圧力が強くなるにつれて、演劇活動も次第に影をひそめ、やがてほとんどの職場の演劇活動が冬眠に入った。一九五四年に神戸勤労者演劇協議会（神戸労演）が生まれ、ふたたび働く人のなかに〈芝居を見る楽しさ〉がひろがりはじめ、やがて、それぞれの職場のなかに、演劇活動を盛り上げようという空気が出はじめたが、実際に、これを職場ごとに結びつけるのは、なかなか困難であった。

しかし、このころ兵庫演劇協議会が生まれ、一九五四年、一九五五年にわたってコンクール、一九五六年には合同公演という形で活性化がはかられ、次第に〈お互いに働く仲間で芝居をやろう〉という声が高まってきて、一般人や学生も含めた「兵演協」とちがった、働く人たちばかりでつくられたのが、「職場演劇連絡会」（職演連）であった。（職演連参加劇団＝西宮虹の会、日動演劇サークル、川崎航空演劇研究部、運輸省第三港湾建設局神戸港工事事務所演劇部、小泉製麻やしのみ会、神戸市交通演劇研究会、神戸市外電話局あすなろ会、神戸税関演劇部）

第一回神戸職場演劇合同発表会は、一九五八年三月二十三日に神戸海員会館で行われた。西宮虹の会『人を食った話』（宮本研作）、川崎航空演劇研究部『礼服』（秋元松代作）、神戸市交通演劇研究会『乞食の歌』（津上忠作）、神戸税関演劇部『蛸君の日曜日』（土井行夫作）。出演しないサークルは、実務の諸々を手伝ったようである。

＊神戸は、「テアトロ」一九五八年六月号　No.１７７大岡欣治〈神戸地区の職場演劇の現状〉より。

第十七章　全国公演、地方公演、学校公演

関西新劇団の全国公演は、「労演例会」で各地域を巡回するか、「こどもおやこ劇場」での全国公演が、主なものであった。地方公演は、中国、四国、九州、北陸へ廻ることがあったが、なによりも学校公演が、大きな収入源であり、移動公演と言えば、劇団の生活基盤となった学校公演であったろう。例えば、「関西芸術座」は、創立当初からセンター公演以外に、学校公演（ファミリー劇場）、スタジオ公演、勉強会などを行なっている。創立二年目の一九五八（昭和33）年は、スタジオその2『守銭奴』、スタジオその3『野鴨』、市内巡回その1『若い季節』、阪中正夫追悼公演『馬』（くるみ座と）、公演その3『長い墓標の列』、公演その4『岬の町の町会議員』、こども劇場その2『幸福はだれに来る』、こども劇場その3『うぬぼれうさぎ』、勉強会その1『女の家族』・『死の前に』、勉強会その2『囲まれた女』・『罠』が一年の活動であり、『野鴨』が府民劇場奨励賞と大阪日日新劇最優秀賞を受賞。男優賞が波田久夫、女優賞が河東けいと「関西芸術座」が独占している。が、劇団財政に大きな影響を及ぼすのは、こども劇場で、後に『牛鬼退治』や『竜の子太郎』など、これらは再演も行なわれていく。

「関西芸術座」に代表されるように、「潮流」「コーロ」「京芸」などの移動公演をする劇団の多くは、学校公演で支えられていた。勿論、この他に、ラジオ、テレビ出演での収入を加えてである。限られた年数であっ

たが、少しは豊かなシーズンもあったようだ。

しかし、年を経るにつれて少子化がもたらす学校公演の減少は劇団の財政を傾かせて行った。人口減少だから、例えば、十八年後の高校生人口を推測することが可能であった筈である。人口は商品のように情況が変わったといって途中で生産を倍加することはできない。とすれば、十八年前から少子化を迎える備えが出来なかったのか。その時代になって、慌てふためき、あげくの果てには、稽古場を失うという事態にまでなってしまったのか。勿論、目の前の事柄で精一杯で、将来のことまで考えている余裕などないということも理解できるが、なにか打つ手はなかったのか、と悔やまれる。

だが、劇団が好評をはくした舞台、例えば、劇団京芸の『西陣のうた』や関西芸術座の『大阪城の虎』などは、大きく地域を伸ばした公演が行なわれている。つまりは、観客に深い感動を与える舞台を作っていれば、少子化にも対応できたかもしれない。やはり、評判のいい、内容の深い舞台がつくれなかったということか。それには、観客の意識の変化ということも深くかかわっていたように思われる。

第十八章　劇場、観客の変容 会員減少の労演 大阪万国博覧会

演劇は〈やる人〉=俳優、〈見る人〉=観客、そして、〈やる場所〉つまり〈劇場〉が、必要である。戦後すぐに大阪には、「朝日会館」が開場（一九二六〔昭和元〕年）している。毎日新聞、サンケイ新聞、京都新聞などを含めて、新聞社に関連のあるホールが多いということになる。その「朝日会館」が、一九六二年十月に閉館するまで、三十数年、大きな支えとなった。大阪には、「フェスティバルホール」があるためか、一席のコストが高く、劇場費は高い。その上、自治体による演劇専用の公共ホールが無い。京都には、京都会館、京都府立文化芸術会館、神戸には、神戸文化ホールがある。勿論、大阪に劇場がないわけではない。梅田コマ（梅田芸術劇場）、朝日生命ホール、厚生年金会館などがあるが、新劇に適した、設備を整えた劇場が少ない。大阪では、低料金だった大手前会館が一九六七年に閉館して、この会館をよく使っていた大阪の劇団に痛手を与えた。観賞団体「大阪労演」では、二万人を越える会員がいたときなどは、劇場に困ったようだ。朝日会館閉館後は、毎日ホール、サンケイホール、厚生年金ホールを中心に例会場所を定めていた。「神戸労演」も当初は会場に泣いたが、新しいホールが出来てほっと息をついた。「京都労演」はこの頃は京都会館で安定していた。演劇活動は、劇場があってこそ成り立つもので、劇場がない街に演劇は成立しない。

新劇の最大の失敗と言ってもいいものは、〈新劇の観客〉をつくることに失敗したことであろう。新劇の観

客とは何か。そんなものがあるのか。新劇は一般的には、インテリゲンチャが見るものと解されているかもしれない。ある時には、労働者階級のための演劇、または、プロレタリア演劇を遂行した時代はあったが、しかし、階層で区切るということはあまり考えていなかったのではないか。劇の内容を理解してくれること、それを明日からの生活の糧にしてくれること、つまり、人生の智恵をくみとって劇場から出ていってくれることを期待した観客では、つまりは、主体的な観客ではなくなってきたのではなかろうか。特に関西では、万博以降、つまり一九七〇年以降は、観客の意識が変容していったのである。それを読みとれなかったのではないか。

一九六〇年代、一万五千〜二万人の会員で推移してきた大阪労演の会員数が、一九七一年から『ハムレット』例会を除いて、一万人を越えることがなくなる。それまでも減少傾向はあったが、『オセロ』などの名作、大作主義で凌いでいた。当然のように地元劇団が例会に取り上げられることが無くなる。六千から八千人台の観客であったのが、一九七二年からは五千人台に減少の一途を辿る。やっと、チェーホフの『三人姉妹』、シェイクスピアの『リア王』が八千人台を保ったが、一九七三年には、四千人台が出現する。山田民雄の『にっぽんKK幻想曲』、大橋喜一の『修羅と死刑台』がその例である。

そしてついに、一九七五年には、三千人台になる例会月も出てくる。秋元松代の『アディオス号の歌』、ブレヒトの『アンティゴネ』、八木柊一郎の『私はルビィ』など年間の半数近くがこのような減少数字となった。一九七六年の後半には、二千人台の例会も出て来た。庄野英二の『南の島』、矢代静一の『漂流の果て』、テネシー・ウイリアムズの『ガラスの動物園』である。その後は、会員・事務局の努力で、何とか採算のとれる会員数を確保して行くが、一九八五年以降は、二千人台、一九九五年代以降は、平均会員数が、千人台となる。

一九七〇年の大阪万国博覧会は、人々の心を高揚させた。紹介記事によると……「『人類の進歩と調和』をテーマに掲げ、七十七ヵ国が参加し、戦後、高度経済成長を成し遂げアメリカに次ぐ経済大国となった日本の象徴的な意義を持つイベントとして開催された。日本においては一九六四年の東京オリンピック以来の国家プロジェクトであり、多くの企業・研究者・建築家・芸術家らがパビリオン建設や映像・音響などのイベント制作・展示物制作に起用された。大阪市など会場周辺市街地では、万博開催への整備がなされ、道路や鉄道・地下鉄建設などの大規模開発が進められた。一方、第二次世界大戦以来の規模となる芸術家らの国家イベントへの動員は、文化・芸術界内部で批判があったほか、同じく一九七〇年に予定されていた日米安保条約改定に関する議論や反対運動（七〇年安保闘争）を、大阪万博の大イベントにより国民の目からそらすものだとして、大学生らによる反対運動も行われた。太陽の塔やテーマ館のアメリカ館・ソ連館などの、人気パビリオンでは数時間待ちの行列ができるなどして大変混雑した。特にアポロ12号が持ち帰った『月の石』を展示したアメリカ館の行列は延々と続き、途中であきらめて他の館へ行く人も多かった。その異常な混雑ぶりから、テーマをもじって『人類の辛抱と長蛇』や『残酷博』と揶揄されたこともある。また、国際博覧会史上初めて黒字となった」とある。

心浮き立つ満開の季節を迎えた感があった。パビリオンには長蛇の列が出来、経済減速の予兆がありながら、繁栄が目に付いた。六〇年代は、政治の季節の演劇であった「新劇」が、経済優先の演劇に変容していった。〈新劇よ、何処へ行く〉という言葉が新聞誌上に見えるくらいになっていた。文化の中味は、旅行、スポーツ、リクリエーションへ移って行った。行政の文化担当者ですら、〈文化〉とは、旅行、スポーツであり、花の博覧会のようなものだと公言していた。孤塁を守る演劇も、商業演劇（商業劇場）の公演が多彩になり、小劇場の新たな展開が、新劇の位置を脅かせていった。一九六〇年代の終わりから、七〇年代に入って、新劇は魅力的な作品を舞台に乗せていたにもかかわらず、小劇場演劇に中心の位置を盗られていった。何故か、観客の心、興味が、新劇から離れていったのである。それでも、関西新劇人は、踏ん張り、闘いを続けていたが、八〇年代に入るや、関西の小劇場演劇に人気を淩われ、批評家も小劇場演劇のみを活字にするようになった。

第十九章　一九七〇年代以降、これからの関西新劇界は？

一九七〇（昭和45）年『少女仮面』で唐十郎が岸田國士戯曲賞を受賞した。この時から、戯曲のイメージも変容をとげたのか、他の演劇人から、唐十郎受賞への異議申し立てがあった。明らかに、時代の変容を見せた時であった。東京には、六〇年代の終わりから〈アングラ〉、〈小劇場〉演劇というものが、注目されるようになった。だが、関西にも多少の影響はあったであろうが、それほどの現象としては表に顔を出さなかった。関西は後の時代の一九八二年のオレンジルーム演劇祭で、関西小劇場演劇の擡頭をはっきり意識するようになった。それでも七〇年代には、新劇から脱皮しようとした嘗ての新劇人が、〈小劇場〉と名のる劇団をスタートさせた。劇団京芸から抜け出た蟻圭介を中心にした「京都小劇場」、関西芸術座にいた横井新と西岡瑤子夫妻の「上方小劇場」などであった。

そしてそのころ若い世代による「日本維新派」や「未知座小劇場」が誕生している。七〇年代、八〇年代には、軒並みと言っていいほど、小劇場グループが生まれる。「そとばこまち」「犯罪友の会」「幻実劇場」「第2劇場」「劇団新感線」「南河内万歳一座」「ちゃかぽこ調書」「太陽族」など。劇場も、「オレンジルーム」「カラビンカ」「無門館」「近鉄小劇場」「近鉄アート館」「AI・HALL」「スペースゼロ」「都住創センター」など目白押しであった。

これらの現象の影に隠れたように新劇は、いや、〈新劇〉という言葉すら忘れ去っていかれるような時代を迎えることとなる。六〇年代の「政治の季節」の演劇が、七〇年代には「娯楽の演劇」に変質したためであろうか。ただ、新劇をする劇団が無くなったわけではない。関西にも、創立四〇周年から七〇周年を迎え、公演を続けている新劇団が持続されているのだ。東京でも、六〇年代末から盛んになった小劇場演劇に劣らず新劇劇団の公演からも、素晴らしい作品も生まれているのである。それなのに、何故「新劇」は、影を薄めていったのであろうか。このことはいずれ語られるであろうが、時代の流れ、時の勢いというものには勝てないのか、どこかへ浚われて行ったように、新劇の姿は、薄い存在になっていったのは、確かであった。

一九八二年のオレンジルーム演劇祭で、関西小劇場演劇の擡頭をはっきり意識するようになったが、六〇年代の終わりから七〇年代にかけて、関西小劇場演劇の前史のような現象があった。そのことに少し触れておきたい。

関西小劇場前史から八〇年代関西小劇場演劇開花まで

一　はじめに

関西の小劇場演劇と呼ばれるものは、いつから出現したことになるのか。

一九八二年五月号の『プレイガイドジャーナル』なる情報誌に、大阪梅田阪急ファイブの八階ホールで開催された〈第一回オレンジルーム演劇祭〉についての記事がある。「熱狂の六日間、オレンジルーム演劇祭――二月末と三月初めの六日間におこなわれた第一回オレンジルーム演劇祭は、延べ三七〇〇名余の若い観客を集め、まさに熱狂のうちに幕をとじた。この十年の関西の演劇状況をふりかえってみても、これは異常とも思える高まりであった。たしかにいま関西の演劇シーンは十年ぶりのウネリがうまれつつあるのかもしれない――」という見出し記事があって、第一回オレンジルーム演劇祭で競い合った四劇団の批評があった。「オレンジ色に花咲く、感性の舞台」（菊川徳之助）と大川達雄（朝日新聞記者）の「熱気を帯びたオレンジ演劇祭」という見出しで書かれている。今から二十年も前の出来事であるが、このオレンジ演劇祭にノミネートされ参加した劇団が、この後、関西の小劇場演劇として注目される劇団として活躍して行くことになる。（〈オレンジ演劇祭〉は初年度、「オレンジルーム演劇祭」と呼称していたが、二年目より「オレンジ演劇祭」に名称が変えられている）。

東京を中心に〈アングラ・小劇場〉演劇として注目された、一つの時代をつくった「状況劇場」や「黒テント」「早稲田小劇場」などは、一九六〇年代からの出発であり、一九八二年のこの時点での、関西とは二十年の隔たりがあることになる。勿論、この二十年の間、関西にアングラ・小劇場の影響も動きも無かったのかと問えば、影響も動きもあったと言えよう。影響があり、胎動があり、始動があり、そして、八〇年代のオレンジ演劇祭を通過して、九〇年代、関西は、岸田戯曲賞を受賞するなどの若手劇作家の輝く登場によって、関西の小劇場演劇、と呼ばれた若き劇団が、現代演劇の主流にまでなって行くことになる。

一九六〇年代に「新劇」の劇作家でありながら、新劇の表現の幅を拡げようとする幾人かの劇作家がいた（安部公房、宮本研、福田善之、芳地隆介、田中千禾夫など）。関西にも、関西演劇文化を支えて創立五〇周年を越える新劇の劇団の活動もある。不条理演劇を上演し続けたグループもあった。にもかかわらず、六〇年代以降は、アングラ・小劇場演劇が現代演劇の中心の位置を占めて行く姿を我々は目の当たりにして行く。しかし、九〇年代には、やや理解に苦しむ現象と言ったらよいのか、〈リアリズム回帰〉、〈新劇復権〉などという批評家の言葉が飛び出した。岩松了、宮沢章夫、平田オリザに代表される〈静かな劇〉と呼称された演劇が注目を集めた。これは〈新・新劇〉の登場だったなのであろうか、アングラ・小劇場を越えるニュー演劇の登場であったのであろうか。そして……二十一世紀になった。二十一世紀は、私たちにとって、恐ろしい時代に違いない。私たち（演劇人）だけではなく、全人類が、と言った方がよいのかもしれない。恐ろしい時代を迎える前に、存在したアングラ・小劇場演劇の実態とは、いかようなものであったのか。この問いはいろいろな角度から論究されるであろうが、関西のアングラ・小劇場が、東京から遅れること二十年、しかし、二十年間が全くの空白であったわけではないと思う故、その間に、何が、どのように、そして、どのようなあり様をもって歩んで行ったのか、その姿を捉えておきたく思うのである。

二　不条理演劇と舞台空間創造グループそして維新派

サミェル・ベケットの『ゴドーを待ちながら』を関西地方で最初に上演した関西の劇団は、「舞台空間創造グループ」ではなかったか。記録によると、「舞台空間創造グループ」は旗揚げ公演に『ゴドーを待ちながら』を上演している（一九六九年五月）。このグループは、いち早く、不条理演劇やアルトーの演劇論にも目を向けていた。アルトーの宣言にならってか、「演劇開始第一宣言」というようなものを発している。

藤野勲、関谷茂樹などの中心メンバーの名前の他に、松本雄吉という名が見える。松本雄吉といえば、今日のご存知「維新派」である。この「舞台空間創造グループ」は、「日本維新派」という集団に名称を変えて（一九七〇年十一月）、大阪天王寺の野外音楽堂で、野外劇を上演して行く集団に移り変わって行った。

そして、一人芝居の時があり、ストリップ劇場への出演の時があり、化身塾の時があり、さらに「維新派」（一九八七年）となって、今日でもその前衛性を持ち続けている。当時「舞台空間創造グループ」の舞台「餓鬼餓鬼草紙」（藤野勲作）も、奇妙な面白さがあるものの、「新劇」に親しんで来た者には、その新しさに引き入れられながら、その新しさに付いていけないところがあった。その後、「日本維新派」になって、天王寺の野外音楽堂を走り廻る壮大な舞台空間を造形し始めた。その美術造形的な舞台は、演劇というよりアクションデザインか、肉体を注視すれば〈舞踏〉と言った方が適切に思えた。それ故か、アングラ演劇の先頭をきると思われた「日本維新派」は、小劇場演劇の牽引者ではなく、追従者を許さない独自の造形世界へと入り、一般的に呼称されるアングラ・小劇場演劇の関西版誕生にはならなかった。そんな範疇を越えて「維新派」は存在していると言えようか。

＊松本雄吉は、二〇一六年六月十八日　食道ガンのため死去。六十九歳。

三　上方小劇場の存在

東京の劇団の来阪公演での、状況劇場、黒テント、発見の会、演劇団、曲馬館などの六〇年代以降の劇団の影響は、七〇年代に入っても、関西に少なからず、というか、ますますというか、あったことは確かである。「発見の会」のエンツェンツベルガーの『政治と犯罪』を台本化した今野勉作によるエンドレス形式の舞台には、大いなる関心が持たれた。唐十郎の作劇術、黒テントの政治性と運動性、寺山修司の異質性、奇形性などに、新しい演劇を求める人々は、彼らの舞台に影響されることを首を長くして待っていた。

それは、来阪する回数が一年に一回、数劇団が訪れるにすぎなかったからである。（まだ関西と東京は遠かった）東京からの劇団が訪れないことへの物足りなさを持つ若い演劇人や観客の、空白を埋めるかのように出現した劇団があった。大阪の最大手新劇団「関西芸術座」の俳優であった横井新と西岡瑶子の夫妻が中心の「上方小劇場」という劇団である。（「上方小劇場」は一九七〇年三月に旗揚げ）

大劇団に所属した人間が、〈小劇場〉とわざわざ銘々したのであるから、その意識は明白とも言えるが、新劇はその誕生を「築地小劇場」に求めるならば、そもそもが新劇は〈小劇場演劇〉であったと言える。

だが、新劇は、新劇の大衆化、職業化をうたい文句に大型名作路線、大劇場路線を目指していたとも言えるので、「上方小劇場」の出現は、新劇を離れた俳優たちが新劇の世界を乗り越えようとしている、その意識が見えるのは当然であったかもしれない。「上小」は（「上方小劇場」のことを短くして〈上小〉と呼んだ）、ドサ廻り芝居を目指していた。横井新の出自とも関係していたようであるが、〈上小〉十四番目の公演、福田善之の『因果噺・一寸法師』の舞台が印象的であった。一九七二年に立動舎と菊池剣友会によって初演された作品であるが、福田善之が〈上小〉のために書いたのではないかと錯覚するようなスタイルを持った作品である。作者・福田善之もまた新劇の作家でありながら、新劇を越えようとしていた劇作家であり、あの、新劇の革命的作品『真田風雲録』の作者である。その福田が新劇から意識的に大衆演劇へ足を踏み込んで行った作品が『一寸法師』である。これを「上小」は、こころざし同じく大衆演劇の匂いをプンプンさせながら、ということは、脱新劇を濃厚にしながら上演した。「上小」は横井の作品・猫間川シリーズ（作者名は、亀屋東西となっている）と、つかこうへい作品も上演して行く。（『因果噺・一寸法師』は、一九七八年三月、島之内小劇場で上演された後、オレンジのプロデューサー中島陸郎氏の目にとまり、オレンジルームの柿落とし公演としても上演された）

「上小」は、東京の劇団の年一回公演に満足出来ない、新しい演劇をもとめる、新しい観客を獲得して行った。だが、新しい演劇を求める新しい観客と、新しい演劇を求めてくる俳優らは、劇団にこれまで以上のことを求め出すことが予想された。前近代の手法で近代を乗り越えようとした横井氏の演劇観は、新劇世代の脱新劇には有効であったろうが、次の世代の人々にはどうであったろうか。現在は若い世代にバトンタッチされ「遊気舎」という、新たなエンターティメントを志向する劇団として活動がなされている。

四　島之内小劇場の誕生

小空間で上演をすることになる小劇場演劇と、その空間の関係は、新劇が劇場、市民ホールで上演する以上に、意味と形式が関係してくる。一九六八年に大阪南・東心斎橋にあるキリスト教会で演劇公演が行われた。この教会はこれ以後〈島之内小劇場〉と呼ばれたが、教会の牧師・西原明氏は「アメリカでは教会劇場が盛んでしたので、開放したまで。小劇場というような明確な意思はなかったんです」と一九九八年三月、島之内小劇場の演劇公演三〇年の歴史の幕を閉じる時に語っている。スタート時点では、小劇場演劇という明確な意識はなかったようだ。しかし、潜在的にはそのような期待があったのか、実際の形の上では、この教会小劇場は、寺山修司の「天井桟敷」や佐藤信の「黒テント」の公演、そして、地元の小劇団が上演を重ねる名実とも小劇場になって行くが、六八年スタート時の公演は、大阪の劇団「プロメテ」の『マリウス』である。『マリウス』はフランスの芝居である。島之内教会における当初二・三年の上演は、「新劇」作品と言えるものであり、劇団プロメテの上演であった。

アングラ・小劇場演劇萌芽の時代には、アングラ演劇と見られた「日本維新派」、そして「アルバトロス」

や「未知座小劇場」の舞台を観客は眼に浮かべるであろう。維新派と違ったこの二劇団の舞台も彼らなりの、独自の魅力を持って、〈テント・小劇場〉を生き続けた。彼らの世界を持ち続けたのは、ある意味で必然の、それは思考であり、あり様であったと言えよう。その中で、〈島之内小劇場〉で一つの時代現象とも思いたい劇団があった。「満開座」という劇団である。作・演出が仁王門大五郎、主演女優が清瀬順子。

情報誌『プレイガイドジャーナル』七九年三月号に〈特集満開座〉があり、松竹新喜劇と吉本新喜劇をたして二で割ったような喜劇劇団と評された満開座の、インタビューを含めた紹介記事が四つある。七〇年代と言えば、東京ヴォードヴィルショウやつかこうへいの笑いの舞台の影響が濃厚にあった時である。エンターティメント演劇の先駆けとして満開座は、関西的な匂いと持ち味を、なんの衒いもなく持ち合わせた劇団として存在するように思われた。

先のインタビュー記事の一つに、主演女優清瀬順子へのインタビューがある。単なる笑いで終わる舞台ではなく、批評性を充分持ちえる劇団であったし、特に、演技にその批評性は顕著であった。中でも、清瀬順子は、昼間、京都大学近くの医学書を売っている店先で、ブスッとした愛想のない女性として居た。しかし、舞台の上の清瀬は、打って変わって、強烈なエネルギーを持った女優として存在する。「松原君が、あなたの演技ポイントを〈瞬間の激しく燃焼する素晴らしさと、ツッパル女の中に垣間見せる弱さ、せつなさの輝きがある〉、と言っていますね」という問いに、清瀬は、「ツッパル女が好き。ツッパル女の弱さ、健気さ、可愛いさ、哀しさが見えたら嬉しい」と言っている。さらに彼女の「駄目な時は、からだが感じる。いい時はからだがシットリしてくる。駄目な時は、からだがギスギスしちゃう」という発言には、生活実感と肉体感覚で演技を構築している女優の姿が見える。作者・仁王門大五郎と女優清瀬順子を持つ〈満開座〉という劇団が、関西流味付けを持った、関西版の小劇場演劇を創り出す期待がかけられていた。そこには、新劇の科学性、論理性とは違った感性をもった劇団に思われたからである。しかし、その後、満開座が主流となって歩むことにはならなかった。喜劇という表現と生活実感から紡ぎ出そうとする表現、その二つが一つになって新たな表現に昇華する方法を連続して見出せなかったためであったかもしれない。

五　オレンジ演劇祭とキャビン戯曲賞

一九八二年、大阪に三つの風が吹いた。〈オレンジ演劇祭〉、〈キャビン85小劇場〉、〈キャビン85戯曲賞〉である。〈オレンジ演劇祭〉は、祭でありながら、若手劇団が競い合うコンクールである。ノミネートされた四劇団が、五人の審査員（大川達雄、粟田倘右、菊川徳之助、松原利巳、中島陸郎）の厳しい眼に晒される。〈キャビン85小劇場〉は、当時輸入たばこが解禁になるのを危惧した「日本専売公社」（「日本たばこ産業」）が〈キャビン85（エイトファイブ）〉のたばこ宣伝のためスポンサーとなって企画された小劇場演劇公演。〈キャビン85戯曲賞〉は、〈キャビン85小劇場〉の企画を引き受けたプロデューサーが提案し産まれた、関西初と言える戯曲賞（最終審査員に、別役実、佐藤信、秋浜悟史、人見嘉久彦、菊川徳之助の五人）。〈オレンジ演劇祭〉はオレンジルームのプロデューサー・中島陸郎氏と『プレイガイドジャーナル』の松原利巳氏によって企画された。松原は〈キャビン〉の企画者でもある。この三つの風が、関西の小劇場演劇を産む大きな基盤創りになっていく。

〈オレンジ演劇祭〉は五年間続けられ、ここから、今日まで続く、活躍する劇団や俳優を生み出して行った。新感線（いのうえひでのり）、そとばこまち（辰巳琢郎）、南河内万歳一座（内藤裕敬）、第三劇場（マキノノゾミ　その後、M・O・P）、太陽族（岩崎正裕）など。俳優も藤吉久美子、渡辺いっけい、筧利夫、辰巳琢郎など、を生み出した。「なによりも強い驚きは、そこに〈ドラマ〉が存在しなくとも、舞台と客席に、華やかな、しなやかな、軽やかな創造性と雰囲気があったことである」と、新しい波の出現を認めている。

そして、何よりも、今日に続く刺激的な 状況を生む源に思われる〈キャビン85戯曲賞〉の誕生であった。〈キャビン小劇場〉は、主に大阪梅田のバナナホールで、若手人気劇団の作・演出者（はりけーんばんび脚本・上海太郎演出。いのうえひでのり作・演出。秋山シュン太郎作・演出。仁王門大五郎作・演出。など）の公演がプロデュースされた。松原プロデューサーの力で生まれたキャビン戯曲賞は、イベントであるところのキャビン小劇場とは対照的になる、裏側の地味な作業となる可能性があった。キャビン小劇場の単なる付属として生まれたにすぎないでは面白くないだろうが、その心配はあった。勿論、このことを仕掛けたプロデューサー・松原氏の心の中には、ある種の計算と計画があってのことであったかもしれない。が、関西からは岸田戯曲賞を受賞する劇作家は一〇年に一人くらい出るか出ないかの状況であってみれば、応募作品少なく、入賞なしという心配が現実のものになる可能性もあった。戯曲公募が開始された。果たして関西だけで戯曲が集まるであろうか、との思いが持たれた。ところが、結果は予想に反して、八二編の応募があった。この瞬間、大阪に吹いた三つの風が実感されたのである。そして、同時進行するかのごとく〈キャビン戯曲賞〉が滑り出していた。だが、〈キャビン戯曲賞〉は、ある事情で、三年で終了し、この後、〈テアトロ・イン・キャビン〉へ受け継がれ、約十年で、日本たばこ産業のスポンサーを失って、完全終了してしまったかに見えたが、幸いにして一九九四年から〈ＯＭＳ戯曲賞〉が誕生し、この作業を続けて行くことになる。

（「演劇学論集41」（日本演劇学会）二〇〇三年一二月一五日「私説・関西の小劇場」菊川徳之助より）

マスメディアや演劇評論家は、批評においては、小劇場演劇しか書かなくなる。新劇団の頑張りがあるにもかかわらず、である。この現象を今後どのように見つめて行ったらよいのか、しかと、考え、深く思考して行く必要はあるだろうと思われる。

おわりに

〈大海の中を笹船に乗っているような状態です〉というある劇団の人からの手紙がある。今にも転覆しそうな、つまり崩壊（倒産）しそうな状態なのであろう。しかし、関西新劇は、壊滅せず続いている。ただ、プロ俳優というものが、いないと発言する人もいる。確かに、魅力ある俳優を輩出できなかった。俳優を育てる教育システムもなかったと言えるだろう。少子化になることがわかりながら、学校公演の減少に対処できなかった劇団。世界の変質、戯曲世界の変容で、新しい魅力ある作品を生み出せなかった関西新劇。努力はなされてきたのであろう、しかし、どこかに大きな穴でもあったのか、落とし穴に嵌ったように身動きできずに、小さくしか動けなかった劇団。演劇で食べられることを目標にし、それを勝ち取っていったはずの劇団。新作品を求めて、書き手を探し育成していこうとした劇団。だが、開花することなく、いや、一時の開花はあったのであろうが、永続してくれなかった時代の残酷さ。どこに本当の問題があったのか、それを探し続けていくしか、問題の解決はないであろう。

それでも、関西の新劇団は、根強く劇団を維持している、七〇年代に入っても、大阪放送劇団、関西芸術座、潮流、コーロ、如月舎、往来、しし（師子）座、京芸、人間座、道化座、などなど。そして、業余体制の劇団の頑張りには、眼を見張るものがある。劇団大阪、劇団未来、劇団きづがわ、四紀会、劇団息吹などまだまだ元気である。継続と行動あるのみか。期待を籠めながら、歴史を眺める作業をここで一旦休憩することにする。なお、「大海の中を笹船に乗ったような状態を乗りこえて」という冒頭の言葉は劇団京芸の藤沢薫が、劇団の危機と言える状態を、菊川徳之助宛てに書いたハガキの中にあったものである。

■附属資料

本書『関西戦後新劇史』は、一九四五（昭和20）〜一九六九（昭和44）年の期間を取り扱った。七〇年代から色合いの違った小劇場演劇と命名される劇団や舞台が出現してき、政治の季節の演劇が娯楽の季節とも呼ばれるようになったためである。ただ、七〇年代初頭の雰囲気なり情景を垣間見る記載も必要と考え、それらのものも含んで、若干の附属資料を付け加えることにした。以下がその附属資料である。

附属資料

（1）劇団の活動――一九七〇年〜一九七三年
（2）関西新劇劇作家の創作作品表（一九四五〜一九七三年）
（3）道井直次「戦後関西新劇私史1〜10」（「道」より転載・抜粋）
（4）参照文献リスト
（5）別表①＝使用した劇場（一九四五〜一九七三年）
（6）別表②＝劇団年表

附属資料（1）一九七〇年（昭和45）から一九七三年（昭和48）の劇団活動

（イ）一九七〇年の劇団活動

〈大阪　一九七〇〉

■一月　プロメテ『飢える者ども』（サローヤン作、表淳夫演出）・『結婚の申込』（伊賀山省三作、下元年世演出）、島之内小劇場。

■二月　劇団未来『われら兄弟』（和田澄子作、森本景文演出）、青少年会館ホール。
関西芸術座『アンネの日記』（フランク作、上利勇三演出）、青少年会館。
アカデミー小劇場『おふくろ』（田中千禾夫作、筒井好雄演出）、百人劇場。

■三月　二人だけの劇場『銃口からのぞいた風景』・『蒼空の彼方から』（中島陸郎作、浜崎満演出）、能楽会館。
プロメテ『アンチゴーヌ』（アヌイ作、岡村嘉隆演出）、島之内小劇場。

■五月　劇団潮流『うばすて異聞』（潮流文芸部作、大岡欽治演出）、青少年会館。
青猫座『薔薇の館』（遠藤周作作、辻正雄・石田亮演出）、サンケイホール。

■六月

関西芸術座『演劇行動』（仲武司構成・演出）・『送電線』（広渡常敏作、一杉忠演出）、大手前国民会館。

大阪放送劇団『夜の来訪者』（プリーストリー作、岩田直二演出）、関電ホール。

プロメテ『マッチ売りの少女』（別役実作、岡村嘉隆演出）・『ダムウェーター』（ピンター作、楠年明演出）、島之内小劇場。

■七月

二人だけの劇場『がらんどうは歌う』（山内博之作、浜崎満演出）、島之内小劇場。

関西青年劇場『AとBと一人の女』（別役実作、北村弘・小野よしひろ演出）、青少年会館。

テアトロ・アカデミー『ピエール・パトラン先生』（大竹修造演出）、国民会館。

＊劇団アカデミーからわかれた新しい劇団。タレント供給所ではなく、サロン劇を企図。

舞台空間創造グループ『少年たちの2525年』（山本勉作、藤野勲・よしなひろゆき演出）、天王寺野外音楽堂。

演劇研究センター広場『ハムレット役者ハムレット』（五月俊輔作、吉岡紘演出）・『むすこ殺しむすこ殺し』（五月俊輔作、中条エリ演出）、日立ホール。

＊『関西青年劇場」から別れた集団の旗揚げ公演。

■八月

修羅の会『イスメネ・地下鉄』（佐藤信作、粟田倘右演出）、大阪芸術センター。

プロメテ『友達』（安部公房作、岡村嘉隆演出）、島之内小劇場。

劇団2月『信太の狐火』（かたおかしろう作、深海ひろみ演出）、御堂会館小ホール。月曜劇場。

青年舞台『最前哨にて』（フライヤー作、久野正博演出）、青少年小ホール。

■九月

劇団2月『こじんじょ山の鬼の村』（かたおかしろう作、深海ひろみ演出）、青少年会館。

青猫座『ドン・ペルリンとペリサの恋』（ロルカ作、松田伸二演出）・『牝山羊が島の犯罪』（ベッティ作、二宮敬演出）、朝日生命ホール。（青い劇場）

＊主宰者・演出者、辻正雄病気のためか、他の演出者が担当。

劇団潮流『テーバイに向かう七人将』（アイスキュロス原作、高松昌治改作・演出）、青少年会館。

島之内小劇場『踏みにじられたペチュニア事件』・『バイロン卿の恋文』（ウイリアムズ作、鈴木英允演出）、島之内小劇場。

関西青年劇場『或る別な話』（別役実作、北村弘演出）、青少年会館。

青年舞台『最前哨にて』（フライヤー作、久野正博演出）、青少年小ホール。
■十月　修羅の会『カイカイ・考』（こがかつゆき作・演出）、ヒロタビル。
■十一月　関西芸術座『日本の言論1961』（ふじたあさや作、岩田直二演出）、郵便貯金ホール。
プロメテ『橋からの眺め』（ミラー作、岡村嘉隆演出）、島之内小劇場。

二人だけの劇場『耳鳴りの季節』（中島陸郎作）・『積乱雲』（木谷茂生作）、両作品とも、浜崎満演出。島之内小劇場。
■十二月　自由座『絞首台のユーモア』（リチャードソン作、葉山英之演出）、島之内小劇場。
■その他
テアトロＱ『運河1961』（西康一作・演出）、『リア王』（シェイクスピア作、西康一演出）、
＊月曜劇場、姿を消す。

〈京都　一九七〇〉
■一月　京都新劇合同公演『どん底』（ゴーリキー作、近藤公一演出）、京都府立文化芸術会館。（京都府立文化芸術会館こけら落とし）。
■二月　人間座『灰色の霧』（田畑実作・演出）、山一証券ホール。金曜劇場。
■三月　すわらじ劇園『廿日鼠と人間と』（スタインベック作）、京都府立文化芸術会館。
京都ドラマ劇場『奇蹟の人』（ギブスン作、林想演出）、山一証券ホール。
■四月　京都小劇場『逆光線ゲーム』（清水邦夫作、蟻圭介演出）、京都府立文化芸術会館。

京都青年小劇場『はれつ』（川和孝作・演出）・『どんま』（高堂要作）、演出は川和孝。喫茶店プランタン。

■五月　くるみ座『花粉熱』（カワード作、喜志哲雄演出）、京都府立文化芸術会館。

■六月　劇団京芸『7つの挿話による二部構成』（島源三他作、藤沢薫演出）、京都教育文化センター。

劇団京芸・人形京芸・人間座合同『送電線』・『小さな駅のある物語』（広渡常敏・島源三他作、藤沢薫演出）、府立文化芸術会館。

すわらじ劇園『赤ひげ』（山本周五郎原作、井上脩演出）、京都会館。

■七月　テアトロ・トフン『貨物船グレンケアン号』（オニール作、近藤公一演出）文化芸術会館。

■八月　劇団京芸『白鳥のうた』（チェーホフ作、増永昭人演出）、射手座ギャラリー。

■九月　京都ドラマ劇場『ブルストヴィルの午後』（安岡章太郎作、松村英子演出）・『鞄』（安部公房作、林想演出）、（翌日）『戦場のピクニック』（アラバール作、小島達雄演出）・『カルロ』（ムロジック作、松村英子演出）、京都府立文化芸術会館。

■十月　劇団京芸『鼬』（真船豊作、小沢文也演出）、京都府立文化芸術会館。

くるみ座『エルモ・ドイルのイメージ』（ピンター作、中西宣夫演出）・『部屋』（ピンター作、大沢豊演出）、京都府立文化芸術会館。

■十一月　京都ドラマ劇場『最前哨にて』（フライヤー作、林想演出）、潮画廊。

京都小劇場『象』（別役実作、蟻圭介演出）、京都府立文化芸術会館。

青年小劇場『AとBと一人の女』（別役実作、小野登演出）、京都別館ホール。

＊蜷川府政で補助金公演存続の可能性。

■十二月　テアトロ・トフン『恭しき娼婦』（サルトル作、近藤公一演出）、京都府立文化芸術会館。

＊京都小劇場が第一期を終えたとして解体声明をする。

〈兵庫　一九七〇〉

■一月　四紀会『列外三名』（広島芸労文工隊作、新木祥之演出）、労働会館。

〃『三年寝太郎』（木下順二作、新木祥之演出）・『瓜子姫とアマンジャク』（木下順二作、岸元敏朗演出）、葺合公会堂。

■二月　道化座『誰もこない部屋』・『ニッポンニア・ニッポン』（安永稔和作、夏目俊二演出）、葺合公会堂。

■三月　道化座『ペテン師スカパン』（モリエール作、夏目俊二演出）、葺合公会堂。

■四月　四紀会『星をみつめて』（土屋清作、北島三郎・梶武史演出）、葺合公会堂。

＊うちわ芝居の危惧を持たれた舞台だったが、混迷の中でもがきながら問題提起へふくらませた、と記録した人がいた。

四紀会『モーレツ教育』（広島芸労文工隊作、永井久朗演出）、中央体育館。

■五月　神戸職場演劇協議会合同公演『すばらしい贈物』（早乙女勝元原作、菊地照一演出）、海員会館。

四紀会『三年寝太郎』（木下順二作、新木祥之演出）、海員会館。『モーレツ教育』（広島芸労文工隊作、永井久朗演出）、御影公会堂。

■七月　劇団六甲『熊』『白鳥の歌』（チェーホフ作、山元宣雄演出）、葺合公会堂。

■八月　兵庫県劇団協議会合同公演『小さな駅のある物語』（島源三作、早川昭二演出）、神戸市立海員会館。

ともしび『若者たち』（山内久・相沢嘉久治・堀口始作、福島寿男演出）、葺合公会堂。

■十一月　四紀会『コンベヤーは止まらない』（八木柊一郎作、仲比呂志演出）、葺合公会堂。

■十二月　道化座『ＫＯＢＥ　ＡＦＦＡＩＲ　わかものやど７０』（岩間芳樹作、大熊邦也演出）、神戸市立海員会館。

国鉄鷹取工場演劇部（職演連）『ある対話』（滝ノ内吉一作、菊池照一演出）、海員会館。

〈和歌山　一九七〇〉

■五月　和歌山演劇集団『夜』・『署名』・『モーレツ教育』、児童婦人会館（70演劇行動）。
劇団いこら『紀文——紀州』（栗原省作・演出）、有田市民会館。

＊六〇年代の政治と演劇の時代は終わったのか、七〇年は、安保闘争がありながら、大阪は〈万国博覧会〉に沸き、政治と演劇の時代から〈経済〉の時代へ移行する。

＊京都は、府立文化芸術会館のこけら落としで京都新劇団合同公演『どん底』（ゴーリキー作）が取り組まれた。同時に、それまであった金曜劇場が「京都府文化芸術劇場」の名称で京都新劇団協議会加盟の劇団が受けもって革新府政の成果を出す。

＊神戸も兵庫県劇団協議会合同公演を東京の早川昭二を招いて気をはいたが、地元劇団合同公演が中止になる出来事があった。『わかものやど・70』（綾見謙原作、岩間芳樹脚本、大熊邦也演出）が、地域文化活動向上のため道化座を中心にした地元劇団の合同公演が企画されていたが、市内の有識者からなる運営委員会から、脚本家の思想や主観がですぎると、上演中止を言い渡された。

(ロ)一九七一年の劇団活動

〈大阪　一九七一〉

■一月　演劇集団雑草『海の底の六人』（コットマン作）・『ノーチャップ』（土井行夫作）、高階梨久演出（両作品）、青少年会館小ホール。
師子座『麦踏み』（北条秀司作、井上哲彦演出）・『にんじん』（ルナアル作）、島之内小劇場。
＊志摩靖彦・高橋芙美子夫妻中心で、旗揚げ公演。旗揚げは歓迎されたようだが、上演作品に首を傾げられている。

■二月
アカデミー小劇場『鴨』（野上彰作、筒井好雄演出）、百人劇場。

プロメテ『白夜』（寺山修司作、野上哲也演出）・『吸血鬼の研究』（寺山修司作、伝法三千雄演出）、島之内小劇場。

劇団2月『ぼくはあの街から旅に出たんだ』（井上満寿夫作、深海ひろみ演出）、郵便貯金ホール。
■三月
アカデミー小劇場『夢小僧』（オニール作、筒井庸助演出）、百人劇場。

関西芸術座『あの国とこの国と』（木谷茂生作、小松徹演出）、青少年会館。

大阪放送劇団『わが町』（ワイルダー作、岩田直二演出）、郵便貯金ホール。

劇団潮流『民衆の敵』（イプセン作、大岡欽治演出）、郵便貯金ホール。
■四月
二人だけの劇場『いろはにほへと』（山内博之作、浜崎満演出）、島之内小劇場。

日本維新派『吸血鬼物語』（亀山孝治作・演出）、毎日文化ホール。旗揚公演。
＊舞台空間創造グループから、日本維新派に名称変更しての公演。日本維新派の誕生。
青猫座『瀕死の王さま』（イヨネスコ作、辻正雄演出）、サンケイホール。

師子座『ほたのうずみ火』（桝田美恵子作）・『鶯』（小田和生作）、両作品とも志摩靖彦演出。郵便貯金ホール。

アカデミー小劇場『祈り』（アラバール作、筒井好雄演出）・『卒塔婆小僧』（三島由紀夫作、筒井好雄演出）、青少年センター。
■五月
大阪協同劇場『イルクーツク物語』（アルブーゾフ作）
プロメテ『ワーニャ伯父さん』（チェーホフ作、岡村嘉隆演出）、島之内小劇場。
関西芸術座『見知らぬ人』（真船豊作、岩田直二演出）、島之内小劇場。
■六月
テアトロＱ『マクベス』（シェイクスピア作、西康一演出）、津村別院講堂。

上方小劇場『りんごの秋』（秋浜悟史作、横井新演出）、ヒロタビル地下。

日本ミュージカル研究会『東は東』（獅子文六原作、茂山千之丞演出）、御堂会館。

■七月

劇団潮流『民衆の敵』（イプセン作、大岡欽治演出、阪本雅信装置）、郵便貯金ホール。

青年舞台『三人の盗賊』（八木柊一郎作、久野正博演出）、青少年小ホール。

プロメテ『異人館の住人』（林史郎作・演出）、島之内小劇場。

プロメテ『女ばかりの村』（キンテーロ兄弟作、伝法三千雄演出）、島之内小劇場。

くるま座『熱風』（津田太良作・演出）、萩之茶屋小超学校。

劇団2月『マツコとユミコ』（三好十郎作、松本義久演出）・『わいどまあぎゃあいうとたたききるど』（森田博作、黒田隆幸演出）、島之内小劇場。

劇団2月『ごじんじょ山の鬼の村』（かたおかしろう作、深海ひろみ演出）、郵便貯金ホール。

アカデミー小劇場『変身』（カフカ作、筒井庸助演出）、青少年センター。

■八月

劇団アカデミー『昆虫記』（橋本正幸作、津山啓二・三瀬多々志演出）、朝日座。

修羅の会『街談・ストリート・ストリートー』（こがかつゆき作・演出）、ヒロタビル。
　＊修羅の会解散。
エビエ演技研究会『稲刈りの頃』（チェーホフ作）・『命を弄ぶ男ふたり』（岸田國士作）、演出は、海老江寛。青少年会館小ホール。

劇団大阪準備公演『銀行の中のそと』（井上満寿夫作、熊本一演出）、郵便貯金ホール。
　＊金融演劇サークルと全損保地協演劇サークルの合併で劇団大阪が生まれる。
　＊大阪労演機関誌より・銀行の内幕を見せる面白さはあるが、これも中心役の沼田瑞江という女性が浮きあがってこない。彼女が農民出身で神経質だという印象だけが強く、彼女の死が特殊なものと見えてくる。三人の人物の回想で進行するのだが、一人一人の考えのちがいが出れば面白かったかもしれない。過去と現実が

劇団大阪準備公演『銀行の中のそと』（井上満寿夫作、熊本一演出）1971

判然としないのも印象を弱めた。演技陣はそろっている。

■九月　関西芸術座『てのひらの詩』（柴崎卓三作、道井直次演出）、郵便貯金ホール。
プロメテ『聖女ジャンヌ』（ショー作、鈴木英允演出）、島之内小劇場。

劇団2月『ぼくはあの街から旅に出たんだ』（井上満寿夫作、深海ひろみ演出）、郵便貯金ホール。

■十月　日本維新派『妖童唄殺』（亀山孝治作・演出）
劇団潮流『つづみの女』（田中澄江作、大岡欽治演出）、郵便貯金ホール。

青猫座『黄色いパラソルと黒いコーモリ傘』（別役実作、辻正雄演出）・『ザ・ラバー』（ピンター作、二宮敬演出）、朝日生命ホール。
＊大阪労演機関誌：寒々とした人間関係を描いて落着きのある舞台だった。
劇団炎『誘拐』（矢代静一作、関真吾演出）、青少年会館小ホール。

劇団群狼『シャツ』（メルフィ作）・『二つのボール』（フォルスター作）、両作品とも、演出・天野衡児。青少年会館小ホール。

劇団未来『日本の公害1970』（ふじたあさや作、寺下保演出）、郵便貯金ホール。

師子座『鷲』（小田和生作、志摩靖彦演出）、日立ホール。

アカデミー小劇場『ロックと詩の夕べ』（山本良香作、筒井庸助演出）、青少年センター。

■十一月　プロメテ『アルルの女』（ドーデー作、岡村嘉隆演出）、島之内小劇場。
大阪協同劇場『カラールのおかみさんの銃』（ブレヒト作、村川直演出）、青少年会館小ホール。

師子座『母の譜』（小田和生作、志摩靖彦演出）、郵便貯金ホール。

劇団2月『平和の島硫黄島へ』（東川宗彦作、坪井敦巳演出）、御堂会館。

南大阪劇研＋わだち『若者たち』（山内久作、林田時夫演出）、青少年会館大ホール。

■十二月　関西芸術座『混血児』（ヒューズ作、仲武司演出）、青少年会館文化ホール。

劇団未来『日本の公害1970』（ふじたあさや作、寺下保演出）1971

演劇集団翔『花都怨五色人形』（百太郎作・演出）、島之内小劇場。準備公演。

劇団大阪『煙突のあるオアシス』（大橋喜一作）、島之内小劇場。

演劇集団息吹『呑んだくれ』（宇田貞三・栗原省作、坂手日登美演出）、東大阪市立文化会館。

日本ミュージカル研究会『おこん』（池原絵美子原作、桂直久演出）、朝日生命ホール。

上方小劇場『渡佐芝居伽羅苦多十八番』（横井新構成・演出）、ヒロタビル。

アカデミー小劇場『制服』（安部公房作、筒井好雄演出）、青少年センター。

＊大阪新劇団協議会を5月に結成。参加資格が、年間2回以上の公演。過去2年以上活動歴を持った劇団。目的に「各劇団の連絡強調とその親睦向上をはかり、各劇団の活動を高揚して、日本演劇、なかんずく京阪神地方における新劇活動の健全な発展普及に資する」とある。加盟劇団＝劇団アカデミー、人形劇団クラルテ、ともだち劇場、プロメテ、潮流、関西芸術座、道化座、二人だけの劇場、大阪協同劇場、テアトロQ、劇団2月、青猫座。（一部神戸を入れている）
＊大阪労演機関誌に関西芸術座、劇団2月、劇団潮流の付属演劇研究所の募集記事が目に着く。そして研究所生発表会。関西芸術座14期生『快速船』（安部公房作、道井直次演出）、劇団2月4期生『小麦色の仲間たち』（仲武司脚色、坪井敦演出）。

〈京都　一九七一〉
■一月　くるみ座『天使』（田中澄江作、人見嘉久彦演出）、京都府文芸会館。府民劇場。
シアター青芽『ゆいくろ』（サルトル作、筒井庸助演出）、京都府文芸会館。
＊テアトロ・トフンにいた小牧璋子、くるみ座の宮本鞠子らが組織したグループ。
不詳『密の味』（デイレーニー作、木原紘一演出）、京都府立文化芸術会館。
■二月　劇団京芸『ベトナム・沖縄そしてわれらは』（大橋喜一作、藤沢薫演出）・『ぬえ、はつの物語』（赤木三郎作、増永昭人演出）、京都府文芸会館。

■三月　人間座『人形師卯吉の余生』（馬淵実作・演出）、京都府立文化芸術会館。府民劇場。
■四月　京都ドラマ劇場『袴垂れはどこだ』（福田善之作、林想演出）、京都府立文化芸術会館。
京都新劇合同公演『賢女気質』（田口竹男作、宇野重吉演出）、京都府立文化芸術会館。

演劇グループ夏『少年』（大浜豊作、霜田千代麿演出）、キャッツアイ。

赤かぶ座『兵卒タナカ』（カイザー作、岩田直二演出）、京都府立文化芸術会館。
＊遠藤辰雄を中心にした映画人グループの旗揚げ公演。
■五月　くるみ座『燈台』（三島由紀夫作、大浜豊演出）、けいこ場。
■六月　テアトロ・トフン『ブリタニキュス』（ラシーヌ作、近藤公一演出）、京都府立文化芸術会館。
すわらじ劇園『人情裏長屋』（山本周五郎原作）、京都会館。
■八月　劇団京芸『にんじん』（ルナール作、藤沢薫演出）、京都府立文化芸術会館。
■十月　京都ドラマ劇場『明治の柩』（宮本研作、林想演出）、京都府立文化芸術会館。
■十一月　くるみ座『タルチェフ』（モリエール作、山崎正和演出、阪本雅信装置）、京都府立文化芸術会館。府民劇場。
■十二月　人間座『無限責任』（馬淵実作・演出）、京都府立文化芸術会館。府民劇場。
テアトロ・トフン『メディア』（エウリピデス作、岡田弘義演出）、京都教育文化センター。
＊京都小劇場解散。
＊京都の革新府政（蜷川虎三）に続いて、大阪でも知事に黒田了一が当選した。文化運動によい影響が出るかが期待される。

〈兵庫　一九七一〉

■一月　ふぉるむ『橋からの眺め』（ミラー作、小林哲郎演出）、ルナ・ホール。
■三月　六甲『列婦連』（柴田宣一作、ふるかわ照演出）、葺合公会堂。

■四月　神戸自由劇場『館の奥方』（ゴールドバーグ作、三木朗演出）、王子児童文化会館。
ともしび『息子』（小山内薫作、ふるかわ照演出）・『乞食の歌』（津上忠作、植田功演出）、葺合公会堂。
■五月　劇団神戸『煉獄』（安部公房作、今泉おさむ演出）、王子文化会館。
四紀会『女子寮記』（山田時子作、新木祥之演出）、児童文化会館。
■六月　四紀会『モーレツ教育』（広島芸労文工隊作、永井久朗演出）、須磨水族館。
四紀会『ターニャ』（アルブーゾフ作、北島三郎演出）、海員会館。

神戸職演連合同公演『昨日の人』（滝ノ内吉一作、菊地照一演出）・『有料公園の午後』（加藤不二男作、税関演劇部演出）、海員会館。
■七月　劇団神戸『日本の青春』（遠藤周作原作、夏目俊二演出）、海員会館。
■八月　四紀会『陽気な地獄破り』（木下順二作、岸本敏朗演出）、海員会館。
■九月　劇団どろ『カラールのおかみさんの銃』（ブレヒト作、合田演出）、王子児童文化会館。
■十月　道化座『カンガルー』（別役実作、須永克彦演出）、葺合公会堂。
■十一月　劇団神戸『瓜子姫とアマンジャク』（木下順二作、夏目俊二演出）、神戸県民小劇場（県民小劇場オープン）。
四紀会『陽気な地獄破り』（木下順二作、岸本敏朗演出）、尼崎市文化会館、県民文化のつどい。

劇団麦『オイディプス王』（ソホクレス作、吉田博文演出）、ルナホール。
■十二月　劇団兵芸『私は海峡を越えてしまった』（八田元夫作、植田功演出）、県民小劇場。
＊ともしび、六甲、どとう、が合体した劇団。
神戸自由劇場『初恋』（ローゾフ作、三木朗演出）、王子児童文化会館。

〈和歌山　一九七一〉

■九月　和歌山演劇集団『おばあさんと酒と役人』（ふじたあさや作）・『深いキズ』（黒沢参吉作）、演出は、別院清。海南三中。

＊清水三郎さんの遺稿集『ある新劇記者のしごと集』（テアトロ社）が出版される。

＊（東京ニュース）劇団民芸、大量の退団者。幹事会から出されたアンケートに反発。アンケート内容――（A）劇団運営に積極的に参加する意思あり。（A）意思はあるが現在私的事情で充分にできないかもしれない。（B）劇団運営については例会報告を受けるだけでよい。（C）民芸在団の意味がわからなくなっている。（D）退団したい。

＊（東京ニュース）俳優座から11名退団。菅貫太郎・中村敦夫・加村赳雄・原田芳雄・鶴田忍・楠田薫・三戸部スエ・市原悦子・塩見哲・伊藤良彦・関睦夫。「現在の俳優座は、芸術団体であるより一種の共同経営体となってしまった。レパートリー決定の基準の不明確さ、芸術性の無視、劇団員の相互不信、形式的官僚的な名目だけの集団」と批判。

（八）一九七二年の劇団活動

〈大阪　一九七二〉

■一月　演劇集団雑草『煙突のあるオアシス』（大橋喜一作）・『ブラック・コメディ』（シェーファー作）、青少年会館。

青猫座『マリアへのお告げ』（クローデル作、辻正雄演出）、毎日ホール。

スタッフ集団夢限『愉悦』（山田寿夫作、三木次郎演出）、郵便貯金ホール。

劇団潮流『荒れ野を駆ける夢』（高松昌治作・演出）、郵便貯金ホール。

■二月　日本維新派『忍びてこそ恋の新撰組』（亀山孝治作・演出）、原ケ橋演芸場。

■三月　関西芸術座『トロイアの女たち』（サルトル改作、河東けい演出）、国民会館。

■四月
プロメテ『白無垢死出之恋路闇黒小袖』（近松門左衛門作、伝法三千雄演出）、島之内小劇場。

アカデミー小劇場『戦場のピクニック』（アラバール作、筒井庸助演出）、百人劇場。

劇団銀杏『砂に書いた言葉』（バリエホ作）・『未知なるもの』（梅田晴夫作）、演出は滝公也。青少年小ホール。

■五月
二人だけの劇場『ユリディスの手』（ブロッホ作、浜崎満演出）、島之内小劇場。

青猫座『黄色いパラソルと黒いコーモリ傘』（別役実作、辻正雄演出）・『パレスチナのサボテン』（矢代静一作、石田高演出）、サンケイホール。

■六月
プロメテ『蠅』（サルトル作、岡村嘉隆演出）、島之内小劇場。

劇団大阪『和子との対話』（中谷稔作、金沢宏和演出）、郵便貯金ホール。
＊旗揚げ公演。『全損保地協演劇サークル』と「金融演劇サークル」が合同。
すわらじ劇園『真田騒動』（池波正太郎原作）、京都会館。

アカデミー小劇場『ロンググッドバイ』（ウイリアムズ作、今村昌行演出）・『ヴィテルボの娘達』（マイヒ作、筒井好雄演出）、青少年センター。

■七月
劇団群狼『カンガルー』（別役実作、吉田貫演出）、御堂会館小ホール。

劇団甍『イルクーツク物語』（アルブーゾフ作、筒井庸助演出）、郵便貯金ホール。
＊旗揚げ公演。関西芸術アカデミー第一期卒業生による。
劇団青年舞台『白夜』（寺山修司作、久野正博演出）、『薔薇のベビイ』（大和雪彦作、久野正博演出）、青少年会館小ホール。

■八月
くるま座『ああ貧乏神』（林黒土作、尾崎正征・池田昌弘演出）、萩ノ茶屋小学校。

大阪新劇団協議会合同公演『マクベス』（シェイクスピア作、岡村嘉隆演出）、青少年会館文化ホール。
＊新劇合同参加劇団・プロメテ、青猫座、潮流、道化座、関西芸術座、2月、大阪協同劇場。

劇団群狼『面』（ふじたあさや作、火野充演出）、青少年会館小ホール。

青猫座『マリー&ジョージ』（宮本研作、二宮敬演出）、ギャラリー辻。

エビエ演技毛研究会『街道筋』（チェーホフ作、海老江寛演出）・『詩楽・ピカの下から』（峠三吉詩集、高木宏構成・演出）、青少年会館小ホール。

■九月
プロメテ『救いは…』、島之内小劇場。
大阪放送劇団『罠』（トマ作、三浦達雄演出）、青少年会館小ホール
劇団未来『川向う』（和田澄子作、寺下保演出）、太鼓構成『日本のふるさとNo.1』（森本景文構成・演出）、郵便貯金ホール。

■十月
関西芸術座『大阪城の虎』かたおかしろう作、道井直次演出）、朝日座、大阪労演例会。

劇団2月『肥後の石工伝』（多田徹作、黒沢隆幸演出）、朝日座。

劇団潮流『この腐れにっぽん』（小田和生作、大岡欽治演出）、朝日生命ホール。

劇団麦『動物園物語』（オルビー作、吉田博文演出）、スタジオ麦。

■十一月
プロメテ『朝から夜中まで』（カイザー作、岩田直二演出）、島之内小劇場。

劇団大阪『零余子』（長谷川伸二作、堀江ひろゆき演出）、郵便貯金ホール。

師子座『ラ・コーサ・ノストラより任侠列島怪造』（黒川欣映作、田中照三演出）、郵便貯金ホール。

大阪協同劇場『城壁での大いなる弾劾演説』（ドルスト作、村川直演出）、青少年小ホール。

南大阪劇研『明日は変えよう力を合わせて』（林田時夫作・演出）、木津川フェステバル。

劇団薨『禿の女歌手』（イヨネスコ作、筒井庸助演出）、百人劇場。

■十二月
大阪府職劇研『神通川』（本田英郎作、近野正男演出）、青少年会館ホール。

テアトロＱ『嘲笑』（西康一作・演出）、北御堂ホール。

上方小劇場『伽藍苦多波来雷芝居』（横井新構成・演出）、ヒロタビル。

劇団青年舞台『荷物』（椎名麟三作、久野正博演出）、青少年会館小ホール。

＊ギャラリー辻（喫茶）やスタジオ麦でコーヒーサービス付などサロン的なものの出現か。

〈京都 一九七二〉

■一月 劇団京芸『ひょごたんの杼』（下戸明夫作、藤沢薫演出）、京都府立文化芸術会館。府民劇場。
■二月 くるみ座『やはり野におけ』（徳丸勝博作、成瀬昌彦演出）、京都府立文化芸術会館。府民劇場。
■三月 劇団京芸・人間座合同『小狐たち』（ヘルマン作、馬淵実演出）、京都府立文化芸術会館。府民劇場。
赤かぶ座『狙われた島』（寺久保友哉作、小野登演出）、京都府立文化芸術会館。
青年小劇場『幕は降りない』（島田開作・演出）、喫茶キャッアイ。
■五月 京都ドラマ劇場『根っこ』（ウエスカー作、林想演出）、京都府立文化芸術会館。
企画集団こるむ『人間そっくり』（安部公房作、木原紘一演出）、京都府立文化芸術会館。
■六月 くるみ座『スカパンの悪だくみ』（モリエール作、末木利文演出）、京都府立文化芸術会館。
■七月 劇団京芸『にんじん』（ルナール作、藤沢薫演出）、京都府立文化芸術会館。
■九月 人間座『金曜のベンチ』（フラッティ作、馬淵実演出）・『サーカス』（フリジェシ作、馬淵実演出）、京都府立文化芸術会館。府民劇場。
■十月 京都ドラマ劇場『大麦入りのチキンスープ』『根っこ』『僕はエルサレムのことを話しているんのだ』（ウエスカー作、林想演出）、京都府立文化芸術会館。
＊くるみ座の中心女優であった中畑道子、心臓機能障害で十六日、五十一歳で死去。
■十一月 くるみ座『（室内ウエスタン）ササフラスにそよぐ風』（オバルディア作、利光哲夫演出）、京都府立文化芸術会館。
テアトロ・トフン『宮城野』（矢代静一作）・『ザンクタ・スザンナ』（シュトラウス作）、両作品近藤公一演出、京都府立文化芸術会館。
■十二月 赤かぶ座『ムシュ・S』（寺久保友哉作、岩田直二演出）、京都府立文化芸術会館。

劇団京芸『吟遊詩のつどい』（金芝河作、藤沢薫演出）、京都会館別館。（勉強会）

〈兵庫　一九七二〉

■五月　劇団神戸『むかし海ミドリムシ』（安水稔和作、津山啓二演出）、明石市民会館。
劇団兵芸『島』（堀田清美作、植田功演出）、神戸王子児童文化会館。
道化座『街と飛行船』（別役実作、須永克彦演出）、道化座稽古場（いえのいえ）

■六月　四紀会『五月』（宮本研作、永井久朗演出）、葺合公会堂。
神戸職演連『何を求めて君は』（税関演劇部作、堀斎演出）・『川向う』（和田澄子作、前沢一弘演出）、県民小劇場。

■九月　神戸職演連連合公演『鳩』（勝山俊介作、堀斎演出）・『送別会』（月岡捷作、伊達純演出）、県民小劇場。

■十月　紅菱会演劇会『銀河鉄道の恋人たち』（大橋喜一作）、伊丹市文化会館。

■十一月　兵庫県劇団協議会合同公演『人形師卯吉の余生』（田畑実作、岸本敏郎演出）、県民小劇場。
神戸自由劇場『根っこ』（ウエスカー作、水田朝郎演出）、王子児童文化会館。

■十二月　劇団兵芸『大麦入りのチキンスープ』（ウエスカー作、今泉おさむ演出）、王子児童文化会館。
集団かすがい『テレスコだけが泳いでいる』（旗ひさし作）

〈和歌山　一九七二〉

■八月　和歌山演劇集団『蝉時雨の中で』（須間一作、中川真一演出）、海南市高。

（二）一九七三年の劇団活動

〈大阪 一九七三〉

■一月 演劇集団雑草『俳優についての逆説』・『人を食った話』（宮本研作、高梨久演出）、青少年会館。

■二月 関西芸術座『大阪城の虎』（かたおかしろう作、道井直次演出）、朝日座。

劇団銀杏『藪の中』（芥川龍之介原作、山田交作演出）、島之内小劇場。

青猫座『ラ・ミュージカル』（デュラス作、三好郁朗演出）、ギャラリー辻。

＊辻企画の喫茶店劇場で、粋な味を出すという感想あった。

■三月 プロメテ『上方ことばによるスカパンの悪だくみ』（モリエール作、岡村嘉隆演出）、島之内小劇場。

大阪放送劇団『ブラックコメディ』（シェファー作、三浦達雄演出）

■四月 青猫座『渇きと飢え』（イヨネスコ作、三好郁朗演出）、サンケイホール。

集団翔『大阪梅田一三番地鳴呼街に霧が降る』（百太郎作・演出）、シアター＆ギャラリー辻。

原点の会『高瀬舟』（森鴎外作、岩田直二演出）・『身世打鈴』（むくげの会編、岩田直二演出）、シアター＆ギャラリー辻。

＊「原点の会」結成公演。岩田直二、高橋正夫、新屋英子。

関西芸術座『ケイトンズビル事件の九人』（ベリガン作、小松徹演出）、島之内小劇場。

＊メリーランド州の徴兵書類を焼き捨てた実話によるもの。関芸がまれに見る充実ぶりと評される。一方、強い反戦のアピイルは期待したほど伝わらず、という評もあった。

劇団潮流『イワンの馬鹿』（トルストイ原作、大岡欽治演出）、郵便貯金ホール。

劇団蕓『ダムと緑の神話』（小畑欣治作、仲武司演出）、郵便貯金ホール。

府職劇研『予告の日』（小林勝作、近藤正男演出）、青少年小ホール。

■五月 劇団未来『明けない夜はない』（和田澄子作、森本景文演出）、青少年小ホール。

上方小劇場『タイピスト』（シスガル）・『結婚申込』（チェーホフ作）、演出横井新。北野カトリック教会内。

■六月　原点の会『山のトンビ』・『猛禽類』（椋鳩十作）・『きりしとほろ上人伝』（芥川龍之介作）、両作品とも岩田直二演出。パルコ・スタジオ。

＊秋野暢子が高校演劇クラブからの出演。プロ、初舞台か。初々しい、花のある女優。

エビエ演技研究会『にんじん』（ルナール作、海老江寛演出）、青少年小ホール。

劇団銀杏『坊やのお馬』『踏みにじられたペチュニア事件』（ウイリアムズ作、部田勝己・国田文三演出）、青少年小ホール。

劇団太陽『パンゴ・パンゴ』（モーム作、住友清治演出）、郵便貯金ホール。

■七月　劇団未来『明けない夜はない』（村山ひで原作、和田澄子作、森本景文演出）、堺市民会館。

劇団大阪『浪華一揆大塩乱始末』（井上満寿夫作、熊本一演出）、郵便貯金ホール。

アカデミー小劇場『予告された心中』（榊原政常作、筒井庸助演出）、青少年センター。

■九月　関西芸術座『またふたたびの道』（李恢成作、道井直次演出）、郵便貯金ホール。

青年舞台『絞首台のユーモア』（リチャードソン作、久野正博演出）、朝日生命ホール。

■十月　劇団群狼『ポンコツ広場』（長尾正光作、天野衡児演出）、島之内小劇場。

演劇企画アルバトロス『無縁仏』（有行端作・演出）、天王寺野外音楽堂。

青猫座『骨餓身峠死人葛』（野坂昭如作、二宮敬演出）、島之内小劇場。

演劇集団わだち『さぎ師と将軍』（奥村和巳脚作、又川邦義演出）、郵便貯金ホール。

ぼうふら『月の小鳥たち』（エーメ作）

劇団蔑『カンガルー』（別役実作、筒井庸助演出）、ルナホール。

■十一月　関西芸術座『橋・贈物』（フラッティ作、一杉忠演出）、島之内小劇場。

劇団大阪『浪華一揆大塩乱始末』（井上満寿夫作、熊本一演出）1973

劇団潮流『ヴェニスの商人』（シェイクスピア作、大岡欽治演出）、朝日座。

プロメテ『ひばり』（アヌイ作、岡村嘉隆演出）、島之内小劇場。

劇団未来『明日をよぶ娘たち』（吉川雅彦・早川昭二作、寺下保演出）、朝日座。

大阪協同劇場『愛は死を越えて』（クルッコフスキー作、村川直演出）、朝日座。

師子座『虎符』（郭沫若作、岩田直二演出）、朝日座。

劇団大阪『よろしゃんの山河』（長谷川伸二作、堀江ひろゆき演出）、郵便貯金ホール。

劇団2月『肥後の石工伝』（多田徹作、黒沢隆幸演出）、朝日座。大阪文化祭賞受賞。

劇団アカデミー　筒井好雄追悼公演『城』（カフカ作、西木一夫・筒井庸助演出）

■十二月　南大阪劇研『立ちんぼうの詩』（林田時夫作、赤松比洋子演出）、郵便貯金ホール。（創立十周年記念）

＊この年、劇団「五期会」が旗揚げ。（平成まで継続して活躍）
＊七三年度から黒田革新府政の文化行政進興で、〈第一回大阪新劇フェステバル〉がスタートした。10劇団を超える参加で大阪にも京都府民劇場に対抗できる文化に対する継続的な補助金の制度が芽生えた。
＊椎名麟三が3月28日脳出血のため死去。61歳で。兵庫県姫路の出身。
＊アカデミーの指導者だった筒井好雄が、6月24日に逝去、63歳。
＊（Ｎｅｗｓ）演劇入場税　現在10％の入場税が、￥２０００まで5％に軽減措置がとられる。芸団協は、懸案の年金共済制度を4月から発足させることに決定。（だが、この制度、途中で廃止される）

師子座『虎符』（郭沫若作、岩田直二演出）1973

五期会『闇に咲く花』（井上ひさし作、岩田直二演出）1989

〈京都　一九七三〉

■一月　くるみ座『陽気な女達』（川口一郎作、徳丸勝博演出）、けいこ場。

『僕停先生の鞄持ち』（田中千禾夫作、人見嘉久彦演出）、けいこ場。

■二月　劇団京芸・人間座合同『アンネの日記』（ハケットほか作、藤沢薫演出）、京都府立文化芸術会館。府民劇場。

■五月　京都ドラマ劇場『濯ぎ川』（飯沢匡作、林想演出）、京都府立文化芸術会館。

■六月　青年小劇場『流澄（りず）む論争』（島田開作、秋浜悟史演出）、ヤングプラザ。

すわらじ劇園『トタンの穴は星のよう』（藤本義一作）・『腰抜け武士道（ひとごろし）』（山本周五郎原作）、京都会館。

■七月　くるみ座『瀕死の王さま』（イヨネスコ作、末木利文演出）、京都府立文化芸術会館。

劇団京芸『トタンの穴は星のよう』（藤本義一作、藤沢薫演出）、京都府立文化芸術会館。府民劇場。

■九月　人間座『車椅子の王女とその騎士』（中村おがわ・大橋喜一作）・『竹青』（太宰治原作）、両演出・田淵実）、京都府立文化芸術会館。府民劇場。

■十月　京都ドラマ劇場『熊よ…』（山田民雄作、林想演出）、京都府立文化芸術会館。

ＡＮＯ一座『サロメ』（ワイルド作、大東完演出）、京都会館。

■十一月　くるみ座『カチカチ山』（太宰治作）・『じゃりあの吉助』（芥川龍之介作）・『おぎん』（芥川龍之介作）、三作品とも早野寿郎演出）、京都府立文化芸術会館。

テアトロ・トフン『メトウーザレム』（ゴール作、近藤公一演出）、京都府立文化芸術会館。

■十二月　赤かぶ座『ムッシュＳ』（寺久保友哉作、岩田直二演出）、京都府立文化芸術会館。

〈兵庫　一九七三〉

■三月　劇団神戸『移動』（別役実作、夏目俊二演出）、県民小劇場。
■四月　国鉄鷹取工場演劇部（職演連）・四紀会合同『ディーゼル工場』（内田昌夫作、梶武史演出）、文化小劇場。
■六月　西宮市民劇場『イエスマン・ノーマン』(ブレヒト作、小松威夫演出)、春風公民館。
青い葡萄『消滅家族』（細江田寛作・演出）、海員会館。
■九月　兵庫県劇団協議会合同公演『虹と落日』（原田八束作、夏目俊二演出）、西宮市民会館ホール。
＊参加劇団＝道化座、劇団神戸、兵芸、青いぶどう、くさび。
道化座『すっぱだかのまち』（東淵修原作、阿木五郎・須永克彦演出）、道化座稽古場（いえのいえ）。
劇団「七」『黒の悲劇』（矢代静一作、早川雅之演出）、葺合公会堂。
■十月　道化座『カンカン人生』（渡辺鶴作、須永克彦演出）、神戸文化ホール。
国鉄鷹取工場演劇部（職演連）『八っあん』（伊達純作・演出）、文化小劇場。

〈**和歌山　一九七三**〉
■二月　和歌山演劇集団『三角帽子』（アラルコン作、中川真一演出）・『蝉時雨の中で』（須間一作）、児童婦人会館。
■十二月　和歌山演劇集団『三角帽子』（アラルコン作）』『花刀』（多田徹作、別院清演出）、児童婦人会館。

＊関西新劇人友好代表団が訪中。北京など8都市訪問（岩田直二団長・20名）。
＊**七三年度の感想**＝関西新劇の公演でとくに目立つのは、演技者の未熟、出演者の演技水準のでこぼこした落差です。古い劇団員の経験主義の古めかしい垢のついた安易な自信と停滞の演技、劇団脱走者でマスコミでプロ化したフリー俳優の助っ人出演です。（中西武夫／「テアトロ」一九七四年一月号　No.371）
＊「テアトロ社」から『大阪の劇作　三人の戯曲集』が出る（東川宗彦作『牛』、かたおかしろう作『大阪城の虎』、長谷

川伸二作『零余子』)。

＊「大阪労演」の機関誌に〈劇信大阪〉の欄に「関西新劇の動向」という文章があった。

「いったい最近の関西の新劇はどうなっているのかと聞かれることに、かっとなり、どうなっているかこっちが聞きたいぐらいのもんだとすねていたのも、わたしがねっからの上方育ちの故か、少し分別をもってあたりを見廻してみると、低調なのがあたりまえなのです。よい劇場が少ない、批評が育たない、大阪、京都、神戸、奈良と、それぞれ自意識の強い都会が分立していることなどが原因として挙げることができます。(中略) 道頓堀の河面にかつてひびかせていた人形芝居の太三味線を新劇の舞台に強く生かそうと努力している関西芸術座、クローデルや矢代静一など芸術派の戯曲を探求しようという姿勢を崩さない青猫座が大阪に健在です。京都には、百万辺の近くに稽古場をもって繊細な演出と演技の型を工夫しているくるみ座があります。神戸には道化座が存在しております。ここ半年位の動静を見ますと、なんと言っても、八月末に大阪新劇団が合同公演した『マクベス』があります。マクベス役者はどこにもなかなかおりませんが、須永克彦(道化座)のマクベスは押し出しに風格がありました。もしこの人が体をきたえ悪と聖の研究に余念がなければ、新劇の立ち役として成長する可能性を感じとれます。この公演にかぎらず、いま関西の新劇がかかえている問題のなかでもっとも重要なものは、一日も早く、すぐれた俳優を、演技の基礎のしっかりした俳優をたくさん舞台に送りこむことです。そうでなければ、せっかくの企画と演出力がカラ舞いしてしまうではありませんか。」(「大阪労演」機関誌　一九七三年三月号　№287)

＊大阪新劇フェスティバル第一回が開催される。

附属資料（2）関西新劇劇作家の戦後の主な作品（発表誌あるいは上演劇団）

田口 竹男　『柳』　「劇作」一九四〇年（昭和15）七月号　No.99
田口 竹男　『祇王村』　「演劇」一九四二年六月号
田口 竹男　『賢女気質』　「劇作」一九四七年五～六月号　No.2（106）
藤本 義一　『鎖のひとつの環』　「青年演劇」一九四七年五月号
田口 竹男　『圍まれた女』　「持論」一九四七年九月号・『田口竹男戯曲集』一九四九年
田口 竹男　『いやいやながらの喜劇役者』　大阪芸術劇場 上演　一九四八年三月
田口 竹男　『文化議員』　「劇作」一九四八年四月号　No.10
田口 竹男　『かりの宿』　「劇作」一九四八年十月号　No.16
薗田 義雄　『阻むもの』　「劇作」一九四九年一月号　No.19
（関西自立劇団演劇コンクール演劇文化賞＝島津製作所労組伏見支部演劇部）
道井 直次　『月と女と』　制作劇場 上演　一九四九年四月
倉田 義雄　『驛長室』　「劇作」一九四九年五月号　No.23（全国鉄演劇コンクール入賞作）
土井 行夫　『ガード下の讃美歌』　「悲劇喜劇」一九五〇年（昭和25）六月号

小田和夫『猫柳祭』「悲劇喜劇」一九五〇年八・九月号
田口竹男『幕舎』京都芸術劇場　上演　一九五一年七月
小田和夫『雨』「悲劇喜劇」一九五二年二月号
岩田直二『サーカスの象花子ちゃん物語』京都芸術劇場　上演　一九五二年五月
小田和夫『婆やの病気』『青年戯曲集2』一九五三年
茂木草介『浦島』「悲劇喜劇」一九五四年四月号
徳丸勝博『幸福な断念』「新劇」一九五五年（昭和30）六月号　No.15
人見嘉久彦『琵琶湖疏水下流』「新劇」一九五五年十一月号　No.20
清水　巌『いがみと真実』「悲劇喜劇」一九五六年六月号
藤本義一『川の町の青春』「新劇」一九五七年一月号　No.37
仲　武司『西陣のうた』（上）「テアトロ」一九五七年五月号　No.164
〃『西陣のうた』（下）「テアトロ」一九五七年六月号　No.165
藤本義一『虫』関西芸術座 上演　一九五七年十月、朝日会館
藤本義一『つばくろの歌』「新劇」一九五七年十一月号　No.47（第12回芸術祭第5回演劇脚本入選作品）
徳丸勝博『或る梁山泊』「新劇」一九五七年九月号　No.44
山崎正和『凍蝶』くるみ座　上演　泉野三郎演出　一九五七年
清水　巌『祖母昇天す』「悲劇喜劇」一九五七年十二月号
中田昌秀『心眼』創作劇場 上演　一九五八年一月
人見嘉久彦『祇園還幸祭』「新劇」一九五八年二月号　No.49
山崎正和『何処に』「新劇京都」一九五八年三月号　No.2
小田和生『間奏曲』「悲劇喜劇」一九五八年三月号
仲　武司『絹屋佐兵治』劇団京芸 上演　一九五八年五月

徳丸 勝博　『地挽さんの末裔』　「新劇」一九五八年六月号　No.55
村田(和田)澄子　『蛙女房』　大阪演劇教室研究会 上演　一九五八年六月
村田(和田)澄子　『川向う』　「テアトロ」一九五八年八月号　No.179
大阪市職員組合演劇研究会　『生きるためのもの』　「テアトロ」一九五八年八月号　No.179
中田 昌秀　『FMFM島騒動記』　創作劇場 上演　一九五八年九月号
中谷　稔　『晴れた五月』　「テアトロ」一九五八年十月号　No.181
髙松伊久夫　『空洞』　「テアトロ」一九五九年二月号　No.185（大阪市交通局天王寺支部演劇部）
花房 信夫　『赤い腕章』　「テアトロ」一九五九年二月号　No.185（大阪市職員組合演劇研究会）
西　康一　『運河・一九五〇』　関西労働者演劇集団 上演　一九五九年三月
清水　巌　『ありふれた奇跡』　「悲劇喜劇」一九五九年五月号
藤本 義一　『トタンの穴は星のよう』　関西芸術座 上演　一九五九年六月、大手前会館
藤本 義一　『鎖のひとつの環』　「青年演劇」一九四七年五月号
中谷　稔　『求める人』　「テアトロ」一九五九年十一月号　No.194
和田 澄子　『明日のために』　大阪演劇教室研究会　上演　一九五九年十二月
徳丸 勝博　『紙婚式』　「新劇」一九六〇年（昭和35）四月号　No.81
東川 宗彦　『牛』　関西芸術座・くるみ座・道化座合同 上演　一九六〇年十一月、朝日会館
／『大阪の劇作家・三人の戯曲集』一九七三年
能勢 和彦　『片隅にて』　神戸税関演劇部 上演　一九六〇年十一月、神戸海員会館。
山崎 正和　『呉王夫差』　「新劇」一九六一年四月号　No.93
清水　巌　『玉座』　「悲劇喜劇」一九六一年八月号　No.148
岡山美奈子　『平和をよぶ歌』　「悲劇喜劇」一九六一年八月号　No.148
東川 宗彦　『はたらき蜂』　「テアトロ」一九六一年九＋十月号　No.216

和田 澄子『暗い虚構』大阪演劇教室研究会 上演 一九六一年
人見嘉久彦『髪』「新劇」一九六二年七月号 No.110
徳丸 勝博『老人と十姉妹』「新劇」一九六二年十月号 No.113
山崎 正和『カルタの城』「新劇」一九六二年十一月号 No.114
和田 澄子『差別』劇団未来 上演 一九六二年十一月号
中島 陸郎『蒼空の彼方から』「テアトロ」一九六三年六月号 No.236
宇津木秀甫『米どころの報告』関西芸術座 上演（岩田直二演出）一九六三年九月、毎日ホール
山崎 正和『世阿弥』「文藝」一九六三年十月号／俳優座 上演 一九六三年九月
徳丸 勝博『アペリティフ』「新劇」一九六四年四月号 No.131
長谷川伸二『零余子─共働きの記録』「テアトロ」一九六四年十一月号 No.253
人見嘉久彦『友絵の鼓』「新劇」一九六四年八月号 No.135
中谷 稔『季節風』大阪自演連合同公演（森本景文演出）一九六四年十一月
栗原 省『茨とラッパ』劇団いこら 上演 一九六四年十一月
岡崎 繁『テントからの報告』劇団京芸 上演 一九六五年四月／「演劇会議」一九六八年十二月号
徳丸 勝博『ピエロの墓』「新劇」一九六五年（昭和40）七月号 No.146
人見嘉久彦『奢りの岬』「新劇」一九六五年十二月号 No.151
内田 昌夫『タービン工場』関西芸術座 上演（岩田直二演出）一九六五年九月、毎日ホール
かたおかしろう『天満のとらやん』「テアトロ」一九六五年十月号 No.265
浜田紀男作・和田澄子潤色『身検』「テアトロ」一九六五年十月号 No.265
東川 宗彦『貨物船武勇丸』劇団京芸 上演 一九六五年九月
和田 澄子『身検』（潤色）劇団未来 上演 一九六五年五月
山崎 正和『後白河法皇』「潮」一九六六年十一月号

徳丸 勝博　『菊とかいがら』　くるみ座 上演（加藤泰演出）一九六六年九月
徳丸 勝博　『あさがやってきて』やわらぎ 上演　一九六六年
人見嘉久彦　『アンジェラ』「悲劇喜劇」一九六六年九月号　No.191
かたおかしろう　『大阪城の虎』「テアトロ」一九六六年十一月号　No.279
山崎 正和　『鬼』「文藝」一九六六年十二月号
和田 澄子　『だけど　わたしのせいじゃない』劇団未来 上演　一九六六年
人見嘉久彦　『フランチェスカ＊サリー』「悲劇喜劇」一九六七年一月号　No.195
多田 俊平　『政商伝――岩崎弥太郎』　関西芸術座 上演（岩田直二演出）一九六七年八月
人見嘉久彦　『津和野』「新劇」一九六七年八月号　No.172
徳丸 勝博　『傀儡師』「新劇」一九六八年三月号　No.179
宇田 貞三　『呑んだくれ』　劇団いこら 上演　一九六八年三月
長谷川伸二　『迂回路』「テアトロ」一九六八年 秋　No.303
中島 陸郎　『夜の歌』　集団土 上演（木下サヨ子演出）一九六八年七月
東川 宗彦　『仏さわぎ』　関西芸術座 上演（岩田直二演出）一九六九年九月、毎日ホール
山崎 正和　『霧の中』『野望と夏草』　河出書房新社
徳丸 勝博　『葦原巷談』「新劇」一九七〇年（昭和45）八月号
和田 澄子　『事前協議』「演劇会議」一九七〇年二月号
長谷川伸二　『通話停止執行』「演劇会議」一九七〇年二月号
人見嘉久彦　『廃嫡者の薔薇』「悲劇喜劇」一九七〇年二月号　No.232
山崎 正和　『野望と夏草』「中央公論」一九七〇年三月号
栗原　省　『紀文―紀州有田柑橘史1970年』　劇団いこら 上演　一九七〇年五月
和田 澄子　『われら兄弟』　劇団未来 上演　一九七〇年二月

徳丸 勝博『束の間は薔薇色の煙』「新劇」一九七一年一月号 No.201
山崎 正和『舟は帆舟よ』　書き下ろし新潮劇場　一九七一年
井上満寿夫『銀行の中のそと』　劇団大阪 上演（熊本一演出）　一九七二年八月
徳丸 勝博『やはり野におけ』「新劇」一九七二年四月号 No.228
山崎 正和『おうエロイーズ！』新潮社　一九七二年
和田 澄子『川向う』（改稿）「演劇会議」一九七二年一月号
かたおかしろう『大阪むかし語り』「演劇会議」一九七三年十一月号 No.25
中谷　稔『和子との対話』「テアトロ」一九七三年五月号 No.362
栗原　省『河童詫証文』「演劇会議」一九七三年二月号
山崎 正和『実朝出帆』　書き下ろし新潮劇場　一九七三年
和田 澄子『明けない夜はない』劇団未来 上演　一九七三年（昭和48）五月
中谷　稔『ニクソイ漫遊記』　劇団大阪 上演（熊本一演出）　一九七三年四月
井上満寿夫『浪華一揆大塩乱始末』　劇団大阪 上演（熊本一演出）　一九七三年七月
長谷川伸二『よろしやんの山河』劇団大阪 上演（堀江ひろゆき演出）　一九七三年十一月

附属資料（3）道井直次「戦後関西新劇私史1～10」（『道』より転載）

関西芸術座の演出家、道井直次が自分史（個人随筆誌『道』）を発行した。その中に「戦後関西新劇私史」を書こうとしたが、十回の連載で病死した。この重要な作業――それは、「関西戦後新劇史」の書き連ねに大きな影響を持ってくれたもの――なので、さらには、道井直次が最後まで書き記したいと思っていたと想えるので、ここに採録することにする。ただし、全文は大量になるため、掲載にあたって省略をする。

「戦後関西新劇私史1」

（『道』一九九七年七月一日号　No.４）

序章　執筆にあたって

歴史を綴るというからには、歴史観がなければならない。わたしは歴史家ではないから、どれほどの歴史観があるか、甚だ心もとない。中央ではなく、地方と言われる大阪で芝居を続けてきたわたしは、外国に比べてこの国の文化の中央偏向を快く思っていない。中央に憧れたこともあるし、中央から誘われたこともあるが、頑なに地方大阪を貫き通したことに、むしろわたしは自然体の日本人であると思っている。その証拠に、ナショナリズムは大嫌いだし、見せよがしに大阪弁を使いまくる地方根性は持ち合わせていない。大阪人の割には、東京人に知人が多いのも、東京嫌いの偏屈ではないからだろう。大阪に生まれ、大阪に育ち、そして、府下の辺境と言われた大東市に移り住んだが、近年スピードアップして、大阪まで十五分となると、大阪と変わりない。大阪の人はほとんど近隣に移り住むようになったから、大阪は広くなったのだ。大阪ならずとも、関西は好きである。母方の故郷は京都だし、大学は京都である。神戸をふくめて京阪神には、知己友人がきわめて多い。大阪を軸にして、京都、神戸は血縁の交わりであり、他に、奈良、和歌山、滋賀、三重も関西一族である。かつて京都は日本の首都であり、大阪は日本の商工業の中心であり、神戸は日本の国際港だった。だから、文化はしこたま蓄積されている。その上、一九二五年（大14）には、大阪市は一九九万の東京市を抑えて、二一一万の全国一位の人口となった。そして、昭和一桁の時代は、御堂筋の拡張整備、地下鉄の建設、中央卸売市場の出現、大阪城天守閣の再建とともに、「道頓堀行進曲」の馬鹿当たり、大阪（東大阪長瀬）に撮影所があった帝国キネマ「何が彼女をそうさせたか」の成功、エンタツ、アチャコのコンビの新興万歳の擡頭する一方、隣接市町村の発展もめざましく、現在の阪急、南海、近鉄の沿線都市では、吹田の国鉄操車場は、物量の基点基地として東洋一、貝塚の大日本紡績（ユニチカ）の面積も東洋一を誇った。宝塚という傑物もある。このように「赤い灯、青い灯」の時代に小学校時代を過ごしたわたしには、大大阪市は故旧忘れ得べからざる大都市である。五日に一度は、祖父母に手をひかれて、道頓堀の五座の櫓（中座、浪花座、角座、朝日座、弁天座）に通い、あらゆるジャンルのスペクタクルが勢揃いした千日前の楽天地を覗き、新世界ルナパークのパリのエッフェル塔を真似た通天閣に登ってみれば、幼な心にも浮き世の憂さ晴らしになった。良き時代の大阪に生まれたものだ。

●戦中に見た新劇

新劇は難しいものと頭から信じていたわたしだが、文楽座で、友田・田村夫妻の「にんじん」を満九歳のときに見て、なるほど難しいと思った。以来、小学校時代は、あの弾圧下にある苦難の新劇を見たことがない。ただ難しいという思いは、見たいという欲求になり変わる。大阪府下には中等学校教護連盟という、生徒補導の教師の組織がある。喫茶店、遊戯場、映画館、劇場の類に入場すると、補導される掟がある。「岡田嘉子、杉本良吉の樺太越境」や「新協・新築地解散」の新聞記事は、人目を惹く大きな見出しだったから良く知っている。中等学生になると、道頓堀行きはキッパリ止めたが、新劇の朝日会館行きは恐さ見たさで、止められなくなった。一度だけ他校の教師に見つけられたが、新劇好きだったから、姓名や校名も聞かずに見逃してくれた。系統的にはじめて新劇を見たのは、一九四一年（S16）二月、文学座関西初公演からである。サンア・ギトリイ作「パスツール」（林孝一訳、木々高太郎改修、久保田万太郎演出）で、徳川夢声が客演でパスツールを演じ、武者小路実篤作「七福神」（岩田豊雄演出）では、杉村春子が弁財天を演じた。さらに六月は、マルセル・パニョル作、水戸俊雄訳「ファニー」（里見淳演出）で、杉村春子と森雅之が共演した。そして、十一月は、ソートン・ワイルダー作、森本薫訳「わが町」（長岡輝子演出）と、久保田万太郎作・演出「砂の上」の二本立。「天皇の御為に死ぬことこそすばらしい」という時代に、「人間は生きることにこそすばらしい」と訴えた「わが町」に感激して、以来わたしは新劇にとりつかれてしまった。

　その年の十二月八日に太平洋戦争が勃発する。翌一九四二年、真船豊作「鶉」（久保田万太郎演出）、さらに四三年、丹羽文雄作、森本薫脚色、岩田豊雄演出「勤王届出」、同年十月、真船豊作・演出「田園」と続いた。解散をまぬがれた故に、芸術至上主義をあえぎながら、うねりながらの公演であったと、今になって思う。芸術小劇場は、新協・新築地なき後をカバーするかのように、北村喜八、村瀬幸子夫妻が主宰した。軍国主義的とは言えないが、常に歴史と伝統と民族などがテーマになっていた。関西進出第一回公演は、一九四一年四月、北村喜八作・演出「美しき家族」は製鉄業の三世代を描く歴史劇、同じく十月、菅感次郎作「篝火」（北村喜八演出）は東北の山村にかもし出す純朴な喜劇。翌四二年七月には、鴇田忠元作「血」（北村喜八演出）、アメリカのロスアンゼルスに住む二世娘の恋愛悲劇で、一九三〇年の話だが、日米戦争が勃発した時だけに、排日法批判は話題性しきりだった。翌四三年二月は、火野葦平作、久坂栄二郎脚色「幻燈部屋」（北村喜八演出）、歴史と伝統を昭和十四（１９３９）年という時代を借りて問題を抽出した。解散をまぬがれた芸術小劇場が上演する創作劇は、時局に便乗しているのか、切り抜けていこうとするのか、裏をかこうとしているのか、単純な国策劇でないだけに、わたしはとまどった。解散させられた新築地の俳優たちが多く出演していた。いづれも会場は大阪朝日会館である。文学座も芸術小劇場もともに、年毎に大阪公演の回数が減っていった。その中で、一九四二年、「昭和児童文化劇団」という劇団が、薄田研二（当時、高山徳右衛門と改名）らの東京の新劇人に、大阪の新劇人も加わって、大阪、京都、名古屋で、犬塚稔作「太陽は昇った」という児童劇を上演した。太平洋戦争が勃発する四一年十二月七日から八日にかけての上海共同租界で、日本人少年がイギリス人スパイを捕えるという、キワモノである。この劇団の実体は全く分からない。

●劇団参加は名ばかりで

　わたしは一九四三年（S18）に大阪外語（現在、大阪外大）に入学したが、クラブ活動では文芸部に入部した。顧問は吉田孝次郎教授で、あの時代に国語のテキストに、西鶴の「日本永代蔵」を使った先生だから、大へん話の分かる人だった。だから、わたしは文芸部の定例合評会の「明治、大正時代の作品研究」では多くのことを学んだ。ある日、この文芸部会の席で、先輩がこっそり耳うちしてくれた。「新劇が好きなら、劇団へ入ったらどうだ？　しかし、絶対に学校へは内緒にしておかなきゃいかん。ばれたら、停学か、退学だぞ」と言って、その劇団の稽古場である上本町四丁目のお寺の地図を手渡してくれた。既に大学や専門学校では演劇部活動が禁じられていた時代だけに、その先輩は用心したのだろう。しかし、わたしの心は未知の門をたたくようにうちふるえ、大阪に新劇がまだ存在していることにおどろき、この機会にその道を歩みたいとも思った。

しかし、劇団とは名ばかりで、わたしよりも年上の人が火鉢をかこんで駄べっていた。話の内容は、かつての新劇はよかったとか、誰々という俳優は、今どうしているのだろうとか、彼も徴兵されたのだろうかとか、我々は何をすべきかについては、ほとんど話されなかった。暗い空気がよどんで、青白い文学青年のたまり場のようなムードだった。時々、演技レッスンのようなものもあったが、系統的ではなく、いつの日か、余りの寒さに、エネルギーを発散して、押せ押せの即興劇をして、身体をあたためあったことを思い出す。この劇団のただ一回こっきりの公演は、塚口の出征遺家族慰問公演だが、わたしは参加していない。その劇団の名は、たしか「大阪国民劇場」とおぼえている。大阪協同劇団の研究生で、解散後、大阪国民演劇協会から改組した「国民芸術座」で舞台監督をつとめた鶴山隆之輔が創立したと聞く。大岡欽治氏の『関西新劇史』では、一九四二年以後の新劇としての大阪の記録はないと言い、「大阪の新劇は体制側の要望にこたえることなく、崩壊したのであった」と記している。わたしが「大阪国民劇場」の文芸部に属したのは、一九四三年であったから、大岡氏の『関西新劇史』にない新資料となる筈である。しかし、わたしは鶴山氏と面識はなく、岡本正児という事務局長は、いつも劇団の欠席者の多いのを嘆いていた。岡本氏は戦後「関西文学」の同人となったが、当時から小説を書いていた。

●大胆につつましく

以上のような次第で、戦前の関西新劇については、経験もなく、知識もない、しかし、戦前の新劇の末尾も末尾に、籍を数か月おいたことも確かである。「最後にして、最初の男」と、ある席で笑われたことを思い出す。戦前の関西新劇については、大岡欽治氏の『関西新劇史』（東方出版社）に勝るものはない。執念のように生前から書き綴った『関西新劇史』は、明治維新より始まり、大正時代を経て、プロット時代の大阪、京都、神戸の新劇の全貌をとらえ、大同団結の「大阪協同劇団」や、「劇団ドオゲキ」の当局からの強制解散をはじめ、「劇団制作派」の自主的解散、そして、当局が指導者を立てて、軍国主義の国策に順応する「新国民演劇協会」から、「国民芸術座」に改組するまでを、きめ細かく詳述し、大岡欽治氏は脱稿、校正を終えて、死を迎えられた。〈戦後篇は道井君に任せるよ〉といつもおっしゃっていたが、それに甘えて、これからペンを走らせようとしている。

第一章　離合集散をくりかえして　敗戦とその直後

一九四五年（S20）八月一五日、日本は長い第二次世界大戦にピリオドを打って、敗北した。その以前に、文科系大学・高専生の徴兵延期停止と追い討ちをかける学徒出陣は四三年で、四四年には徴兵年齢を二〇才から一九才に繰り上げられ、わたしはペンを銃に代えて、第二次学徒出陣の憂き目にあう。娑婆の空気を三ケ月多く吸いたいために、入営を三ケ月ずらして、特別甲種幹部候補生を志願したばかりに、豊橋陸軍予備士官学校に入れられ、悪夢の非人間的教育の九ケ月を経て、見習士官として放り出された。全国の都市という都市は空襲に見舞われ、大阪、福井と転々として救出作業にあたり、兵庫県竜野の高等女学校に師団司令部をおく野戦部隊に配属された。そして、四五年八月一五日、無為無策のまま、敗戦を迎えた。数日を経ずして、敗戦を契機に少尉に任官した。世に言うポツダム少尉である。襟章をはがし、何一つ配給ももらえず、少額の給料をポケットに入れた。天井のない無蓋車に荷物同様おしこめられて、煤煙で真っ黒になった顔で、大阪駅にたどりついた。大阪は焦土と化し、駅の地下は浮浪者の寝床になっていた。浮浪児たちは、道行く人に食べものをねだり、与えられるとすさまじい勢いで奪い合った。わたしはその中に立ちつくして、呆然と何をこれからなすべきかと迷った。しかし、生命だけは助かったと思った。既に駅前の闇市は賑わっていた。砂糖もサッカリンも入っていない無味のジュースを飲んだ。黄色いレモンの色粉が目にしみて、生きるという実感がふつふつとわいてきた。大阪外語は、上六校舎が空襲のために破損し、高槻の兵舎跡に移転していた。すき間風いっぱいの木造校舎は寒々として、空腹のために勉強どころではなかった。敗戦直後の一九四五年は、さすがに見るべきものがなかった。それでも、歌舞伎座では宮城千賀子一座の「唄う狸御殿」の実演があり、広い舞台に貧相な装置が忘れられない。わたしは戦争が終わったという安心感で、笑いこけて見ていたことを思い出す。十一月になると、歌舞伎座で、猿之助、芳子の郷田作「土の人」や、十二月には、北野劇場で、新国劇の「無法松」（森本薫脚色）などが、芝居の生気をとりもどしはじめた。

＊戦後すぐの、東京でのスタートや関西のことが触れられ、〈戦後関西新劇の黎明「炉辺クラブ」〉に触れられて行くが、これは本文の方に記したので省略する。**「戦後関西新劇私史2」**（『道』一九九八年一月一日号　No.5）も、戦後直後の学生演劇ブームで、「炉辺クラブ」に続いて、「知性座」の活動が示される。**「戦後関西新劇私史3」**（『道』一九九八年七月一日号　No.6）も、「学友座」「前衛座」が紹介されている部分を本文の方に記したので省略する。

「戦後関西新劇私史4」

（『道』一九九九年一月一日号　No.7）

＊一九四七年（昭和22）の関西新劇合同公演『罪と罰』から「芸術劇場」の創立、旅公演、研究会に演劇研究所のことは、本文に紹介したので、ここでは省略する。岩田直二との関係におけるエソードを記しておく。

岩田直二は、いつも遅刻してくる人だった。ちょうど、（芸術劇場）第一回研究会の稽古のときで、わたしが「衣裳」の演出、岩田が「馬」の演出で、二本立てであった。稽古場は、朝日会館の楽屋を借りていたが、二本の稽古となると、大きな部屋か、屋根裏のような小さい部屋か、どちらかがどちらかの部屋を使わなければならない。その日は、私の方は小さい部屋の割り当てだったが、岩田は例によってなかなか顔を見せない。そこで、わたしの班が大きい部屋を使うことになった。しかし、何と彼は昼すぎも三時になって顔を見せた。そしてぶっきら棒に部屋を引き渡せと言う。わたしはカッと頭にきたが、結局はその強引さに負けてしまった。わたしは今更五十年も昔の話をむし返す気持は毛頭ない。しかし、事件には必ず原因と結果があり、それをひもとくことによって、歴史がつくられる。だから、あとに起こる「制作劇場」の創立が、この稽古場事件に関わっているから、仕方なく書いているにすぎない。今となっては笑い話のつもりで読んでいただきたい。しかし、岩田直二にすれば、その日は、大きな部屋を使う日だから、当然の権利要求をしたということになるのだろう。（以下略

A 前進のなかの混迷劇団「芸術劇場」の創立。B 創立公演より旅公演を先に。C 研究会の連続公演。D 関西演劇研究所のこと）

E　劇団「芸術劇場」の衰退

わたしは正式に退団手続をした。「既成の力を借りて急

速に職業化することへの疑問と、まだ自分たちは若いのだから、若さの力で芸術を創造したい」というのが、退団理由だった。望月信雄は大へん残念がったが、決心した以上はがんばってくれと激励してくれた。岩田直二は「時期尚早だと思う。考え直しては?」と言ってくれたが、わたしは後には引けなかった。そして、退団すると胸がスーとした。こんなに胸がスーとするからには、岩田の問題だけではないように思えてきた。もっと座内の人間的な喰いちがいや、劇団をとりまく社会の矛盾があったのではないか。それを思想的に無知なわたしは咀嚼できなかったのではないか。今でもわからない。「ロミオとジュリエット」の稽古に私は何日間かの演出助手をつとめた。土方与志の一面にふれてその楽天性と人間性に、ある種の敬意をもった。今にも革命がおこりそうな性急な日々の中で、それが真実か、虚為か、錯覚かの見極めがつかず、ひたすら革命路線がおしすすめられてゆく。そして、劇団の中にも、何というこことなく、誰ということなく、進歩的紋切り傾向が支配してゆく。そして、個人の自由が、人間の尊重が、イデオロギーのために、もみつぶされそうな危機感。そのような危機感を口にすること自体、〈プチ・ブル〉の烙印をおされそうな現実。わたしはその頃はじめて、フランスの抵抗詩人アラゴンの詩にふれた。詩はみずみずしく、夢を物語り、夢にはぐくまれ、自由にみちていた。そしてそれ故に、人間の尊厳をかちとるための抵抗の意味が読みとれた。それにもかかわらず、当時の日本の進歩的作品は、打倒一本槍の余りにもすさんだものが多かった。どうしてこんなに違うのだろう。正直言ってその理由に苦しんだ。（以下略。この後は、劇団「芸術劇場」のことや、関わった人が示される）

「戦後関西新劇私史5」

（『道』一九九九年七月一日号　No.８）

＊「戦後関西新劇私史5」は、道井直次リーダーの「制作劇場」「制作座」のことが細かく記録されている。本文でも「制作座」に触れているので、「戦後関西新劇私史5」は割愛する。

「戦後関西新劇私史6」

（『道』二〇〇〇年一月一日号　No.９）

＊「戦後関西新劇私史6」は、「青猫座」と「民衆劇場」の頃であるので、省略する。

「戦後関西新劇私史7」

（『道』二〇〇〇年七月一日号　No.10）

＊「戦後関西新劇私史7」は、「大阪放送劇団」のことや、これに加えて「民衆劇場」「制作劇場」の三劇団で〈大阪復興文化祭

／大阪新劇協同公演〉と銘打って、それぞれの劇団が一作品ずつ上演し、このことは、〈五年間苦闘から生まれた産物と言えるのではないだろうか〉と賛美した報告があり、京都、神戸の劇団に触れられているが、本文の欄と重複するので、省略する。

「戦後関西新劇私史8」

（『道』二〇〇一年一月一日号　No.11）

＊「戦後関西新劇私史8」は、「制作劇場」のことが、主な内容であるが、詳しく触れられているため、全文を掲載する。

第三章　前を見つめて（1950～1952）

1　フランス古典喜劇と日本近代劇

「制作劇場」は一九五〇（昭25）年一〇月七日、二時半・六時の二回、大手前毎日会館（現在は国民会館）で、再建後の公演を持つことになった。はじめての大公演で、秋の公演と名づけた。

わたしは、かつての宝塚歌劇の演出家の中西武夫に相談を持ちこんだ。中西は、一九〇八年生まれで、京都大学文学部で国文学を専攻したが、なぜかドイツに留学し、欧米演劇に詳しかった。戦前の宝塚歌劇では、「憂愁夫人」（昭9）、「メルヘンランド」（昭10）、「モンテクリスト伯爵」（昭11）、「宝石パレード」（昭12）、「モロッコの豹」（昭14）などの名作がある。戦後のストライキに加担し、組合委員長の須藤五郎とともに、副委員長として活躍したが、その後、宝塚を辞めて、当時浪人の身であった。面白いことに、大阪音楽学校の講師をクビになったわたしの後任が、中西であることも分かって、笑い合ったものである。

わたしは今の劇団の状況を乗り切るためには、中西武夫の協力がぜひ必要で有ると思い、上演レパートリーから相談をはじめた。わたしはモリエールに傾倒していたので、それではモリエールの中でも、いちばん大衆的であり、芸術的でも有る「守銭奴」を共同演出と言う形でやろうと中西は言ってくれた。其れは願ってもないことであった。

中西は、パンフレットに次のように書いている。

「制作劇場のお招きをうけて、『守銭奴』の演出を道井さんと共同ですることになった。モリエールは今の制作劇場にとっては、余りにも遠く隔たった場であるといえる。

いくら背のびをしても届きそうにないのである。このことは、レパートリ会議で御忠告申し上げたが、アプレゲールの若者の意気は高く、そこで僕はどうせ届かぬなら、高い星をめがけて跳躍の練習をするのもよいと考えた。そして、モリエールにむかって目下跳躍中の制作劇場なのである。であるからいまの処、僕には演出方針についてあまりごたくをのべたくない。ただこう言うことは言える。跳躍の方向や姿勢がまちがっていては困るので、届かぬなりにも、方向をただしく、姿勢を正確に跳躍するということである。僕のエネルギーは今それに集中されているのである……（以下略）」

中西の演出は、ルイ・ジュヴエのモリエール論を基礎に、性格喜劇ではなく、シチュエーションの喜劇、好評の喜劇、風俗喜劇として料理した。わたしは性格喜劇だとばかり信じていたので、あわてた。しかし、平易に、楽しく、面白く積み上げて行く手腕に、わたしは納得したのである。また、小場瀬卓三のモリエール論に心酔していたわたしに、演劇は文学でないことを教えてくれたのも、中西である。あらゆる翻訳を参照して、テキスト・レジーをすすめて、分かり易い日本語版のテキストを作ってくれた。更に、翻訳に未知な俳優に、手振り、身振り、行儀作法にいたるまで、親切に指導してくれた。

このようにして、わたしを開眼してくれた中西武夫に、心からお礼を申し述べたい。

演出／中西武夫、道井直次、装置／相馬英二郎、音楽／中村義夫、照明／小林敏樹、衣裳考証／矢野誠之、舞台監督／山岡直哉、上利勇三。キャストは、アルパゴン（堀内栄）、息子クレアント（安達国晴）、娘エリーズ（松島和子）、アンセルム（九鬼扁里）、息子ヴァレール（波田久夫）、娘マリアーヌ（道井恵美子）、フロオジーヌ（荒田康代）、シモンの親方（川井秀幸）、ジャックの親方（渡辺康秀）、ラ・フレッシュ（清水稔）クロード婆さん（松本明子）、ブランダヴォアーヌ（永田光）、ラ・メルューシュ（谷村礼三郎）、警史（片山樹美）、書記（水野政五郎）。

何はともあれ、劇団「制作劇場」の「守銭奴」は、未来に向かって大きく跳躍するモメントをつくったのだ。つづいて、一九五一年七月二日には、大阪毎日会館にて「制作劇場」夏の公演として、小山内薫・作「塵境」を上演した。余り知られていない小山内の作品を、フランス古典喜劇の系統的上演と平行して板に乗せたについては、それなりの理由があった。わたしはパンフレットに次のように書いている。

「ヨーロッパでは演劇の伝統というものがあって、演劇を志す者は、シェークスピアやモリエールなどの古典喜劇や、イプセンやチェーホフなどの近代劇を基礎の勉強として叩きこまれ、現代劇を樹立する場合、それらが精神的、技術的に、大きな支柱となっているようです。ところが、日本では、歌舞伎、新派はもちろんのこと、自然主義以降の日本近代戯曲のもろもろの作品でさえ、現代劇樹立のためのテキストとして、完全に用立てるものは、皆無といって良いくらいです。鎖国→明治維新→侵略戦争というような、人間性が極度にゆがめられた長い期間に、いびつな枠が作られ「人間」の本当の姿がともすれば失われて、不自然な人間性が日本の演劇にえがき出されたのではないでしょうか。だからといって、そんな日本の演劇を無用のものとして投げ棄ててしまうことは出来ません。この頃、反省していることですが、僕のように、西洋文学を専攻して、生じっかそれをかじったものは、あたかも自分が日本人でないかの如く錯覚し、言語も生活も環境も異なるヨーロッパの伝統を信奉してしまい勝ちなのですが、これは、もちろんコスモポリタニズムではなく、国籍不明の迷信のようなもので、おかしなものです。そして、日本の新劇の歩みをふりかえってみますと、何かそうした間違いを犯して来たのではないかというような気がするのです。しかし、僕はヨーロッパの伝統を否定するのではありません。ゆがめられた日本の演劇を、ゆがめられた形のまま肯定するような考え方に、僕は妥協することは出来ません。それよりも、人間をあくまで解放しようとする正しい歩みの歴史を形成しているヨーロッパの伝統を、今こそ必要以上に摂取すべきでありますし、それ故に、僕たち「制作劇場」はフランス古典喜劇をはじめ、ヨーロッパの古典や近代古典を勉強して、多くの大衆とともにそれを享受しようとして居り、又、今後もその努力を続けて行こうとしているのであります。しかし、前述した意味において、もう一つの課題である「日本の演劇」について、腰をおちつけて考えてみなければならないと思うのです。歌舞伎、新派は、学ぶべき所があるとしても現代的生命を絶っているので、これは別として自然主義文学以降の戯曲の中には、たとえゆがめられた枠の中であっても、正しく人間をえがこうとする努力が脈打っている作品が比較的多いのでありまして、それらを正確につかみ取ってゆかないと、「現代演劇」は生れて来ないような気がするのです。」

ヨーロッパと日本の戯曲を右往左往しながらも、創作劇を夢見つづけてきたわたしには、この青年時代の理論づけがその後のわたしの歩みを証明しているようで、意味深く感じられてならない。

「塵境」は、日本の近代戯曲と言いながらも、ヨーロッパのオペラ「ティフラント」からヒントを得たもの。狡猾な旦那に女房を奪われた山男の復讐という、封建的な仕組みの中で忍従していた山男と女房の命がけの反抗がドラマの骨子である。新派俳優の井上正夫のために書かれたものだけに、商業主義的な骨法は否めないが、従来の新派悲劇の四畳半的世界でなく、山と言う自然を背景にして、人間の解放を謳って、そのスケールは大きい。決して名作とは言いがたいが、ヨーロッパと日本をつなぐ試みとしては意義があったと考える。演出／道井直次、装置／鈴木俊郎、照明／小林敏樹、音楽／本多周司、頭髪／山口倫子、舞台監督／上利勇三。配役は、野村仙吉（安達国晴）、権爺（渡辺康秀）、友爺（清水稔）、お松（荒田康代）、おさだ（園洋子）、お富（黒田順子）、お浅（松本喜久子）おりえ（道井恵美子）、六造（高桐真）、仁作（波田久夫）、太郎兵衛（早田明生）、村長（寺下貞信）ら。装置の鈴木俊郎（後に読売TV）は、関西大学「学窓座」の出身で、田中照三に師事する「関西舞台美術協会」のメンバーだったが、山中の山小屋をホリゾントを生かして美しい舞台をつくった。また、音楽の本多周司は、当時大阪音楽学校（現在大阪音大）の大学部に籍を置く学生だったが、わたしがかつてこの学校の講師をしていた関係から作品を依頼した。民謡を軸にしたリリックな音楽は、舞台を清潔な仕上がりにしてくれた。

また、「制作劇場」創立以来はじめて、村人の群衆を二十人近く登場させた。これは、その年の四月に、研究生を募集し、これに応募した若い人材を舞台にあげたからである。

この中に伊藤英子（現在新屋英子／関西芸術座）がいた。彼女の弟の伊藤則彦ら、市立高津中学の演劇部生徒が客演してくれた。そこに、戸高恒彦（早稲田大学「自由劇場」―関西芸術座附属演劇研究所―東京芸術座を経て、行動座後に没）がいた。

この「塵境」は、安達国晴の故郷奥丹後である網野の日勝館（7月20日）と、峰山の明峰会館（7月21日）で公演することになった。はじめての地方公演である。「塵境」と「愛と偶然の戯れ」の二本立を、一時と七時半の二回公演。さらに、朝の十時から、児童劇の「ふしぎなヴァイオリン」を学校の団体鑑賞にあてるという強行スケジュールだった。しかし、フタをあければ客は入らない。大通りで、いくら客寄せの連呼をしたところで、人は知らぬ顔。帰りの汽車賃にも事欠いて、土地の有力者に借金をして、ほうほうの態で帰ってきた。聞きなれない劇団が、聞きなれない演目をならべたところで、地方の人は無関心であったに違いない。この借金の返済はずいぶん長引いた。

この公演のとき、安達の友人の下戸明夫にはずいぶん世話になった。かつて安達とは「峰山演劇研究会」のメンバーで、地方演劇、青年演劇のリーダーであり、書き手であった。今も劇団京芸や人間座など、京都の劇団と組んで、創作活動に専念し、また、地元の高校の教師として、学校演劇運動にも献身した人である。

前年の「守銭奴」は、一九五一年二月四日、神戸大学明石学舎文化部の主催で、神戸大学劇研究会の「夕鶴」とともに、神戸の北野小学校で上演している。その時の学生の委員長に、元関西芸術座の制作部駒田慎司の父君がいたことがわかった。人間のつながりとは面白いものである。

「愛と偶然の戯れ」は、六月二三日、神戸職員組合の主催で、組合創立五周年記念、市職文化祭のプログラムに出演した。今思えば、大学や組合の文化活動に劇団が接近し、そして、劇団が出演できる機会をつくってくれた事をなつかしく思う。学生や労働者の文化運動が、劇団の運動と結びついていたのである。

2 俳優座と制作劇場の共同公演

そのような努力が認められたのか、「大阪労演」から「俳優座」と共同公演の話がもちあがった。「大阪労演」は、一九四九年（昭24）に創立。アメリカの占領政策が急速な変化をみせる中で、平和と民主主義を願う労働者の文化的要求として、新劇の再建と、職場演劇の発展という二つの課題を背負って、千名の会員で出発した。当時千五百名の会員を目標にし、「俳優座」と「制作劇場」の共同公演によって、関西の新劇運動に涼風を送りこむという意図の下での企画だった。「労演」機関誌二八号では、「今後とも、労演の発展は、こうした演劇運動における積極的な役割を果たす方向で達成されなければならないし、これは、（関西）各劇団の積極的な協力なくして、達せられないことなので、労演では、例会を機に各劇団に挨拶状をおくり、今後の協力を要請している」とのべ、代表幹事松村常夫は、代表幹事就任の言葉として、「ともすれば一般大衆には、新劇は判らない、という悪印象を与えてきたようであるが、劇界の動向として、現代人の生活感情と密着した現代劇の樹立が叫ばれはじめ、新劇は従来の固い殻を破ろうと動きつつあるこのような時に、俳優座の創作劇研究会が地元劇団制作劇場の公演とともに八月例会として、労演独自に企画されたことの意義は大きい。これは関西の劇界を刺激し、これが向上に役立つことと思う。」と書いている。

また、同じ機関誌に劇作家の阪中正夫が「……制作劇場の道井君だって、賢明だから事更制作劇場が俳優座と五分五分の太刀打ちが出来るまでになったなどとは思っていまい。ただこういう機会を持ちえたということは、まことに制作劇場としては幸運で、俳優座と共同公演をやったという無邪気な有頂天にさえならないで、じっくり謙虚に同じ舞台で演じられる俳優座の人たちの演技を観ていれば、おそらく制作劇場の将来に大変いい勉強をさせてもらえることだろう」と書いている。

さて、共同公演の演目は、俳優座が秋元松代・作「婚期」で、わが制作劇場は、木下順二・作「彦市ばなし」であった。「婚期」は、演出／阿部広次、装置／古賀宏一、照明／星見進、舞台監督／沼田幸二、配役は、俊男（成瀬昌彦）、柳子（三戸部スエ）、千果子（山岡比佐乃）、昌三（東野英治郎）。「彦市ばなし」は、演出／道井直次、演出助手／松下煌、美術／鈴木俊郎・板坂晋治・緒方規矩子、音楽／本多周司・大野正雄、照明／小林敏樹、効果／藤高道也、舞台監督／波田久夫。配役は、彦市／渡辺泰秀、天狗の子／道井恵美子、殿様／安達国晴。

「俳優座」は、創作劇研究会のレパートリーをさりげなく持ってきて、スタッフ、キャストもさりげなく東京での公演をそのまま移したのにくらべて、わが「制作劇場」は、やはりどこか気負い立って、まず、美術はトリプル、音楽はダブルの人材を配して、スタッフが気色ばんだものである。

そこで結果の新聞評だが「……地元の若い劇団の取組みだけに興味がわいた。俳優座が第二陣を起用したのに反し、制作劇場が先ずツブよりを並べながら、その骨組みに、一つは太さを、一つはヒ弱さを感じるのは、要は日頃のデッサンのつみ重ね方にあると言ってよかろう。「婚期」は必ずしも俳優座の秀作の一つでなく、「彦市ばなし」は必ずしも制作劇場の不作の一つでもなかったが、演劇をつくる土壌が、如何に長い日時を掛けて、良い指導のもとにつちかわねば、まっとうなものにならないかを、この公演が教えていた」（朝日新聞／清水）

「片方の舞台にはまぎれもない婚期の女が立ち、片方には人形が立っている。この差異は――人間を描写しようとする肉体の覚悟のタケの違いであろうか。大阪の新劇団への警鐘をこの公演は打ち鳴らした。」（新大阪／浜畑）と、さんざんこきおろされた。

しかし、これらクロウト評にくらべて、シロウト評が面白かった。「東京のすました舞台にくらべれば、さすが関西の庶民的な味は美味い」「俳優座の芝居は、リアルすぎてセリフが聞こえにくかったが、制作劇場はガンガンセリフが良く聞こえた」「上手下手は別として、肌ざわりが違うので楽しかった」と、一般評は楽天的だった。

しかし、クロウト評の不評は痛かった。はじめから勝負にならないと分かっていながら、やはり奮戦の後の不評はこたえた。

3 古典と近代古典は間断なく

満二六歳の青春の傷みは癒りも早い。早速、秋の公演にモリエール作の「タルチェフ」に取り組むことを決め、劇団「制作劇場」創立三周年のことばに、次のようなことを書いた。

「新劇不毛の関西において、しかも、若い世代の演劇活動が簡単に実を結ぶとは考えない。僕たちの目的が、一応遂げられる頃は、白髪の老人になってもよい。何とか関西新劇というものが確立されるのなら、何と嬉しいことだろう。けれど、それまでの辛抱と努力が経済的な貧窮に耐え得るかどうか、それを思うと心もとないが、又、そのために、戦後何百人という人が、関西新劇から脱落して行ったのであるが、だからこそ、今後、一人でもそうした犠牲者をなくすためにより緻密な、より合理的な設計のもとに、劇団としても、個人としても、生活と芸術創造との均衡を保たねばならない。これは余りにも難しいことだが、あくまでも僕たちの貧しき知性を大切にしたいものだ。……(中略)……僕たちは『現代劇の樹立』という大きな創造面での課題を背負っている以上、そして、現代劇というものが、単に現象的な世相をうつしたものではなく、現代を正確に認識しようとする努力から生まれ、現実を歴史の流れの中において、明確に把握しようとする思想と、それを具象化する技術によって実を結ぶものである以上、僕たちの勉強が常に世界史的な視野からなされ、世界的な伝統を自らのものにしようとする積極的な意識が働かなければならない。現代劇はそうした良識の中から、根強いものとなって生まれてくるだろう。僕たちはそのために、取りあえず、1ヨーロッパ古典・近代古典の研究上演　2日本近代戯曲の系統的上演という二つの課題によって歩みを進めてきたが、こうしたことは極めて年月を要することであり、来年からはそれらと平行して、可能な限り、新しい創作劇も上演して、現代劇運動に近づきたいと思っている。余り欲が深いと笑われそうだが、僕たちとしては、若いうちにしなければならぬことはして置きたいので、来年も又、忙しい日を送ることだろう。」しかし、あくまでも、「公演を正しく、有意義に、観客と共に」二六才の若さは燃えていたのだ。

「制作劇場」の創立三周年記念公演は、ふたたびモリエールに取り組み、「タルチェフ」に挑んだ。一九五一(昭26)年一〇月七日、毎日会館である。演出は、中西武夫。その演出方針は、以前の「守銭奴」と同じく、ジューヴェの解釈にしたがい、「性格劇とせず、風俗喜劇、コメディ・オブ・イントリーグ」とした。さらに、中西は、「彼の精神をラブレェから継承したものとし、彼の人物を偉大なる狂者と解し、彼の作品の詩を忘れず認めているのである」と述べ、デュランのモリエールの演出台本と比べて「やはり生々とした人間性で把握している」と解した。他にスタッフは、演出助手／松下煌、藤高道也、装置／田中照三、照明／小林敏樹、音楽／本多周司、衣裳／緒方規矩子、舞台監督／鈴木俊郎、同助手／寺下貞信。キャストは、ベルネル夫人（関　洋子）、オルゴン（高桐真）、エルミール（高橋芙美子）、ダミス（安達国晴）、マリアヌ（道井恵美子）、ヴァレール（西山辰夫）、クレアント（波田久夫）、タルチェフ（道井直次）、ドリーヌ（荒田康代）、ロワイヤル（渡辺泰秀）、警史（清水稔）、フリポート（松本喜久子）。

わたしはタルチェフに扮してこの大役をいかにこなそうかと苦労した。そして、何よりもペテン師というような姑息な人物を想定せず、人物を矮小化しないように心がけた。そのためには堂々として、己の博識に自信を持ち、自らを崇高なる人物と信じきっている誇り高き人物を形象しようと心がけた。それにしても、モリエールの描く「タルチェフ」なる人物はいかにエネルギッシュな男か。物欲、食欲、性欲と三拍子そろった欲望のかたまりのような男を表出することは並大抵ではない。わたしはそれ故に、稽古で力み、とうとう咽喉をこわして声が出なくなってしまった。これが初日三日前のことだから大変である。やっと舞台稽古にはカスレ声でやり、本番はどこから声が出ているか分からないぐらい、声をふりしぼって客席に通した。その声が、ふしぎとタルチェフにふさわしい声だったと人は言うが、それはまぐれで、二度とあんな声を出せる筈がない。

客演の高橋芙美子は元大阪放送劇団員で、井上正夫演劇道場の出身。志摩靖彦夫人で、現在は、師子座に属し、関西新劇のベテラン。当時、「制作劇場」に適役なしということで、客演してもらった。西山辰夫は、「知性座」からの仲間で、当時は「大阪放送劇団」に所属、人のいない弱さを補ってくれた。

成果は上々という訳ではなかったが、それでもフランス古典喜劇への軌道は乗っていたのである。

わたしたちは、外へ公表したことは約束を果たさなければならないと思っていた。もう一方の路線——「日本近代戯曲の系譜的上演」も、「塵境」につづいて、一九五二年一月二六日、大手前毎日会館にて、岸田国士・作「牛山ホテル」の幕をあけたのである。

「牛山ホテル」は一九二八年の作品で、岸田は「私が仏領印度支那に渡ったのが、（作品を書いた年）十年前である。私はほとんど無一物で、フランス渡航を企て、幸い香港で臨時の職を得て、この未知の土地へひとまず落ちつくことが出来た。滞在わずかに三ヶ月であったけれども、この東洋の植民地における日本人の生活の印象は、私の脳裏に深く刻みつけられた。孤独な放浪の旅と、陰鬱な南方の季節と、民族の運命に対する止みがたき不安と、これらが一体となって、この作品の基調を成していると思われる」と、パンフレットに書いている。

演出は、藤高道也。阪中正夫に師事し、創作に精進してきた男だが、俳優座との共同公演「彦市ばなし」の頃(一九五一年)に入団し、得意の冗舌・毒舌で戯曲を分析するので、その知性が若い劇団員には特に受けた。関西医大の出身。パンフレットの、「阪中先生への手紙」と題する演出のことばに、藤高は次のように書いている。

「私の最初の演出作品が、岸田先生の名作「牛山ホテル」であるということが、どんなに私を有頂天にし、勇気づけていることでしょう。そして、それにもまして、先生によって、「牛山ホテル」の作者岸田先生の若き日の烈々たる眸を知り得たことは、この作品に取り組む私にとって、どんなにすばらしいことでしょう。従来、私たちの劇団の欠点とされている『物言う術』と『俳優修業』の二冊の名著に救けられながら、そして、何よりも、この作品の優れた演劇的構成に支えられながら日々の稽古にはげんでいます」。

藤高は初演出とあって、大へんはりきったのだが、自信を持ちすぎて、若い俳優相手に夜おそくまで喫茶店で、我流の演劇論をぶつようになった。そして劇団の弱点、わたしの創造姿勢が、劇団経営主義に傾斜しているなど、無責任な暴言をしていることが、ある人の通告で分かった。初演出のうれしさがエスカレートしての事だっただろうが、若い劇団員がそれを真に受けて、道井批判へのくすぶりが感じられたのである。

医学徒である彼は、演劇をおそらく終生の仕事としようとは思っていなかっただけに、演劇への情熱をこの芝居一本にささげ、そこから内に秘めたすべてのものが、良かれ悪しかれ、吐き出されたに違いない。とくに女の子は彼のペダンチックな言辞に酔ったに違いない。このようなことは、今もよくあることだ。そして、公演が終わると彼は姿を消した。全く彼には悪気がなかったのかも知れない。彼の存在は、僅か一年の疾風努涛の王様の君臨だった。スタッフは、装置/板坂晋治・鈴木俊郎、照明/小林敏樹、効果/早田明生、衣裳/緒方規矩子、頭髪/山口倫子、大道具/数宝光之助、舞台監督/的場阿里行。配役は、牛山よね(佐名手ひさ子)、間とみ(松本喜久子)、藤木さと(荒田康代)、石倉やす(岸和子)、真壁(安達国晴)、三谷(多田純)、三谷夫人(道井恵美子)、鵜瀞(道井直次)、島内(寺下貞信)、金田(高桐真)、岡(渡辺泰秀)、納富(清水稔、ロオラ(堀昴子)、ボーイ(上村晋三)、車夫(波田久夫)など。客演してもらった堀昴子は、美容師の山口倫子女史の紹介。幼い頃からパリに滞在し、大阪外大のフランス語科出身。セリフは全てフランス語で、その流暢な話言葉が、舞台を飾ったことを今も強い印象として残っている。後に、穴山姓。

阪中正夫は、辻部政太郎との新聞の座談会で、近頃の関西新劇の佳作として、「制作座の『牛山ホテル』も入れていいだろう」と発言している。わたしは俳優として舞台に立って、鵜渟という二ヒルな人物のよく描けているのにおどろいたものである。あの物憂い植民地生活の人間像が刻明に描かれていることにおいて、この「牛山ホテル」は名作にちがいない。

「戦後関西新劇私史9」

（『道』二〇〇一年七月一日号　No. 12）

＊「戦後関西新劇私史9」は、「制作劇場」の〈実験室運動〉開幕と「制作劇場」から「制作座」へ名称変更されたことを語っているが、本文にもあるので、前半は省略して、後半の「青猫座」「民衆劇場」のことを道井直次の言葉で聞いてみてもらうため掲載する。

⑥大作連弾の「青猫座」

目を転じて、各劇団の活動状況を観てみよう。

「青猫座」は、第一〇回公演で、シングの「聖者の泉」を上演した。一九五一（昭26）年一月一七・一八日、大阪朝日会館だった。演出の田中千禾夫は、翻訳劇に和服を着せる試みをした。「今、この奇道の試みには新しい意義があろうとは思えぬ。ただ、舞台と役者と、そして見物をいたわりたい私の努力の表れに過ぎないのである。珍しがられりしてはならないのである。見るに堪える芝居が出来ればいいのである」と、田中はパンフレットに書いているが、翻訳劇の生硬さを力バーしたい気持ちが、こんな試みをさせたのだろうか。衣裳を桃山時代にとり、和楽器を使用したが、違った意味で生硬の難を免れなかった。

演出／田中千禾夫、美術（装置・衣裳）／田中照三、振付／吉野乾太郎、音楽／中井槙夫。配役は、アマチン／和気成一、メリイ／西宏子、チミイ／北村豊三、モリイ／盛田澄子、プリード／大石澄子、マット・シモン／梅田晃三、パッチ・ルウ／勝矢護、女／辻美智、椎名すみ、友成南津子、男／長井和夫、佐藤渉、聖人／小見満里子。

つづいて、第十一回公演は、四月二四日朝日会館で、三島由紀夫「聖女」を梅本重吉の演出で、小田和夫「猫柳祭」を茂木草介の演出で、二本立てだった。「聖女」は史子／渡辺千世、悠一／湖崎克、夏子／小見満里子という配役で、私もかつて演出した作品である。「猫柳祭」は、「悲劇喜劇」

から出てきた小田和夫の作品で、昭和十三（1938）年ハルピンが舞台である。作者のハルピンの郷愁がにじみ出て、楽しい舞台に仕上がっていた。山咲／金田竜之介、杉／小見満里子、布津／辻正雄、金井／和気成一、出来／北村豊三、エミ／渡辺千世、市村／梅田晃三、ワーリャ／盛田澄子、老人／湖崎克。

その頃の「青猫座」は、大物をどんどんと打ちまくった。ついで一〇月一二・一三日三越劇場で、ヴェデキント「春のめざめ」だった。演出の田中千禾夫は、「今度は三越の小さなホールを借りてやるそうで結構な事である。」と書いているが、知っての通り、あの立っぱの低い、客席の見にくいホールでの公演は、決して出来の良い舞台にはならなかった。

メルヒオル／金田竜之介、モリッシュチーフェル／北村豊三、ヴェンドラ・ベルクマン／椎名すみ、イルゼ／小見満里子、ガボル氏／和気成一、ガボル夫人／渡辺千世、ベルクマン夫人／辻美智、多くの生徒たちは、関西学院大学の劇研が協力した。

つぎは、明けて一九五二年二月一〇・一一日大阪朝日会館で、加籐道夫「なよたけ」を上演した。大作の連弾である。全くの背伸びである。しかし、プロデュースを強行する辻正雄の強気であるという他はない。演出／中村信成美術／田中照三・古賀宏一　音楽／林雄一郎。配役は、石上綾麻呂／和気成一、石上文麿呂／北村豊三、瓜生衛門／勝矢護、清原秀臣／湖崎克、小野連／鈴木文也、大伴御行／辻正雄、讃岐造麿呂／金田竜之介、なよたけ／渡辺千世、雨彦／椎名すみ、と背水の陣をしいたが、この名作に到底太刀打ちすることは出来なかった様である。

さらに、五月二九・三〇・三一日文楽座で、キンテーロ兄弟「女ばかりの村」と、宇野信夫「ひと夜」の二本立て。「女ばかりの村」は菅原卓／訳　中村信成／演出だったが、「ひと夜」が結構面白かった。演出は、武智鉄二の登場となる。義道／和気成一、亀吉／金田竜之介、健吉／北村豊三、松太郎／勝矢護、お豊／渡辺千世。

武智は「この劇が喜劇かどうかという質問を提出されたが、要は人物がすべて善意を以って、全人的に演技されれば解決する問題で、本来劇に喜劇悲劇の別は無い。義道の主観へ入れば悲劇的だし、生活態度と善意との間のズレを衝けば喜劇的でもある。青猫座がこの宇野信夫の出世作を選んで私に演出を求めたのは、このような演技の秘密をさぐり出す一つの手がかりを求めての事であろうと解釈して、喜んで協力させて貰うことにした」と言っているが、客席からは充分笑いがどよめいた。

「青猫座」はこの公演から、パンフレットを兼ねた「青猫」という演劇雑誌を発行、土井行夫「驢馬君」、小田和夫「霧海」の戯曲二編と、辻久一「新劇の運命」、中川竜一「新しい劇的朗読――アメリカの劇壇実例――」の二編を載せた。

そして、九月一七・一八日朝日会館で、ユージン・オニール「楡の木陰の欲情」を武智鉄二の演出で上演した。本邦初演の壮挙である。武智演出とオニールの出会いは奇異に感じられたが、フロイドの精神分析を基本にすえて、エディプス・コンプレックスを利用するという、この人ならではの演出プランであった。しかし、俳優の素人っぽさが見せる演技を狙った演出とは水と油で、違和感を感じたのである。演出／武智鉄二、美術／田中照三、照明／小林敏樹・上地一夫、舞踊／渡辺武雄、音楽／阿村篤二。配役は、イーフレイム・キャボット／和気成一、シアミン／北村豊三、ピーター／湖崎克、エベン／金田竜之介、アビー・パトナム／渡辺千世。

そして、十二月には産経会館で壇一雄／作　茂木草介／劇化「天鼓」という大作を上演した。茂木は「一人が政治や思想やその他一切の社会形容体から抜け出そうと試みるのは恰も夢のような話だ。脳髄に限界のあることを知りながら、その限界をつき破らねば、自分を知り得ない人間の辛さは万人共通のものだが、人によっては限界内で諦めを持ち、或いは限界線の上下で疲労困憊、生身を捨てるのである。特別に鋭い感覚や才能の持ち主でも、彼自身の所論である芸術論や学説で救われるのは彼以下の人間であって、彼はついに惑いを去り得ない。まして我々凡人が同じイキサツで悩んでいるのは悲惨以上の滑稽である。――そんなテーマを面白いと思い、いつか芝居に書いてみたいと私は思っていた」と書いているが、観念的な芝居だった。

それにしても、大作を連弾した勇気には敬服する。加えて、演出家の登用も面白い。筧一彦、茂木草介、郷田恵、田中千禾夫、梅本重信、中村信成、武智鉄二と、プロデューサー辻正雄は、演出家を手玉に取っている。

レパートリーも、はじめの趣味的なものから、次第に大作主義に徹して来ている。しかし、その公演の線路は、きわめてアトランダムであり、論理性が弱い。それがこの劇団の弱点であろう。俳優も定着しだしてきた。しかし、徹頭徹尾、アマチュアリズムを標傍しているから、劇団体制も昼間働き、夜間稽古するという体制をとっている。中には、プロ志向の俳優もいるから、そこがむづかしい。辻正雄と他の俳優との間にある溝は、そんなところにあるのかも知れない。夫人の辻美智は、辻正雄のわがままを許しながら、劇団員の調和もとって、実質上の劇団運営者であったようである。

⑦苦闘する「民衆劇場」

「民衆劇場」は、一九五〇（昭25）年の創立時には、「若き啄木」、「文化議員」と続けざまに公演したものの、その勇み足に比例するようには、飛躍出来なかったようだ。

専門的職業体制を確立しようと、工場移動公演を積極化したが、それに追われる破目になり、戦前派と戦後派との間に、いろいろ生活的なギャップがあり、それを一色にして体制化するのはむづかしかった。

それでも、一九五一年三月五日には、第三回公演として、栃沢冬男・作「売られた開墾地」（阪中正夫・演出）を毎日会館で上演した。作者は戦前から戦中にかけての新人で、作品は第一次「劇作」に発表されて、文学座が上演したものである。劇作派の中でも社会派の作者だが、小作人の追いつめられた生活を描きながらも、生活的なユーモアがただよっていて、じめじめと暗い生粋の社会派と違うところが面白い。阪中正夫の推薦で、この作品が選ばれたのだろうが、男意気で阪中は演出まで引きうけた。戦後、故郷の和歌山に移り住み、大阪にも居を構えて、関西新劇の協力者たらんとしたわけである。しかし、創作の筆は思うにまかせず、作品はほとんど生まれなかった。苦しかったに違いないが、酒で慰め、また、関西新劇界とのつきあいで、憂さをはらした。根っからの人の良さからの演出と見てよいだろう。パンフレットに、正直な発言が載っている。

「今度、民衆劇場にこの作品を推薦したのも僕だが、勿論劇団外の僕として、演出まで引き受ける積りはさらさらなかった。聞かれるままに推薦したにすぎない。それが、いろんな事情で演出まで引き受けることになったのであるが、出来ばえに対しては、今のところ正直言って甚だ不安である。その点僕としてはおおいに責任の重さを感じているわけだが、ただこの劇団の悪い癖として、この劇団の指導的地位に立っている人が、今度の場合もそうだが、自分の演出でない限りは知らぬ半兵衛をきめこんで全く出て来ないことだ。これではこの劇団は良くもならないし、演技者達こそ甚だ気の毒である。今の僕としてこの公演の諸事について本気になって相談する相手もないという次第である」

この正直な発言は、「民衆劇場」の内部に、何かがうごめき、何かが胎動していたのであろうが、わたしには詳しくは何も分からない。

しかし、この第三回公演が済んでから、また移動公演がつづく。主なレパートリーは、木下順二「赤い陣羽織」（望月信雄・演出）、三好十郎「妻恋行」（大岡欽治・演出）、阪中正夫「馬」（演出）、小山内薫「息子」（大岡欽治・演出）

であり、その多くは、紡績工場の移動公演であった。また、大阪少年劇場公演と銘打って、児童公演にも精をだす。村山亜土「狐物語」（西康一・演出）、小山内薫「三つの願い」（西康一・演出）が主なレパトリーである。

さらに、大阪市と周辺各地区一二ケ所の地区公演と称して、津上正「乞食の歌」、クールトリーヌ・作、瓜生正美・翻案「裸にされた署長さん」（望月信雄・演出）で移動した。この移動公演を主活動とする劇団体制によって、大阪でのセンター公演は疎遠になっていく。そして、「売られる開墾地」から二年経った一九五三年三月に、それも大阪ＹＭＣＡ講堂で、小じんまりとした第四回公演をもった。作品は、モリエール「守銭奴」（土井逸雄・訳・西康一・演出）であった。

しかし、パンフレットを見て、おどろいた。どの、劇団員の連名が余りにも変わってしまったからである。わたしの予期していたように戦前派の、海老江寛、榎原恭、藤原常次、伊藤亮英、大岡欽治、筒井好雄の名は消えていた。あれほど、一所懸命に頑張っていた望月信雄も、力つきて演劇を廃業して、連名にはない。そして、戦前の新協劇団にいた西康一が、戦後、寺島アキ子と「葡萄座」という移動劇団を作って巡演していたが、寺島とわかれて、「ともだち劇場」の泉田行夫をたよって、大阪にきた。わたしは、朝日放送のラジオのリハーサルで、泉田に紹介してもらったことがあったが、その西康一が、「民衆劇場」の演出部に名を連ねた。

その、生まれ変った「民衆劇場」の連名をここに記しておこう。

演出部／的場阿里行、西康一、奥村正巳、横井嘉明。演技部／波田久夫、飯沼慧、中村勝一、酒井哲、若木倫、渡辺泰秀、藤山喜子、石飛妙子、菅野久子、窪川克子、坂本和子。経営部／三好康夫。研究生／安東元久、岩崎昭、河東けいこ、小松甲子郎、光田生子、西堀鈴江、佐藤佳亥子、坪井哲夫。

前述した創立時の連名との変わりの激しさに、劇団内部の動きの激しさを思わざるを得ない。

研究生の河東けいこは、現在関西芸術座の河東けい、小松甲子郎も、小松徹として関西芸術座に籍をおいた。西堀鈴江は現在東京芸術座。

読者の言葉も、パンフレットに載せているが、かなりきびしい。

「移動の小公演に明け暮れして大きい公演を持たなかったことは淋しかったし、又不安も持たれた。年数回の大公演主義に追いかけ廻されるのも、長期の見透しや計画が立っての上の事でないと、危なっかしいが、今日の客観状勢や、関西新劇団の現状では背水の陣の専門劇団化を目指して、移動とラジオに終始するということは、小成に安んじてしまう公算が大きい」（辻部政太郎）

「民衆劇場に就いては、以前一度ばかり演出に関係したこともあり、どっちかと言えば部外者の者としては、私なぞ劇団内部のことに詳しいはずなのだが、ここ二年ばかりこの劇団は公演を持たないで、春秋二期移動公演を専門にやって来ているので、俳優の演技についても正直言って、今では見当がつきかねる。……移動公演の安易さを身につけて来ていないと言うことを、何よりも今度の公演で見せて貰いたいと思っている。」（阪中正夫）

「……民衆劇場の人たちとは個人的に親しくしていますが、中にはデカダンスで没落した某君のような場合、はげしい淋しさを感じます。演技力の揃っている点では、やはり関西でいちばんだと信じています。練習も稽古も知らないので判りませんが、たぶん理論倒れの傾向にあると思います。スタニスラフスキイが演劇はエンタアテーンメントであると言ったことを思い出すことが必要でしょう」（中西武夫）

「民衆劇場」のこの二年間の変遷は、専門的職業化への道のきびしさを物語っているし、戦前派の協調性の無さを暴露したようだ。そして、行動力の母胎は戦後派にあった事が明らかになった。しかし、新しく戦前派の、しかも東京からやってきた西康一が加わることによって、また新たな試練を迎えることになる。

中西武夫は、パンフレットに「たぶん理屈っぽいモリエールを見せて下さると思いますが、ジュヴェが言っているようにそうすると失敗です。デュランだってそんな解釈はしていません。とにかくいいものを作ってください」と書いているが、その予言は当たってしまった。大変観念的な演出だった。

それ以後、「民衆劇場」はまた移動演劇の世界に入ることになる。

「守銭奴」の配役は、アルパゴン（渡辺泰秀）、クレアント（邦保夫）、エリーズ（藤山喜子）、ヴァレール（溝田繁）、マリアンヌ（光田生子）、アンセルム（酒井哲）、フロジーヌ（窪川克子）、シモン（酒井哲）、ジャック（中村勝一）、ラ・フレーシュ（若木倫）、ダーム・クロード（菅野久子）、ヴランダヴォアーヌ（岩崎昭）、ラ・メルリッシュ（波田久夫）、警官（的場阿里行）。

「戦後関西新劇私史10」

（『道』二〇〇二年一月一日号　No.13）

＊「戦後関西新劇私史10」の「大阪小劇場」「月光会」の記録は、掲載する。後半の京都の新劇団【京芸、くるみ座、喜劇座、こうもり座】の記録は省略する。

第三章　前を見つめて（一九五一年～一九五二年）

⑧大阪小劇場と月光会

「大阪小劇場」は、一九五〇年（昭25）の暮れに生まれた。大阪放送劇団にいた作本忠市（現、柳川清）、大阪放送劇団にいた堀場広三郎（現、山村弘三）、旧大阪放送劇団の高橋正夫の三人だけで、柳川に言わせると「役者の勉強をやろうじゃないか」ということで、劇団がうまれた。一九五一年六月二六日、文化会館で、チェーホフの一幕劇「白鳥の歌」「煙草の害について」「余儀なく悲劇役者」の三本立てを上演、北野照夫演出、浅野猛府が美術を担当した。全く人知れず、ささやかに上演されたので、わたしも知らなかったくらいである。柳川が「職のないルンペン三人が集まっての仕事だから割と同情されたのかも知れん、好評だった」と言っていることから見ても、レッドパージの荒れ狂う放送局の中から、辞めたか、辞めさせられたか知らないが、求道的に役者の道を求めて、一つの集団が生まれたことは確かである。しかし、この三人の輪はそんなに堅くなかったようだ。間もなく高橋正夫がやめ、三年後には山村弘三が退き、また、演出の北野照夫も辞めている。一九五二年三月二一日・二二日には第二回発表会として、文化会館で、岸田国士・作「長閑なる反目」と青江舜二郎・作「冬のバラ」の二本立てを、高橋正夫の演出、浅野孟府の装置で上演している。このときには、かなりの人が揃った。連名をみると、井上十吉、堀場広三郎（山村弘三）、千冬吾一、高橋正夫、宇都美郎、国田栄弥、松田正範（松田昭）、小村直人、作本忠市（柳川清）、北野照夫、北見唯一、島和夫、すやまたきじ、伊吹真知子、竹原小夜子、橋本しの子、楠岡千代子、古川清子、南菜穂子、紫田康代、南たもつとあるのだが、浅野孟府の次男の高校生の浅野潜（現在、大阪スポーツを経て映画評論家）が客演をしていることを思うと、まだ人材には恵まれていなかったのだろう。この第二回発表会は、もっぱら新人勉強会の意図があったのか、創立者三人は舞台に出ていない。この地味で、勉強会好みの集団は、一九五三年から社会的に活動しはじめるので、もう少し月日を待たねばならない。

一九五一年五月一八日「月光会」という演劇集団が発足した。「扉」と題した創立宣言を記してみよう。

「既成の芸術家に媚びる事が芸術に志ざすものの第一歩

であるならば、我々はここに集る必要はない。我々は芸術とは、吾々が知っているよりもっと広遠なものであることを知らなければならない。演技とは今までに名優達が演じてきたものが全部ではない。絵画とは、古今の名画家達の描いてきた絵だけを言うのではない。吾々は大阪の何区の何番地に住んでいるのではない。吾々の生きている周囲は、広々とした世界の海に連なり、その空間を飛翔して、宇宙に融け入る。だから吾々の小さな環境を嘆くまい。若くして老廃者のように、人生に失望するのは止めよう。既成芸術に臆して、「吾々の開拓する世界はない」などと愚痴るまい。吾々の行手には地平線に頭を出した許りの新らしい山があり、新しい空がある。理屈を言うのではなくて、大きな宇宙に包まれている自分の人生と言うものを、芸術家のイメージとして捉えよう。その時、空も、天体も素晴らしく詩情豊かなものとなり、この大阪の町はその名を失い、吾々のイメージがこしらえた愉快な舞台の親しみ深い背景となるだろう。吾々は、吾々の人生をイメージ中に捉えよう。そして、そのイメージを教養と詩情で偉大なものとして表現しよう。これをして、芸術すると言うのではないだろうか。既成の芸術の形式、或いは芸術家に媚びることが、或いは真似ることが、芸術を志すものの第一歩であるならば、吾々はここに集う必要はない。吾々は、この集いの中で、広く深い基礎教養を築こう。飛べる才能のあるものは、このあとに、この基礎を跳躍台として、最大限に飛翔しよう。

一九五一年五月一八日　　──月光会発足に際して──」

大上段にふりかざした創立宣言は、分かったようで分からない部分に充ち充ちて、観念的で、いったいこれからどんな芝居をするのかと、疑問と期待が錯綜するのではないか。振ってわいたような「月光会」の出現だが、その主催者の内田朝雄──後には、悪役の映画スターにのし上がってしまったが、──の前身はつまびらかではない。ただ「関西演劇映画アカデミー」「ホリホック・アカデミー」の出身で、その第二周年記念公演、内村直也・作「雑木林」の関係者で劇団が作られたようである。そして、宣言後一年後の一九五二年五月三一日に、中の島中央公会堂の三階ホールに、円形舞台をつくって、田中郁子・作「盲魚」（内田朝雄・演出）を上演した。装置は、その後、内田と労を共にする中島陸郎（後にオレンジ・ルーム支配人）であった。

「盲魚」は自然主義的なドラマで、とくに円形劇場で上演する必要を感じないのだが、この劇団は、円形劇場で上演することこそ意味があったのだろう。内田朝雄は、パンフレットに「円形劇場試論」という五十枚にわたる大論文を書いている。歴史的に説きおこして、現代における円形劇場の必要を説いているのだが、説得性がうすく、ここでも大上段にふりかざした観念性が浮き上って、舞台とどう結びつくのか、納得がいかなかった。しかし、今でこそ、プロセニアムを取り除いた舞台に異和感を感じなくなったが、当時としては、プロセニアムを取り払い、円形劇場で芝居をすることが、一つの斗いだとすれば、「月光会」は、一体何のためにそのような斗いをつづけたのであろうか。内田朝雄のエネルギーと風貌と、定かではない観念論がわたしには無気味にうつったのである。

第一回研究発表会には、次のような連名が乗っていた。会員——柏原正、兼松京子、辻弘司、中島陸郎、中村武雄、内田朝雄、宇田久子、楠本久子、松尾茂義、朝倉曠、安東元久、木村耕一、平原芳夫、川田甫。賛助——上杉敏子、古市明子、末久寿恵。

いずれにしても、この時期に生れた二つの劇団は対照的であり、「大阪小劇場」が日のあたらぬ所で、ささやかに勉強にとりくみ、中へ中へと入りこんでいたのにくらべて、「月光会」は野心にみちみちて、冒険に挑んで、世間を惹きつけようとした。そして、どちらも三年ほど後に、真価を発揮することになる。

＊道井直次の「戦後関西新劇私史」は、この十回目＝二〇〇二年年一月一日号で終わることになる。この年の五月に亡くなったからである。

附属資料（4）参考文献

〈演劇雑誌〉　「テアトロ」、「悲劇喜劇」、「新劇」など。
〈新聞〉　「毎日新聞」、「朝日新聞」「産経新聞」「京都新聞」「国際新聞」「大阪日日新聞」など。
〈劇団年表〉　関西芸術座「三十年のあゆみ」や各劇団の記念誌の記録。
〈個人著書〉　清水三郎「ある新劇記者のしごと集」（テアトロ）、
阪本雅信「板の上にも五十五年・ガシン語の舞台美術噺」など。
〈労演〉　京都労演、大阪労演、神戸労演の歩み。
〈調査・記録〉　「道」（道井直次個人随筆誌）、
井上　彬「きのくに演劇史」など。
〈パンフレット〉　各劇団のパンフレット。
〈その他〉　劇団のアルバムなど個人からの資料提供。

附属資料（5）別表①—使用した劇場 一九四五～一九七三年

あ——朝日会館、大手前会館（↓ドーンセンター）、朝日生命ホール、朝日座、大阪厚生年金会館（↓オリックス劇場）、大阪府立青少年会館、王子児童文化会館、明石市民会館、伊丹文化会館、今橋クラブホール、大阪市立労働会館、有田市民会館、アカデミー百人劇場、大阪屋証券ホール（コスモ証券ホール）、大阪婦人会館、ＡＢＣホール（旧）、大阪芸術センター

か——京都弥栄会館、京大西部講堂、京都新聞会館、京都会館（↓ロームシアター京都）、北御堂会館、関電ホール、神戸新聞会館、神戸国際会館、神戸県民小劇場、神戸国際サロン、海員会館、京都労働会館、京都毎日新聞ホール（↓アート・コンプレックス１９２８）、京都勤労会館、北市民館、祇園会館、ギャラリー射手座、ギャラリー辻、京都府立文化芸術会館、京都教育文化センター、京都ヤサカ会館

さ——精華小学校講堂（大阪文化会館）、サンケイホール（↓サンケイ・フリーゼ）、島之内小劇場、四天王寺会館、吹田市民会館、新朝日ビルホール、繊維会館、児童婦人会館

た——デモクラシー会館、天王寺野外音楽堂、高島屋ホール、宝塚市民会館、津村別院講堂、道化座稽古場（いえのいえ）

な——西宮市民会館、中之島中央公会堂、能楽会館、西宮勤労会館

は——フェステバルホール、日立ホール、葺合公会堂、姫路文化ホール、パルコ・スタジオ、先斗町歌舞練場、東大阪市民会館

ま——毎日会館（大阪国民会館）、毎日ホール、南御堂会館、毎日文化ホール、三越劇場、メトロホール、民生会館、毎日国際会館

や——夕陽ケ丘会館、郵便貯金会館（↓メルパルクホール）、八尾市民ホール、山一証券ホール、四ツ橋文楽座

ら——ルナ・ホール

わ——和歌山市民会館

附属資料（6）劇団年表

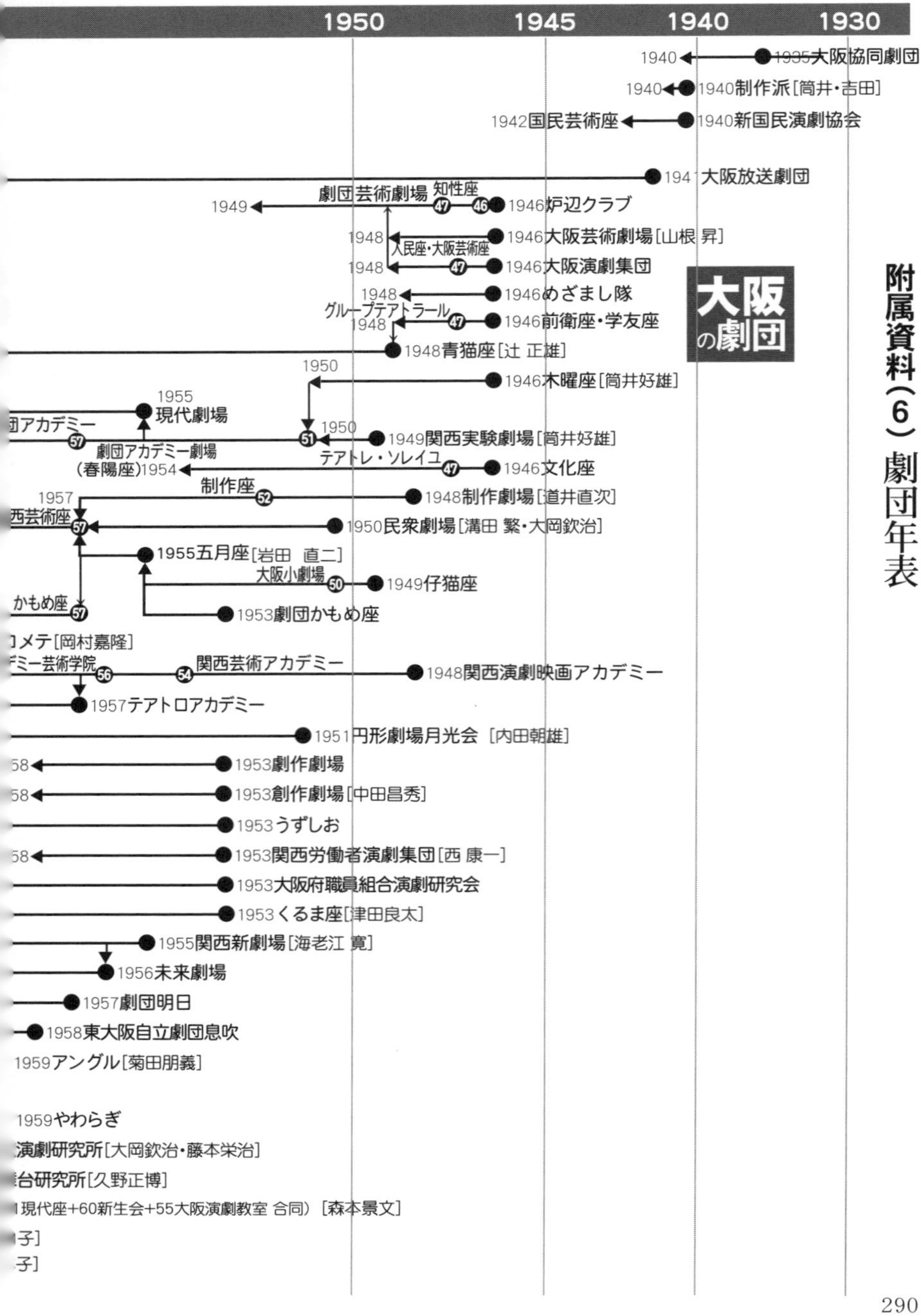
1950
1945
1940
1930
大阪の劇団
1940 1935大阪協同劇団
1940 1940制作派［筒井・吉田］
1942国民芸術座 1940新国民演劇協会
1941大阪放送劇団
1949 劇団芸術劇場 知性座 47 46 1946炉辺クラブ
1948 1946大阪芸術劇場［山根 昇］
人民座・大阪芸術座
1948 47 1946大阪演劇集団
1948 1946めざまし隊
グループテアトラール
1948 47 1946前衛座・学友座
1948青猫座［辻 正雄］
1950 1946木曜座［筒井好雄］
1955 現代劇場
団アカデミー 57
1950 51 1949関西実験劇場［筒井好雄］
劇団アカデミー劇場
（春陽座）1954 テアトレ・ソレイユ 47 1946文化座
1957 制作座 52 1948制作劇場［道井直次］
西芸術座 57 1950民衆劇場［溝田 繁・大岡欽治］
1955五月座［岩田 直二］
大阪小劇場 50 1949仔猫座
かもめ座 57 1953劇団かもめ座
コメテ［岡村嘉隆］
デミー芸術学院 56 54 関西芸術アカデミー 1948関西演劇映画アカデミー
1957テアトロアカデミー
1951円形劇場月光会［内田朝雄］
58 1953劇作劇場
58 1953創作劇場［中田昌秀］
1953うずしお
58 1953関西労働者演劇集団［西 康一］
1953大阪府職員組合演劇研究会
1953くるま座［津田良太］
1955関西新劇場［海老江 寛］
1956未来劇場
1957劇団明日
1958東大阪自立劇団息吹
1959アングル［菊田朋義］
1959やわらぎ
演劇研究所［大岡欽治・藤本栄治］
台研究所［久野正博］
現代座+60新生会+55大阪演劇教室 合同）［森本景文］
子］
子］

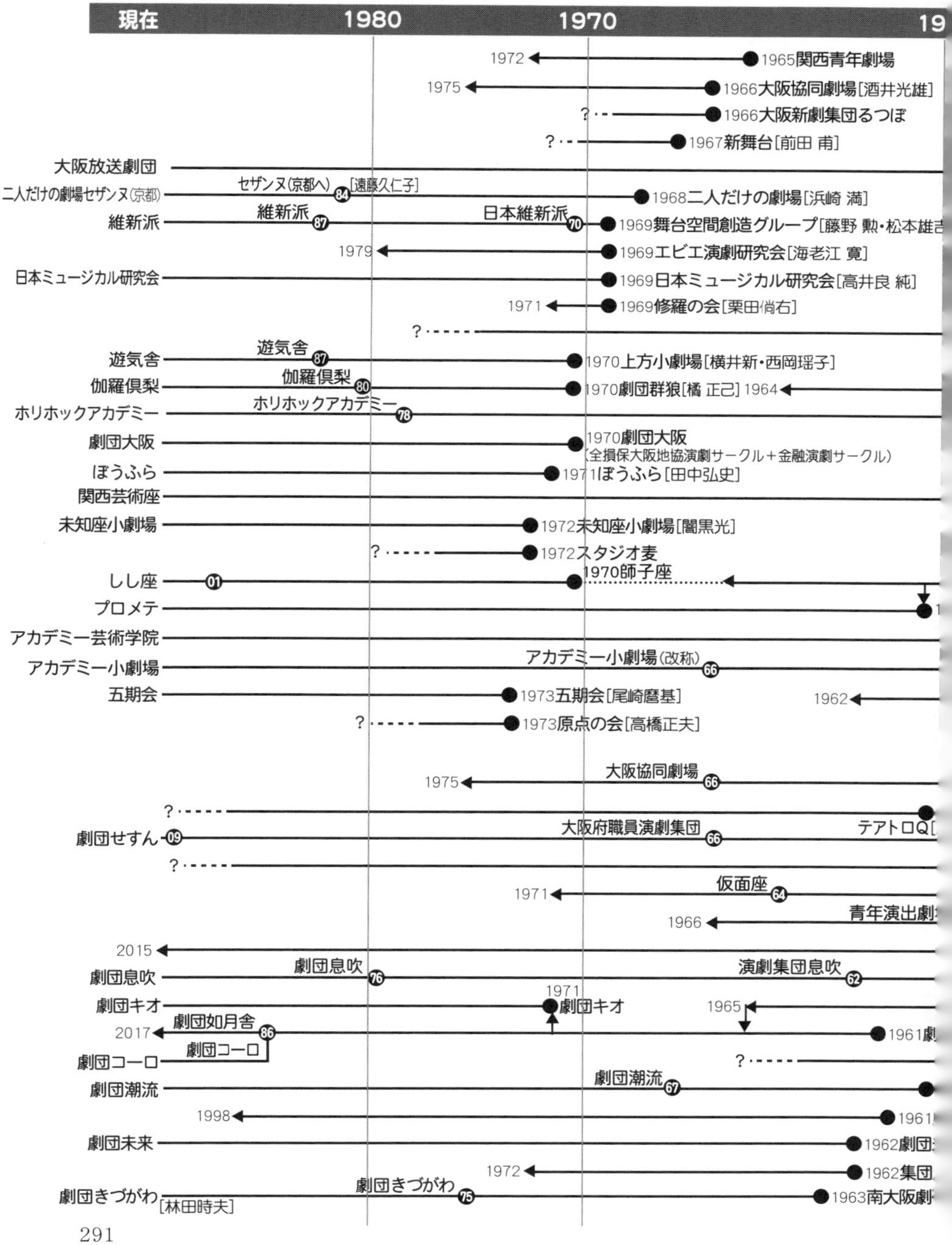
現在
1980
1970
19
1972
1965関西青年劇場
1975
1966大阪協同劇場[酒井光雄]
?
1966大阪新劇集団るつぼ
?
1967新舞台[前田 甫]
大阪放送劇団
二人だけの劇場セザンヌ(京都)
セザンヌ(京都へ)
84
[遠藤久仁子]
1968二人だけの劇場[浜崎 満]
維新派
維新派
87
日本維新派
70
1969舞台空間創造グループ[藤野 勲・松本雄
1979
1969エビエ演劇研究会[海老江 寛]
日本ミュージカル研究会
1969日本ミュージカル研究会[高井良 純]
1971
1969修羅の会[栗田倘右]
?
遊気舎
遊気舎
87
1970上方小劇場[横井新・西岡瑶子]
伽羅倶梨
伽羅倶梨
80
1970劇団群狼[橘 正己]
1964
ホリホックアカデミー
ホリホックアカデミー
78
劇団大阪
1970劇団大阪
(全損保大阪地協演劇サークル＋金融演劇サークル)
ぼうふら
1971ぼうふら[田中弘史]
関西芸術座
未知座小劇場
1972未知座小劇場[闇黒光]
?
1972スタジオ麦
しし座
01
1970師子座
プロメテ
アカデミー芸術学院
アカデミー小劇場
アカデミー小劇場(改称)
66
五期会
1973五期会[尾崎麿基]
1962
?
1973原点の会[高橋正夫]
大阪協同劇場
66
1975
?
劇団せすん
09
大阪府職員演劇集団
66
テアトロQ[
?
仮面座
64
1971
青年演出劇
1966
2015
劇団息吹
劇団息吹
76
演劇集団息吹
62
劇団キオ
1971
劇団キオ
1965
劇団如月舎
86
2017
1961劇
劇団コーロ
劇団コーロ
?
劇団潮流
劇団潮流
67
1998
1961
劇団未来
1962劇団
1972
1962集団
劇団きづがわ
劇団きづがわ
75
1963南大阪劇
[林田時夫]

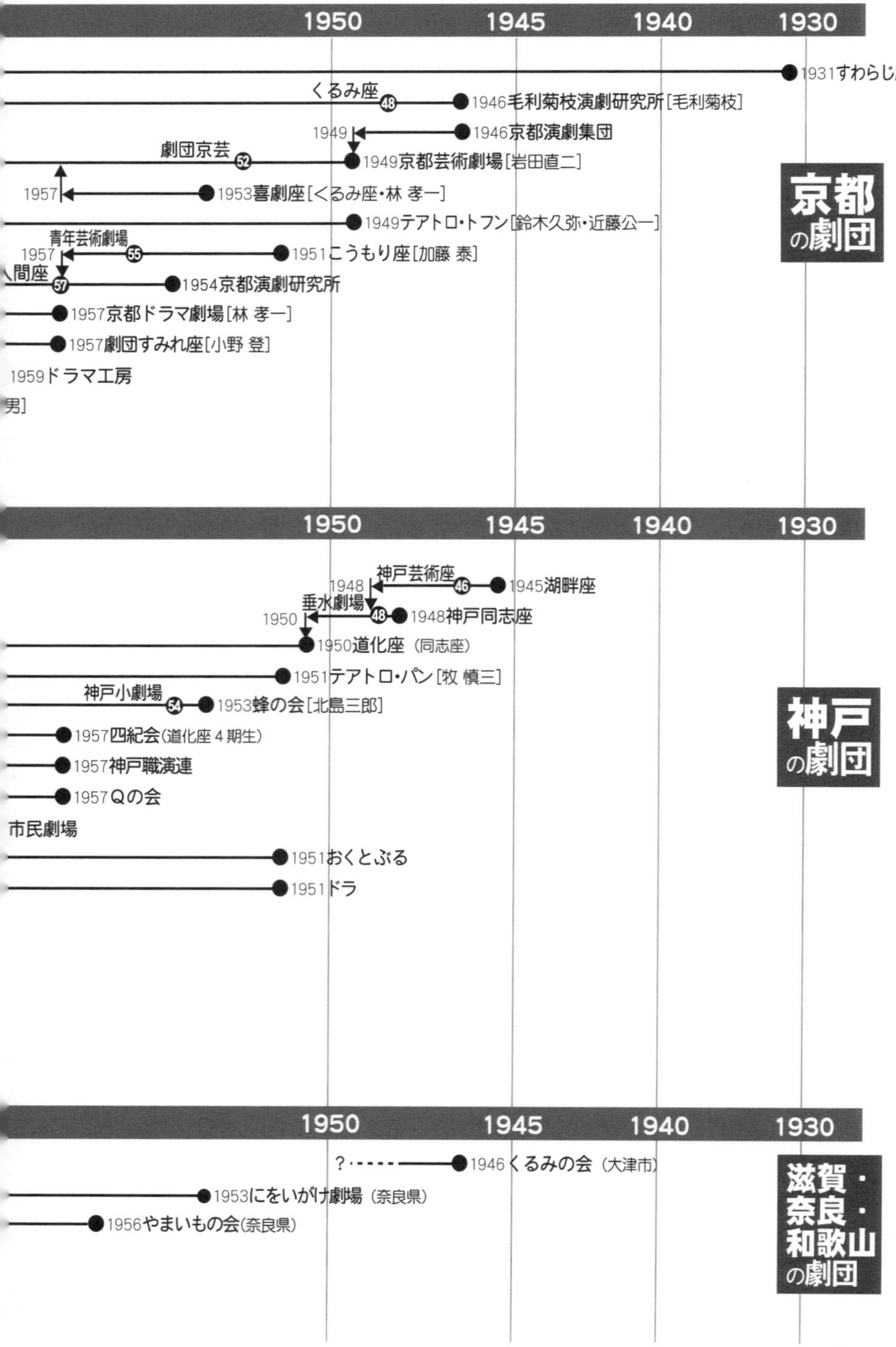
1950 1945 1940 1930
1931すわらじ劇園
くるみ座 48
1946毛利菊枝演劇研究所［毛利菊枝］
1949
1946京都演劇集団
劇団京芸 52
1949京都芸術劇場［岩田直二］
1957
1953喜劇座［くるみ座・林 孝一］
1949テアトロ・トフン［鈴木久弥・近藤公一］
青年芸術劇場
1957 55
1951こうもり座［加藤 泰］
人間座 57
1954京都演劇研究所
1957京都ドラマ劇場［林 孝一］
1957劇団すみれ座［小野 登］
1959ドラマ工房
男］
京都の劇団
1950 1945 1940 1930
神戸芸術座
1948 46
1945湖畔座
垂水劇場
1950 48
1948神戸同志座
1950道化座（同志座）
1951テアトロ・パン［牧 槇三］
神戸小劇場 54
1953蜂の会［北島三郎］
1957四紀会（道化座４期生）
1957神戸職演連
1957Ｑの会
市民劇場
1951おくとぶる
1951ドラ
神戸の劇団
1950 1945 1940 1930
？
1946くるみの会（大津市）
1953にをいがけ劇場（奈良県）
1956やまいもの会（奈良県）
滋賀・奈良・和歌山の劇団

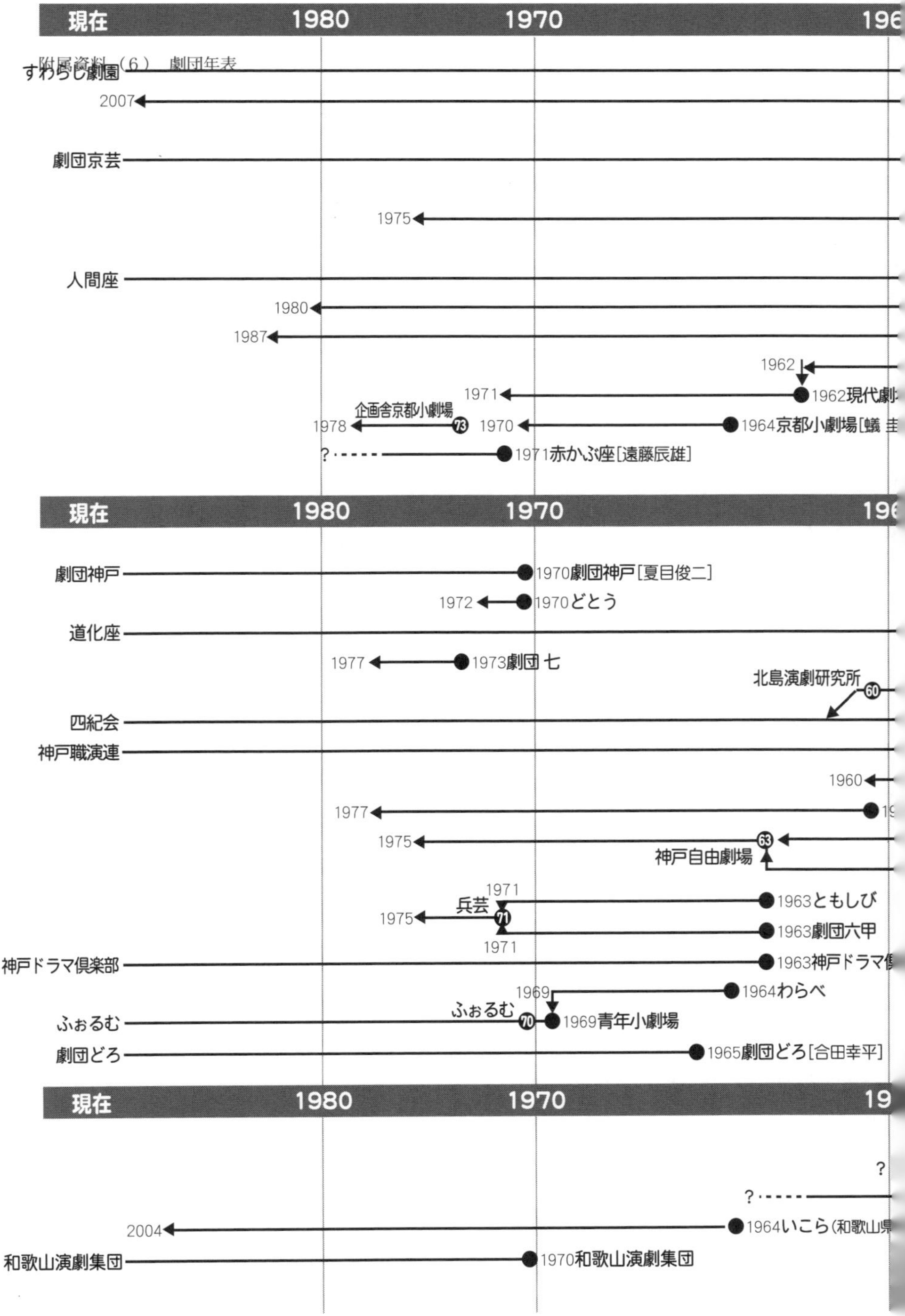
現在
1980
1970
すわらじ劇園
2007
劇団京芸
1975
人間座
1980
1987
1962
1971
1962現代劇
企画舎京都小劇場
73
1978
1970
1964京都小劇場[蟻 圭
?
1971赤かぶ座[遠藤辰雄]
現在
1980
1970
劇団神戸
1970劇団神戸[夏目俊二]
1972
1970どとう
道化座
1977
1973劇団 七
北島演劇研究所
60
四紀会
神戸職演連
1960
1977
1975
63
神戸自由劇場
1971
兵芸
71
1975
1963ともしび
1963劇団六甲
1971
神戸ドラマ倶楽部
1963神戸ドラマ倶
1969
1964わらべ
ふぉるむ
ふぉるむ
70
1969青年小劇場
劇団どろ
1965劇団どろ[合田幸平]
現在
1980
1970
?
?
2004
1964いこら(和歌山県
和歌山演劇集団
1970和歌山演劇集団

あとがき

大阪新劇のベテランの方から要望があり、日本演出者協会関西ブロックでも、書いてはどうかという話が持ち上がって、「関西戦後新劇史」を書くことになった。資料に乏しく、十二分に、また丁寧に、そして緻密に書くことは、なかなかできなかったと言える。それでも、ここに一応の完成をみたと判断して出版することになった。扱う年代を戦後から現在までを考えてみたが、今回は、戦後から六〇年代で止めることにした。七〇年代に入ると関西でも若手の劇団が続々と登場してくるし、演劇の質も変容してくるので、新劇の特徴を保持した六〇年代末で止めることにした。ただ、七〇年代も少しは触れておいた。その後の時代は、次世代の方々に書いてもらうこととなろう。(九鬼葉子さんの『関西小劇場30年の熱闘』〔晩成書房〕が既にあるが)

多くの関係資料から引用をさせてもらった。ただ、ベテランの方々の資料は、引っ越しの時に捨てた。死後人目に触れることを恐れた。もういらないと判断した。その他いろんな理由で資料が手に入らないことが多かった。それでも、大阪放送劇団の戦後すぐの資料は有り難かった。劇団明日の貴重なアルバムも見せてもらった。しし座の高木真理子さんからも丁寧に記録されている資料もいただけた。他の劇団からも支えていただけた。引用を明記した〈劇評〉以外に、寸評のようなコメントがあるものは、全て菊川徳之助が自分の意見や、読み、聞きしたものを書いた。上演リストで作・演出者を入れたが、スタッフを網羅するのが困難と思えたので、省かせていただいた。ただ、例外を除いてはというのか例外として、資料提供してくださった板坂晋治氏と阪本雅信氏のみ舞台装置を明記した。上演は、初演の外、地方や移動公演もあるが、多くの場合、初演のみの表記で終了した。それ故、学校公演などの移動公演も割愛させてもらった。関西の劇団にとっては、学校公演などの移動公演は重要な公演形態であるのだが、調べ尽くせないところがあるために省略した。幾人かの方にインタビューすることが出来た。だが、お話が貴重でありながら、話のすべてを紹介することが出来なかった。お許しを願いたい。上演月日、上演場所は、出来るだけ捜してみたが分からないものがいくつも残った。パンフレットなどの記録自体が、同じものでありながら、記載が二種類あるものがあり、正確に記すことができなかったものもある。劇団年表も正確を記したかったが、解散時期はあまり明示されないので、判明しづらかった。舞台写真など貴重なものをお借りでき、中には写真ブックから外して貸してくださり、あるいは写真ブックごと貸してくださり、劇団明日の早川洋一さんは、資料をすべてくださって、ありがたかった。この新劇史の執筆期間中にも、多くの関西新劇人が亡くなられた。西山辰夫、波田久夫、阪本雅信、東川宗彦、夏目俊二、早見栄子、新屋英子、小笠原町子、寺下貞信、高谷昌男、山本惣一郎、宇津木秀甫、藤沢薫、溝田繁、栗田倘右、浜崎満、諸氏などである。また、助成金無しの出版であったので、出版費用不足という事情もあったが、和田澄子さん、清原正次さん、創造集団アノニムなどから多額の寄付金をいただいた。お礼を申し上げるのみである。手弁当で編集委員に加わってくれた日本演出者協会関西ブロックの人たち、そして会員外から加わってくださった小山帥人、橋本幸子氏にお礼を申し上げる。編集メンバーであったが、原稿作成中に逝去された高谷昌男、栗田倘右両氏、そして熱心に編集に携わってくださった劇団未来の森本景文氏が今年（二〇一八年）四月に突然亡くなり、完成本を見せることができなかったことを口惜しく思う。

年代は、西暦を主にし、日本年代は大見出し（章）の初めを活かして後、省略した。

（あとがき文責・**菊川徳之助**）

『関西戦後新劇史』編集メンバー

▼菊川徳之助　一九四〇年京都生まれ。「新派喜劇」と名乗る大衆演劇の座長であった父親（実、祖父）の影響で子供の頃から演劇に親しむ。関西芸術座附属養成所で訓練を受け、「関西青年劇場」を創立。その後、現場を退き、一九七七年から「京都新聞」や雑誌「新劇」に劇評を書き、評論家へ。一九八六年、「創造集団アノニム」を創設。近畿大学の舞台芸術専攻設立時に教員となる（二〇〇九年三月教授定年退職）。

▼今泉おさむ　「劇場通い」の劇評を最後の一〇〇号まで担当。かつては「神戸自由劇場」の演出家。「演劇」〈神戸高校〉とある理由で入部。文化祭、初舞台を父母が観にきた。父が〈おまえはタッパがないから、主役は無理〉。父母は「築地小劇場」を観ている。演出に転向。だが、文化祭前は小松実（小松左京）氏を始め、先輩諸氏が来校、演出は脇に居る存在。後輩達の劇団で演出。現在は観る中心。演るにはカネが必要だ。

▼河東けい　一九五二年、民衆劇場へ入団。五七年関西芸術座、創立メンバー。現在まで劇団員として、舞台、テレビ、など多方面に活躍。ギブスン作の「奇蹟の人」の教師サリバン役は、六〇〇回以上の上演。演出家としても、国内外の戯曲に取り組む。近年は、小林多喜二の母を描いたひとり語り「母」を韓国、中国、はじめ日本の各地で上演。大阪日日新聞新劇女優演技賞他多数受賞。

▼坂手日登美　一九五八年「演劇集団息吹」（現劇団息吹）に参加。俳優・演出・制作として活動。一九九一年「北京語言学院」に留学、同本科卒業。一九九七年より中国国立「中央戯劇学院」にて中国現代演劇の研修。二〇〇二年帰国。劇団息吹に復帰、演出として今に至る。日本演出者協会所属。翻訳　喩栄軍作「去年の冬」、李宝群作「帰郷」など。

▼**橋本幸子**　私は、大阪労演の最後の事務局員だった。六〇歳で定年。また労演の例会に参加した。若い頃の華やかさはなかったが、しっとりした芝居が充分楽しめた。ある時、岡田文江事務局長から声がかかった。後日、事務局へ行って役員と顔合わせをした。それが最後の事務局員になる最初の日だった。

▼**堀江ひろゆき**　一九四二年東京生まれ。職場演出出身。劇団大阪演出家。大阪劇団協議会役員。元・日本演出者協会理事・関西ブロック事務局長、現在役員。「エリアンの手記」で十三夜会賞受賞。「教員室」、「谷間の女たち」、「臨界幻想」など数多くの賞を受賞。アジア演劇祭大阪事務局長。二〇〇三年「大阪女優の会」創立して十五年目を迎える。

▼**小山帥人**　一九四二年生まれ。五三年に「劇団京芸」の「北京のどぶ」、「ピーターと狼」に出演した。のちNHKに入局し、報道カメラマンとして文楽や新劇を多く取材した。市民が自ら表現する「市民メディア」を研究テーマにしている。著書に『市民がメディアになるとき』（書肆クラルテ）。自由ジャーナリストクラブ代表理事。

▼**森本景文**　一九三六年大阪生まれ。一九六二年創立の劇団未来代表・演出家。大阪新劇団協議会合同公演・宮本研「夢・桃中軒牛右衛門の…」、清水巌「１９９５こうべ曼荼羅」と、「やっぱり好きやねん」他ほとんどの和田澄子創作劇、さらに「ダモイ」をはじめ十本のふたくちつよし作品の他百本の舞台演出。二〇〇五年大阪府知事文化芸術功労表彰。「ダモイ」で銀河ホール地域演劇賞。二〇一八年四月、突然逝去。

▼**山本つづみ**　大阪府立大阪女子大学学芸学部卒。劇団プロメテ退団後、舞台を中心に俳優・演出・制作・演技講師・ワークショップ講師として活躍。特に幼児対象の「劇遊び」レッスンには定評がある。近年は得意の歌を活かしてミュージカル、オペラ出演、また朗読指導、司会、と仕事の幅を広げている。全国児童・青少年演劇協議会事務局長／一般社団法人日本演出者協会関西ブロック役員。

編集・一般社団法人日本演出者協会関西ブロック

編集責任者　菊川徳之助（日本演出者協会理事、関西ブロック役員）

編集メンバー　粟田倘右・今泉修・河東けい・坂手日登美・高谷昌男・堀江ひろゆき・森本景文・山本つづみ（以上、関西ブロック）

ブロック以外の協力編集メンバー　小山帥人、橋本幸子

関西戦後新劇史　一九四五年～一九六九年

二〇一八年一一月二〇日　第一刷印刷
二〇一八年一一月三〇日　第一刷発行

企画　一般社団法人　日本演出者協会
● 160-0023 東京都新宿区西新宿六―一二―三〇
芸能花伝舎三F
●電話　〇三―五九〇九―三〇七四

編集　日本演出者協会関西ブロック

発行者　水野久

発行所　株式会社　晩成書房
● 101-0064 東京都千代田区神田猿楽町二―一―一六
●電話　〇三―三二九三―八三四八
●FAX　〇三―三二九三―八三四九

印刷・製本　株式会社　ミツワ

乱丁・落丁はお取り替えします
ISBN978-4-89380-486-0 C0074
Printed in Japan